U0907688

历史上讲述财富和人生最好的小说之一

西施的财富 Ⅰ

芝麻开门

习风◎著

廣東省出版集團
广东经济出版社

图书在版编目（CIP）数据

西施的财富. Ⅰ, 芝麻开门 / 刁风著. -- 广州 : 广东经济出版社, 2012.8
ISBN 978-7-5454-1457-8
Ⅰ. ①西… Ⅱ. ①刁… Ⅲ. ①投资—基本知识 Ⅳ. ①F830.59
中国版本图书馆CIP数据核字(2012)第180799号

出版发行：　广东经济出版社（广州市环市东路水荫路11号11~12楼）
经　　销：　全国新华书店
印　　刷：　深圳希望印务有限公司（深圳市罗湖区东盛路68号）
开　　本：　730mm × 1020mm　1/16
印　　张：　19.5　1插页
字　　数：　266 100字
印　　数：　1 ~ 16 000册
版　　次：　2012年8月第1版
印　　次：　2012年8月第1次
书　　号：　ISBN 978-7-5454-1457-8
定　　价：　39.80元

如发现印装质量问题，影响阅读，请与承印厂联系调换。
图书发行有限公司网址：http://www.gdpgfx.com
邮购及销售电话：（020）89667808
地址：广州市海珠区宝岗大道1337号A35-A37档　　邮政编码：510260
本社营销网址：http://www.gebook.com
本社市场部地址：广州市环市东路水荫路11号11楼
电话：（020）38306055　邮政编码：510075
广东经济出版社常年法律顾问：何剑桥律师

当今社会，谁是最可爱的人？
白骨精。
白领、骨干和中产阶级精英。
他们，她们，
起得比鸡还早，睡得比小姐还晚，
工作比牛还勤勤恳恳、任劳任怨。
辛勤劳动所创造的财富，
一半用于自我生存：
要支付生存、房子、医疗和子女教育等开支，
还要储蓄养老花费；
不但要为现在承担经济压力，
还要为未来忧心不已。
另一半财富：
以税收、社保和通货膨胀的形式，
被用于社会整体，
维持社会的安定和稳定。
他们，她们，
才是真正的中国脊梁！
才是社会的龙骨！

谨以此书，

献给这些最广泛的白领和中产阶级人群！

内容提要

范蠡，中国文财神的原型，辅助越王勾践灭掉强大的吴国后，功成名就，携美女西施，隐退江湖，泛舟五湖。

英雄抱得美人归，就一定过的是香车别墅游艇的逍遥日子吗？事实并非如此。范蠡自甘为布衣平民，西施也遭遇到普通人的财务困境：生活花费、房子等金钱问题成为她的现实问题；正如当前所有的白领一样，西施也要承担教育、医疗和未来养老费用的经济压力。如何化解这些财务问题？范蠡以老师的身份，开始为西施讲解财富的规律：财富增长的秘密、财富流逝的途径、如何对人进行估值、如何进行财富管理……

西施掌握了财富的密钥，如同阿里巴巴来到财富宝藏的门口：芝麻开门……

本系列书以历史上范蠡和西施的典故和有关传说为经，以现实生活中的理财和投资等专业知识为纬，分别讲述理财和投资的技巧和方法，在理财和投资的专业方面力求系统、深刻和通俗；在历史小说方面力求好看、风趣、可读性强，既是一本好看的投资理财专著，又是一本极有含金量的小说。让读者在阅尽西施的爱恨情仇之余，也能学习陶朱公的投资技能！

自序

一个卧薪尝胆的典故，历史学家看到的是一个帝王为达目标不屈不挠终成春秋霸主的奋斗史，心理学家看到的是一个有压迫症和焦虑症的精神分裂症患者，保险业、传销业等行业的销售人员看到的是一个顽强奋斗的成功人士，中学老师看到的是一个绝佳的励志榜样，文艺女青年看到的是让人神往的浪漫爱情，中青年精英看到的是“庄周万物外，范蠡五湖间”的逍遥和自由，商人们看到的是祖师爷的致富秘籍，家庭主妇们看到的是一出情节跌宕起伏的好看的肥皂剧：有血腥有情色、有权力争斗有卧底反间，而我看到的则是一个可以传播投资理财理念的绝佳故事。

两千多年前中国春秋时期的吴越争霸时代，是一个英雄辈出的时代，英雄们如群星闪耀，熠熠放光，时至今日，我们仍能感受到其灿烂光辉：勾践之隐忍、夫差之痴情、伍子胥之忠烈，他们人生之精彩，让现代人唯有扼腕赞叹。英雄们或为理想、或为权力，演绎出一场场情节曲折、高潮迭起的对抗和较量，其精彩纷呈程度，堪比当今任何曲折离奇的电视肥皂剧。其中，勾践处弱而不放弃，最终以弱胜强，打败强大的夫差，终成春秋五霸之一。勾践的成功传奇，也成为后世人身处逆境时自勉励志的最佳典范。

谈到勾践，就不能不谈到一个伟大的智者——范蠡。范蠡之伟大，不仅因其具有精准把握未来的神奇洞察力，也不仅因其曾经拥有至高无上的权力，更不仅因其富甲天下的财富，而是因其于权力和财富间进退自如、收放由我的心境，世上几无人能达的心境！

当勾践成为夫差的囚徒时，范蠡对其忠心耿耿，陪伴他激励他，共同忍受囚犯的屈辱和劳苦的煎熬，是忠臣更是精神导师，如同持有一只低迷的成长股一般，坚定地支持他；在勾践处于弱势时，范蠡帮助他脱离困境、回到越国，辅助他、指导他实施具体的光复计划，如同投资中的高抛低吸一般，时机不成熟时坚决隐忍，在否极泰来形势转强后，坚决出兵，一举复仇；而当勾践转为强势股后，范蠡却毫不贪恋权力地位，如同抛售高位的优质股一般，坚决退出，急流勇退，偕同美女西施，退隐江湖。

范蠡去了哪里？过的是什么样的生活？无人知晓，只有传说：哥早已不在江湖，江湖上却都是哥的传说。人们纷纷传说：范蠡就是富甲天下的文财神，其于财富三取而三弃。太史公司马迁也给予他高度的评价：忠以为国，智以保身，商以致富。后世人尊之为“陶朱公”，陶朱公就是财神的代名词，以至于当今人人知陶朱公，却不知陶朱公何许人也。

“仙侣已乘小舟去，此地空余范蠡湖。富贵名禄不复恋，白云千载空悠悠。”范蠡放弃权力和财富的想法很让人费解，他泛舟五湖以后的生活很神秘，他经商致富的“陶朱之术”同样很神秘。为了解开这些疑点，本书从范蠡携爱侣西施离开越国开始，展开情节，对英雄美女的平凡生活进

行构想，试图追溯范蠡淡静从容生活的思想根源，同时，通过对范蠡和西施日常生活的刻画，试图剖析理财和投资的本质。

范蠡的“陶朱之术”到底是一种什么样的技能？他到底有何别人无从知晓的致富秘籍？虽然江湖上都是陶朱公的财富传说，但却没有陶朱公亲自撰写的关于致富的文字记录流传下来。《范子计然》相传是范蠡所著，以对话的形式记录越国当时的政策，但流传下来的基本不是原版精华；民间流传的《陶朱公商训》一书，明显内容浅显，思想浅薄，应是古代商人假冒范蠡之名而成的民间商业谚语大成。

为了探索“陶朱之术”的秘密，我斗胆在此天马行空、发挥想象，演绎了范蠡隐退江湖后从事投资理财的故事，通过西施跟随范蠡学习投资、最终成为首富的过程，来讲述理财投资的规律和本质：

★ 财富增长的奥秘是什么？

★ 财富是如何流逝的？

★ 人生财富的生命周期是什么？

★ 千万元不够养老是找骂的说法还是对未来的担忧？

★ 保险、房子等生活现象背后的财富机会？

★ 投资的本质？

★ 如何通过投资获取稳定的收益？

★ 如何管理财富？

本书以小说形式，通俗风趣地讲述投资理财的理念和技能。通过探究

经济现象背后的本质，帮助大众树立正确的投资理念，掌握一定的投资技巧，以投资获取连续稳定的收益，从而少为钱财所累，处事更顺应自己的内心感受，人生也更真实、更自由。

当今社会，大众在对子女进行教育时普遍热衷于学英语、音乐、美术等技能，对学习投资理财知识基本上无甚兴趣，将投资理财当做投机，或嗤之以鼻，或以为骗，视之为不值一学。这种思想观念之所以会盛行，固然是因为在传统教育中，从来未曾有过投资理财方面知识的传授，更主要的是因为普通大众的理财观大都来自父母师长的耳濡目染，大都不懂财富的秘密，普遍匮乏理财技能，基本靠出卖劳动力为生，“千金在手，不如一技傍身”的意识根深蒂固，下一代受上一代思想的长期熏陶，从而使得“重技术轻理财”的观念成为传统价值观而代代传承。殊不知，人生最重要的能力是生存能力——在不同的环境中适应并很好生活的能力。在当代社会，具备管理财富的能力，才能更好地适应生存环境，生活才会更有品质。

某些如洛克菲勒之流的商业奇才，天生具有理财的基因：“即使把我的衣服脱光，再放到杳无人烟的沙漠中，只要有一个商队经过，我又会成为百万富翁。”天生具有理财基因的人，天然地按照财富增长的规律行动，很容易就成为财富的集大成者。普通大众不具备这种理财天赋，但是，如果能通过投资理财的培训教育，使其通晓财富增长的秘密，掌握一定的投资技巧，也能把握环境变化的机遇，抓住投资机会，取得满足人生

自由的财富。

当前社会，大众心态普遍浮躁，信仰普遍缺失，功利主义盛行，成功的定义也简单而功利化：凡是拥有巨额财富者，就是成功者；凡是拥有权力地位者，就是成功者。按照这种标准来评判成功者的话，成功者就像中彩票大奖的人一样，只是因为幸运。套用巴菲特的话来说，成功者就是精子彩票的中奖者，因为出生于巨富世家或权贵世家的人，天然地会拥有巨富或权力，普通人奋斗一生而获得的财富或权力地位，或许远远比不上这些一出生就注定是富豪和权贵的幸运儿的零头，如果将成功仅仅定义为金钱和权力的话，也就意味着：普通大众奋斗一生所追逐的成功，甚至不如这些幸运精子投胎的成功；也就是说，如果你的一生只是追求财富的话，你的成就永远赶不上李嘉诚刚出生的孙子！对于追逐名利的人来说，这何尝不是个滑稽又可悲的讽刺！

什么是成功？如何看待名利财富？每个人都有自己的感悟。本书阐述理财理念和投资知识的目的，并非教导大众为追逐成功去获取财富，而是期望大众能通过投资实现财务自由，从而注重真实的内心感受，过真实的生活。毕竟，世俗的成功是大部分人的选择，但也有相当一部分人不追逐这种成功，更注重逍遥自在的生活：或游历五湖，一船明月，一竿悠闲；或躺于老树之下，可读书，可叹茶，看夕阳西下，看黄叶飘零。无论如何，自由自在而幸福的人生，是每个人的梦想，只有具备在不同环境中把握投资机会、管理财富的能力，才能少受俗物的束缚，才能相对享有自我

的尊严和自由。

笔者在工作之余，尤好读书，在为中国文化博大精深震撼之余，也深感困惑：中国文化巨著浩瀚万千，却没有一部著作能像《国富论》一样系统地研究金钱和财富；同样，教育传承几千年，直到当前，在基础教育中，也从没有教导学生如何正确获得财富和正确应用金钱；相反，传统文化和教育在理财观上却扭曲和误导大众的价值观：一方面，传统文化不传授财富增长和传承的秘密，却教育大众羞谈钱财，普遍轻视商人和商业；另一方面，让大众在骨子里看重利益，只相信利益的永恒，视利益为一切。传统文化教育的结果，就是很少有人通过合理的投资方式获得财富，大都误入歧途：市井小民将工作当成赚钱方式和谋生手段；精英们一旦有了机会有了权力，就会以权力谋取利益，去获取财富；商人们为赚钱更是不择手段。实际上，财富的秘密只为少数人掌握，如果掌握财富的规律，用财富的思想武装头脑，就能通过正确的途径和合适的方式获得财富，从而少一点为金钱奔波的忙碌、无奈、痛苦、卑鄙甚至悲剧。

本书既像投资理财的专著，又像历史小说；既有人生哲理的探讨，又有男女情感分析。实际上，这是一本套用历史故事，通过通俗风趣的故事情节来阐述理财真相和投资本质的专业投资书。或许文笔稍嫌稚嫩，故事情节不够跌宕起伏，但读者一定要相信，本书是作者多年投资经验教训的总结，是作者投资思想的精练，是值得借鉴的精华。

当今社会，大部分中产阶级背负子女教育、住房、医疗问题等三座大

山，让人压力山大；年轻一代背负新三座大山：养车子而成为车奴，养孩子而成为孩奴，追求高档奢侈物质的消费而成为物奴。这些新旧大山，让当代人疲惫不堪，烦不胜烦。究其原因，除了社会保障制度不足以外，欲望的无穷尽也是一大原因，当代人投资理财技能的严重匮乏，让人对财富的追求永无止境。本书针对中产阶级的种种现实经济问题，从理财和投资的角度，以科学合理的数据分析，给予深入剖析，揭示本质，给出解决之道，具有很强的现实指导意义。因此，本书适合所有中产阶级人士阅读。

大凡历史上的英雄，有勇者无谋，有谋者无德，智勇双全者无度，有度者无仁，有仁者不能决断，爱决断者不能成事，性情完美的人未必有机遇，有机遇的人又未必有通透达观的人性，只有范蠡好像是被上天格外垂青，人世间一切凡人渴望追求的荣耀他都能轻易得到。但笔者相信上苍是公平的，人生并不总是圆满的，所以在本书中，根据历史史实，加上作者的推测，给范蠡安排的结局很悲惨：妻子西施离他而去；一个儿子被处以极刑，一个儿子自杀，一个儿子纨绔无用。按照传统的看法，范蠡的晚年凄凉而不幸，因此，本书不适合老年人阅读。

是为序。

目录
CONTENTS

人物

西施

史上第一次由群众海选的“超级美女杯”选美比赛冠军。经历曲折复杂，身份多变，先后为乡镇企业洗衣厂女工、女间谍、王后、家庭妇女、股神和道姑。夫差的前妻，范蠡之妻。

范蠡(lǐ)

号少伯，网名鸱夷(chī yí)子皮，江湖上被尊称为“陶朱公”。本为越国高级公务员，后辞官下海，家族投资业绩斐然，为中国历史上第一大财团家族，其本人也因家族财富，成为历史第一大富翁，被奉为“文财神”。

勾践

越国1号首长，范蠡的老板。

夫差

吴国1号首长，西施的前夫。

简 介

文种　越国高级公务员，范蠡的同事。

郑旦　西施的前同事，选美比赛亚军。夫差小妾，后经营房地产，成为春秋女富豪。

范道生　范蠡长子。

范无为　范蠡和西施所生，范蠡次子。

范若水　范蠡和西施所生，范蠡幼子。

猗(yī)顿
鸱夷子皮的学生，福布斯富豪榜第二大富豪。

白圭(guī)
鸱夷子皮的学生，春秋时期大富豪。

李大拿　煤老板。

本书故事纯属虚构，如有雷同，纯属巧合。

本书数据皆为假定，并依据假定数据，进行了一定的推算。如若你对数据有所质疑，大可跳过去不看即可；如若你对推算质疑，也可跳过去，只看故事情节即可；如若你对故事深有疑问，请参照第一句。

西施的财富
芝麻开门
财富教育首选用书
W=A(1+R)
谈谈历史，谈谈爱情，
谈谈人生，面对现实

第一章

故事主人公的历史肖像

“苦心人，天不负，卧薪尝胆，三千越甲可吞吴”，清代科幻作家蒲松龄先生用来自勉的座右铭浓缩了两千多年前春秋时期的一个个牛人牛事。

一、勾践——吃过屎的春秋霸主

吴王轻社稷，为惑倾城色。夫差强变弱，勾践雌成雄。

——（宋）释智园

让我们先从勾践的简历了解一下这个人，如果勾践的升迁也需要简历来进行任前公示的话：

姓名：勾践　　**曾用名：**鸠浅　　**性别：**男

民族：不详（这个可以不详，其死后二百多年才有汉族概念）

血型：A型（根据其性格估计）

家庭出身：正宗皇室血统，大禹后裔，王族世家

学历：博士后（根据其家庭出身推断，王室后代必获最高级学位，所以，如果当时有博士后学位的话，必为其获得）

最喜欢的东西：权杖、王座和越王勾践剑

职业：国王、囚犯、马车夫、农民、春秋联合国霸主

终身成就：春秋五霸之一、历史上等级最高的成功学大师之一

人生信条：卧薪尝胆，从头再来

权力。都是权力惹的祸。

权力如此多娇，惹无数英雄竞折腰，也让勾践命途如此多舛。

权力，就像春药，让无权者亢奋，让有权者沉迷，从江湖走卒到庙堂高位者，概莫能外，即便是贵为越国之王的勾践——越国最高等级的统治者，拥有至高无上的权力，也逃脱不了权力的魔咒。

勾践，作为大禹后裔，拥有最正宗的皇家血统，本可以像大部分的王二代一样：画画花鸟写写字，玩玩古玩跑跑马，或者找几个绝色美女谈谈人生谈谈爱情，过大部分王者所过的或舒服自在或荒淫无度的生活，但勾践偏不。勾践是有志青年，他要追求卓越，追求成功。

普罗大众所谓的成功标志，无非是以下几种：更好的销售业绩，更大的利润目标，更高的职位，更多的金钱。为追求成功所付的努力也无非是：晚睡早起，不打麻将，不打扑克，不去唱K，而将空闲时间用在读书工作上；更勤奋一点就是闻鸡起舞，凿壁偷光，囊萤苦读；最残酷的也就是深夜读书不辍，为了不让自己睡着，把头发吊在天花板上；或时不时用一锋的锥子刺刺大腿，以免打瞌睡。常人为成功而付出的艰苦卓绝，无非如此而已。

勾践是有志青年，更是王者，所谓王者的成功，还是权力。勾践虽处权力之巅，仍不知足，还要追求更大的权力，他要当春秋霸主，一统天下：号令宇宙，莫敢不从，寰宇内外，唯我独尊。从他立志追求成功的那一刻起，他的命运就注定要坎坷而荒诞，他的人生就注定像冥河的摆渡者一样，徘徊于天堂和地狱之间：他享受了王者的一切威严和荣耀，也承受了作为囚徒的所有屈辱和卑贱；他经受了一夜之间由高贵君王到低贱囚犯的一无所有的惶恐；也体味了二十年间由最卑微者到春秋霸主的咸鱼翻身般的欣喜。

为了追求成功，勾践所付的代价和折磨，远非凡夫俗子所能想象和做到：他被夫差所囚，仇敌的任何侮辱却要化为发自内心的忠诚；心中充满刻骨的仇恨，脸上却要露出真诚的笑容；他甚至不惜品尝仇敌的粪便，只为博取夫差欢欣，从而寻求脱身机会。常人在这种状态下，早已精神分裂而疯掉；勾践作为王者，其意志和毅力迥乎常人，其坚忍程度非凡人所能想象，其忍受痛苦程度让凡人匪夷所思，其自我激励之所作所为更让人惊叹。虽说男人应该对自己狠一点，但像勾践这样自虐尤胜于酷吏虐待死囚却世所罕见，其疯狂自虐的程度，普通人早已精神分裂，但勾践没有疯掉，反而逐步爬升，最终摆脱困境，到达人生辉煌峰顶，成功实现他的梦想。

勾践的精神分裂症或许是先天性的。当他继承越王之位后，展开对吴国的第一战，其作战方式就是精神病式的：两军对垒，即将决战，勾践却命令己方士兵叫喊着在阵前自杀，吴国士兵惊呆了，忘了自己是来砍人的，津津有味地看着越国士兵表演马戏，勾践忽然出兵，以少胜多，打败吴国军队，射死吴国老国王——夫差的老爸阖闾。

夫差怒发冲冠，不为红颜，只为老爸。勾践有事业心，夫差同样不是省油的灯。在精心备战期间，夫差为了保持高昂的斗志，夜夜只在柴火房的干枯的树枝上休息片刻，而不再睡在王宫舒适的席梦思软床上；为了提醒自己不忘父仇，他让手下每天这样问候自己："How are you，Sir?你小子忘了老爸怎么死的吧？"夫差就大声回答："Fine，thank you。我从不敢忘记杀父之仇，我发誓一定会活捉勾践，将那小子挫骨扬灰！"

吴国远强大于越国，吴越再一次对战，夫差一举活捉勾践，但越国施展强大的银弹攻势，收买了夫差最信任的下属伯嚭，伯嚭巧舌如簧，竟然让夫差鬼使神差地相信：以勾践为奴隶供己驱使虐待更爽，而非将他烧成灰。

于是，勾践成了夫差的马夫。他死心塌地甘做奴隶，为夫差喂马、套马车、牵马，跪在地上让夫差踩着上下车，受尽屈辱，却毫无怨言；他每日冒着随时掉脑袋的风险全身心地伺候夫差，发自内心地对夫差臣服，但仍无法取得夫差信任；在巨大的生存压力和疯狂的复仇决心下，勾践做出了更疯狂的举动：品尝夫差的大便，取得夫差信任，彻底消除敌意。虽说有前人如孙膑、后人如明朝朱棣等枭雄帝王同样为躲避仇敌迫害而装疯卖傻吃大便，不过都是装作疯子才吃的，而且吃的是畜生粪便，以勾践这种贵为君王的身份，以正常心态神态自若地吃仇敌的大便，几千年来恐怕仅此一人而已。

勾践的机会来自夫差，夫差生了一场大病，久不见好，身体状况每况愈下。陪伴勾践一起做奴隶的越国智囊范蠡，通过远观对夫差望诊，判断夫差的病很快要好，于是，勾践去见吴王夫差。“我的主人，恭喜贺喜，您的龙体即将康复。”“何以见得？”“我有祖传绝技，可以尝大便而知病情，明病因，从而对症下药，诊治疾病；今早您出恭后，我取了您的大便，进行品尝，故而判断您即将痊愈。”夫差听得恶心，仿佛自己吃了大便一样，快要吐了，他问道：“其质若何？其味若何？”勾践曰：“望得夫！这是英文，您不懂的。味道好极了！其色如普罗旺斯的麦草般光芒，其味如天山雪水般甘洌，带着阿尔卑斯山阳光的清新，还有一些苦味，那也是卑斯麦地区啤酒花的芬芳之苦，还略有酸味，就像第戎所产葡萄一样甜中带酸，这种酸苦之味，香兮爽兮，沁心脾兮，就是春夏之气交汇的美妙味道，是健康的征兆，通过细细品味这种滋味，我确信您即将康复。”夫差彻底吐了出来。

不久，吴王夫差果然完全恢复健康。夫差心想：“肯吃大便之人，不是疯子，就是草包懦夫。勾践思路清晰，肯定不是疯子，看来，他是彻底臣服于我的懦夫。即便是一只丧家犬，也未必能如他这般卑贱地去吃大便，看来，勾践是比狗还忠实的奴仆，他会永远对我摇尾乞怜的。”就这样，勾践凭借一种非人间凡夫肉胎所有的疯狂意志，彻底征服了夫差，于是，夫差不顾智囊团总顾问伍子胥的坚决反对，决意让勾践回国，放虎归山。

勾践又坐上了久违的王座。王座上的肉身依然是以前的勾践，但这个肉身的灵魂和精神却不复再是以前的勾践，以前的那个脾气暴躁、喜怒无常的勾践不见了，现在的越王勾践，成了钢铁战士和圣人的复合体。

勾践是钢铁战士，他发愤图强，励精图治，日夜操劳，从不休息，眼睛困得实在睁不开，就用一种叫蓼薪的辣椒一样的植物泡水刺激眼睛以驱除睡意。自从尝过大便以后，勾践一直口臭，每餐必吃苦胆，他的办公桌前悬挂苦胆，当身体疲惫厌倦工作想放弃之时，抬头见苦胆，就勾起吃大便的屈辱，马上就会精神抖擞，活力充沛。冬天办公时，勾践怀揣的不是暖炉而是冰块，脚冷就用冰水泡脚；夏天反而生起火炉。在常人看来都是凡夫肉胎无法忍受的精神病式的自虐行为，被勾践以钢铁般的意志用来自我激励，而且一做就是20年。

20年的漫漫日子里，勾践同时又是一个圣人。他解散后宫庞大的老婆队伍，遣散众多嫔妃及其后勤保障人员，对美女避而远之，只留下王后一人；他解散宫廷管弦乐团，解散宫廷歌舞团，不再听悦耳的音乐，不再看曼丽的歌舞；他过起俭朴生活，亲自耕种，不肯多吃一口饭，不肯多吃一口肉，王后亲自织布做衣；从无一日去旅游休闲放松；他清心寡欲，过最简单的生活，而将节省的时间放在工作上，日勤于政，念念不忘复仇。

勾践在自我消费上省吃俭用，但在招募人才、发展经济、壮大国力等国事上却出手阔绰。他以提供豪华住宅和上等衣食等高福利高待遇的方式全球招聘顶尖人才，委以重任。在国家管理方面，他采纳所聘专家建议，制定“十年生聚，十年教训”的二十年规划，利用20年时间发展经济，壮大GDP，提高国家综合国力；他规定十年不收税，让老百姓安心发展耕种、养蚕、织布等第一、第二产业，让民众尽快富裕起来，富民然后强国；为了繁衍人口，“多生全家光荣，少生全家可耻”成为越国基本国策，妇女们生一个两个简直都不好意思对人说自己生了孩子，生三个四个尚嫌少，生五个六个算正常，生七个八个就是英雄母亲，要发匾嘉奖。为了奖励生育，勾践规定：老男人严禁包二奶；妇女生育由公立医院接生，费用全免并奖励，生男奖酒一壶、狗一条；生女奖酒一壶、猪一头；一胎生两个，由政府供给衣食和奶粉；一胎生3个，保姆费也由政府出。在军事上，通过重赏严刑，教育士兵勇于听命、乐于立功、进则奖赏、退则刑罚，使士气旺盛。

如果说国家战略是阳谋的话，那么阳谋就像浮在海面的航空母舰，华丽但不一定实用，而阴谋却像沉在海里的潜艇，随时会发射鱼雷，置人于死地。越国之所以最终打败吴国，阳谋固然重要，但勾践所采取的种种阴谋诡计才是杀伤力最厉害的。这些阴谋的具体措施，由一名叫文种的外聘顾问所提出，被称为“伐吴九计”，勾践采用其中的五条，便使吴国由强转弱，最终被越国所灭，这五条措施包括：

1. 重财币以遗其君，多货贿以喜其臣。勾践经常送金银财宝给夫差，让夫差确信他的忠诚，而不防备；同时，又将大量奇珍异宝、古董字画送给夫差宠信的伯嚭，伯嚭从而泄露大量的吴国机密。

2. 贵籴粟槁以虚其国。勾践以越国遭受饥荒、人民需要救济为由，向夫差大量借取粮食，次年精选上等稻谷，经蒸熟处理后偿还吴国，吴国见越国的稻谷颗粒饱满品种优良，就用作种子，结果来年颗粒无收，在吴国士兵饥肠辘辘之际，勾践大军兵临城下。

3. 遗美女以惑其心、乱其谋。勾践视美女为红颜祸水，自己远避之，却遍访全国，寻得绝色美女西施和郑旦，送与夫差，让夫差沉迷于美色之间，于情欲中流连忘返，从此让夫差由一个眼中只有天下的英雄演变为要爱情不要江山的性情男人。

4. 遗之巧工良材，使之起宫室，以尽其财。勾践派人到深山之中，大量砍伐奇珍异树，然后雕上美丽花纹，献给夫差，夫差利用这些珍贵树木，大兴固定资产投资，大搞楼堂馆所建设，结果劳民伤财，民怨沸腾。

5. 遗之谀臣，使之易伐；强其谏臣，使之自杀。勾践送礼讨好伯嚭，而让伯嚭挑拨离间夫差和伍子胥的关系，加剧夫差、伯嚭与伍子胥之间的矛盾，最终伍子胥被夫差逼迫自杀，从而铲除越国战败吴国的最大障碍。

勾践靠着阳谋和阴谋双管齐下、美女和战士共同使用的打法，完成了由弱转强，而吴国由强转弱的根本改变。当勾践一声令下，举兵征伐吴国之时，吴国军队早已羸弱不堪，任凭宰割，夫差唯有自杀谢罪。

勾践成功了，他实现了人生理想，成为了王中王，成为了春秋霸主，但勾践感觉自己并没得到什么，他并不快乐。勾践彻底空虚了，他又恢复了以前的君王本色，脾气暴躁，喜怒无常，杀人无数；他重新组建更为庞大的后宫，重新成立了管弦乐团和歌舞团，时时沉迷于酒色歌舞之中。

在月光皎洁的夜晚，勾践会发疯。他经常蜷缩于墙角屋隅，抱着一个苦胆，久久凝视天空中苦胆一样的圆月，一边将苦胆当成绿箭咀嚼，一边发呆，不知道他是在权衡：用吃仇敌大便的代价来换取成功，其机会成本到底几何？还是在留恋不追求成功的纯真岁月：月亮就是月亮，月亮不是苦胆？

二、西施

一顾倾人城，再顾倾人国。——（汉）李延年

文种的伐吴九计中，最核心的一条是美人计。夫差不但国力强盛，军力强大，而且意志坚强，毅力坚定，具有永不言败的性格特质，只有在精神上挫败他，才能在战争中征服他。美人可以迷惑夫差的心智，使其沉湎于情色之中，才能精神委靡不振，不再专心于事业；美人还可以作为越国间谍，通过夫差直接掌握吴国的核心机密。为了找寻到能胜任此艰巨任务的美女，勾践派人遍寻其国，终于发现绝世佳人西施。

西施，史上四大美女之首，排名王昭君、貂蝉、杨玉环之前，天生丽质，禀赋绝伦。当她被越国特派员发现之时，娉娉袅袅十三余，豆蔻梢头二月初，其手如柔荑，肤如凝脂，领如蝤蛴，齿如瓠犀，螓首蛾眉，巧笑倩兮，美目盼兮，鸟见入松萝，鱼畏沉荷花，美得不可言传，仿佛天仙降临人间。

这个名叫施夷光的年轻村姑是浣溪村洗衣厂的洗衣女工，越国特派员为其取艺名叫西施，对其进行政治思想工作和爱国主义教育，将勾践的耻辱上升为越国的国仇家恨，报仇雪恨，人人有责，西施自愿忍辱负重，以

身报国，承担起国家所交付的神圣而光荣的使命。

越国花费三年时间，对西施进行全方位的培训，将她雕琢成了具有无穷女性魅力的绝色美女。既传授她诗词曲赋等文化知识和琴棋书画等艺术技能、提升她的文艺修养，又教授她盗取情报等实用间谍技术；既培训她宫廷礼仪、塑造高贵典雅的贵族气质，又教导她狐媚迷惑男人之术、使其妖冶放荡如娼妓；重点培养她的歌舞才艺，使西施练成了世界上最早的独一无二的踢踏舞。经过三年刻苦训练，西施虽然没有获得大专文凭，却彻底退却了少女的青涩和村姑的拙朴，出落成一个清纯万分又仪态万千的绝世而独立的佳人，一笑一颦间，女性的柔情魅力就像水一样向四周无边无际地蔓延发散，让男人情不自禁地爱恋她喜欢她。

勾践于是将她和另一个叫郑旦的美女一起送给夫差，西施用踢踏舞踢开了夫差尘封已久的心扉，让同样只爱江山不爱美人的吴王为她丢了江山。西施这样表演歌舞：她脚穿木屐，腰系铜铃，在用数千个大缸上面铺设木板搭建的特制舞台上，随着悠扬的乐曲翩翩起舞，翩若惊鸿，宛若游龙，脚下木屐的踢踏声、腰间的铜铃声、手中的节拍声和耳朵的玉坠声宛若钢琴和管弦乐的和谐奏鸣：时而慷慨激昂，如万马奔腾，如洪水决堤，势不可当，又如英雄的意志永不停息；时而沉郁静寥，让人屏息聆听，压抑如死亡临近，低沉如哀鸣，好像给英雄送葬；踢踏声、铜铃声、节拍声和玉坠声如美妙的音符迸发，又似烟花在夜空中绽放，真是一波接着一波，一波未平一波又起，其音如怨如慕，如泣如诉，一曲终了，恰似降E大调第三交响曲一样仍余音袅袅，不绝如缕，让夫差如醉如痴，意犹未尽。

夫差被西施的温柔妩媚和才艺迷惑得彻底神魂颠倒，春宵苦短日高起，从此君王不早朝。自此，这个钢铁君王，却变成一名纯情青年，一个爱情游戏中的傻子，整日只知与西施玩花赏月，鸣琴赋诗。

西施回眸一笑百媚生；一回首，倾城；再回首，倾国。为博美人回眸，夫差大兴土木大搞基建，耗费巨资，举国之力，修建姑苏台和馆娃宫等豪宅，作为他和西施的爱巢。

夫差痴迷于爱情不能自拔，不再关心权力和天下，而只在意西施，国家大事全凭伯嚭处置。而西施一面缓歌曼舞凝丝竹，愉悦夫差，一面却将吴国的机密偷偷传递给越国。

当夫差倾国而动、带领全国精锐部队去黄池召开联合国大会、以春秋霸主地位号令天下的时候，这个重大军事动向被西施悄悄报告给千里之外的勾践。勾践抓住了吴国空虚这个千载难逢的重大机会，突出奇兵，以千名囚犯训练而成的精兵，轻装简甲，奇袭吴国，攻破吴国京城姑苏城，杀死夫差之子，迫使夫差媾和，打赢了勾践屈辱为奴20多年来的第一仗，自此一举扭转了吴强越弱的局面。此后10年，勾践屡次攻打吴国都大获全胜，最终，姑苏城被勾践围困三年，城破而国灭，夫差也自杀身亡。

夫差得到了爱情，丢掉了江山；勾践得到了江山，却吃到了大便，丢掉了人性。乾坤转换间，全因美女西施。得失之间，他们是否会后悔当初的取舍，后人无法得知。后人只看结果：胜者为王，勾践是笑傲天下的胜者，那就是成功者。

西施不辱使命，完成了她的IMPOSSIBLE 任务。后来她去了哪儿？她离开吴国，避开媒体的闪光灯，远离纷杂喧嚣的名利场，去和她心爱的男人相聚相守了。做女人难，做名女人更难，无论有多坚强的意志，多变幻的手段，多出众的能力，却都有一颗脆弱的心，需要爱情的甘露滋润，即使名贯四海如西施者也不例外。夫差的爱情对象是西施，可西施的爱情对象并不是夫差，支撑西施——这个名女人忍辱负重、游戏人生近10年的强大动力，不是因为爱国，不是因为理想，更不是因为勾践，只是因为爱情——所有女人都看重的爱情，因为一个她愿意终生厮守的男人。为了爱情，为了满足她的男人实现远大抱负的心愿，她愿意赴汤蹈火，愿意完成任何艰巨任务。吴越争霸，夫差由强转弱而灭国，勾践由弱转强而称霸，两个著名男人奋斗一生追求的所谓成功，仅仅因为这个弱女子对转念间迸发的爱情之执著而颠覆改变。

西施心爱的男人是谁？

范蠡。

三、范蠡之才

只与君王共辛苦，功成身退步逡出。
五湖渺渺烟波阔，谁是扁舟第一人。
——（宋）王十朋

范蠡是勾践的下属，是勾践智囊团俱乐部所招聘的转会费最低而价值最高的专家。如果说吴越争霸是一出经典大戏，勾践是男主角，西施是女主角，那么范蠡就是导演，是策划人，跌宕起伏的剧情都好似他预先设计好一般。如果要颁发一个“最佳才华导演奖”给一位历史人物的话，范蠡是最有资格获奖的，他的颁奖词应该是这样的：

他有一个开放睿智的头脑与宽广的胸怀，兼具儒、道两家之长，更广纳百家之思，又不囿于其中，形成了独特的，既有儒家的礼信才德与直勇，又有道家的顺应天时、融入自然、顺应环境、借助环境、至韧至柔的思想体系；他以开放的心态吸收法家、墨家、阴阳家等诸子百家的治国统军之法，使其思、其行，坚如磐石，韧似皮革，而柔时又似湍流入溪，无影无形。

那么，范蠡是如何征服勾践的心、征服美人西施的心，也征服两千多年来的民心，赢得大众的普遍认可的？

范蠡出生于楚国一个贫困的农民家庭。他的父母深深明白教育改变命运的道理，于是紧衣缩食，把他送去一家省一级的贵族学校读书，但范蠡在学校备受富家子弟歧视，无心读圣贤书，他听闻传奇故事中的主角如孙悟空、段誉、张无忌等人于深山老林相逢神异高人而得到神奇武功传授，于是常常旷课，而去学校旁边的大山游荡，寻访仙人。就像上帝需要他拯救未来的越国一样，竟然被他找到了神人奇士——一个叫计然的高人，计然大师倾囊传授他哲学、天文学、地理学、军事学、运筹学、博弈论、概率论、心理学、厚黑学、星座占卜学、成功学等一些只有贵族后代、高干子女才够资格上的总裁班高端培训课程。范蠡勤奋好学，学而不倦，十年苦学，已将老师的文韬武略了然于胸。

范蠡学成归家后，为了找寻赏识他的伯乐，故意装疯弄傻。其佯狂倜傥，傲然不俗，愤世嫉俗，却又才华横溢，引起了市长文种的注意。文种和范蠡纵谈世界政坛风云动向，阔论富国强兵之道，畅想人生职业规划，深为范蠡的谋略胸怀和深邃远见所倾倒，市长对疯子的才华大为折服，两个人自此成为铁哥们。在得知越王勾践全球招聘的消息后，范蠡通过决策树理论和鬼谷子学说，预测出大事业在东南方位向他招手，于是相约文种放弃市长官位，一起投奔勾践。

范蠡凭借其先知式的大智慧取得了勾践的绝对信任，也成为勾践终生的良师益友；他为越国规划了两个十年计划，称之为“十年生聚，十年教训”策略，帮助勾践成功实现了人生目标。

范蠡是勾践的精神导师。当勾践身陷绝境、对前途绝望之际，范蠡教导他：天道循环，否极必定泰来；地道在于接受命运安排，隐忍待发；如果遵循天地之道而自然作为，挫败就是暂时的；处于弱势时，顺势而为，甘于示弱，等待时机，最终会转弱为强。勾践听从范蠡的安排，以平和的心态成为夫差的奴隶，范蠡也亲身陪同，共同为奴。当勾践品尝夫差的大便后又万分后悔，无法承受屈辱、精神快要崩溃时，范蠡劝导他：冲动是魔鬼，放任欲望会走上不归路，节制欲望才能获得心灵的宁静。范蠡一面用NLP心理疗法帮助勾践催眠，维持平和的心境；一面激励勾践保持坚定的意志力，隐忍不发，帮助勾践终于克服了心魔的孽障，渡过难关。

勾践平安回到越国后，范蠡协助他进行国家战略规划：按照阴阳消长的规律，顺应天道的变化，对待强大的吴国要柔而不屈，强而不刚，外顺内拒，创造机会促使其衰落，待时机成熟再一举灭之。范蠡的高瞻远瞩和审时度势，得到勾践的高度认可，他被任命为外交部长兼国防部长，修建防御城墙，研究先进武器，组建军队，同时，在国际政治舞台上合纵连横，创造一切有利于越国发展的良好国际环境。

范蠡另一项重要使命就是秘密寻找实施美人计的美女。这位美女，不但要绝色，更要有过人智慧，非凡胆识，以及甘愿为国献身的自我牺牲精神。范蠡不辞劳苦，跋山涉水，遍访整个越国，苦苦寻觅而不得。这一天，范蠡骑着“白马牌”单车，路过风景旖旎的苎萝山，他口渴了，在清澈的小溪边取水之时，看了一眼一群正在洗纱的年轻姑娘，这时就像有一个光圈F0.7的长焦镜头对准了这群姑娘，其他人都被虚化，只剩下了一个面孔……这个面孔好像在嫣然一笑，让他怦然心动，莫逆于心。

范蠡站在浣纱溪边，目不转睛地盯着这个面孔，这个面孔的倒影映在清澈的水里，溪边的鲜花都好像要羞惭地枯萎了，鱼儿不敢在水里游，生怕弄乱这美丽的倒影。她雪一般的手在溪水里，晶莹透明得都好像要溶在水里一样。

范蠡只觉得整个世界都停在此刻：在这瞬间，他已爱上了这个姑娘，他忍不住走上前去，对姑娘赋诗一首：

只因为在人群中多看了一眼
再也不能忘掉你的容颜
你的面孔浮现
湿漉漉的黑色枝条上的美丽花瓣
我看到这春天的花儿露出笑脸
恰如阳光照耀着雪山

又似春雨滋润我的心田

相信我们前世有约

只为了此刻的相见

姑娘们都哈哈大笑起来：来了一个疯子。而她则茫然不知所措：大叔，您说啥？俺不懂。你生病发烧的话俺们送你去村医疗站。

范蠡对这名叫施夷光的清纯村姑一见钟情，而年轻的少女得知面前这位气度非凡的大叔就是范蠡：一个经常出现在YCTV国家电视台里接见外宾的伟男、一个《嫁人要嫁这样的人》的流行歌曲里被反复吟唱的英雄，也对他一见倾心。两人坠入情网，说不尽的缠绵。

两人厮守在一起，不知过了多少时日，范蠡猛然想起还有未完成的重任在身，就把他的苦恼告诉他的爱人。人生一瞬间的初见，或许决定一生的命运。为了帮助爱人成就丰功伟业，西施决定牺牲自己的爱情、生命和一切，去帮助范蠡实现远大抱负，范蠡虽很痛苦，但已无其他人选，只好同意西施的请求。两人山盟海誓：吴国灭亡之日，两人相聚之时。生死契阔，与子成说；执子之手，与子偕老。

饱受着思念爱人的痛苦熬煎，范蠡将全部身心投入到事业中，大力发展越国军事和外交，壮大越国国力，一晃就是二十年，终于迎来范蠡期盼太久的天道逆转时机。

昔我往矣，杨柳依依；今我来思，雨雪霏霏。漫天飞舞的雪花中，范蠡手持AK47，率领士兵，冲进夫差那面积高达100多平方米的至尊皇室传世复式大宅，终于见到他二十年来日思夜想的红颜。

一见钟情，再见依然惊艳。

四、浪漫的江湖传说：到底谁才是真正的财神

迹高尘外功成处，一叶翩翩在五湖。——（唐）周昙

“吴王亡身余杭山，越王摆宴姑苏台”，勾践才刚刚进入状态，准备细细品味成功带来的喜悦滋味时，忽然却接到了范蠡的辞职报告。范蠡做出一个让人无法理喻的决定：辞去一切职务，辞去刚被勾践授予的最高等级的元帅军衔，要做平民，去过平静的普通生活。

正如白天不懂夜的黑、母猪不懂孔雀开屏的美、为活着而背弃一切原则之人不懂为信念而甘愿赴死之人一样，为权力而奉献美人的勾践，永远无法理解竟然有人为美人而放弃权力，他只能一边嘟囔着：生命、自由、爱情、金钱、权力、地位，孰重孰轻？如何选择？选择的结果孰是孰非？这道人生的亘古难题，无人知道标准答案。林子大了什么鸟都有，这个多元的世界里，总有人做出如此的愚蠢行为，上帝都不会原谅这些傻瓜的。阿门！然后，很不情愿地在范蠡的辞职信上签字同意。

范蠡为什么在功成名就之时要急流勇退？他想要过什么样的生活？他

去过哪些地方？国人最喜八卦娱乐，尤以一个叫司马迁的人为胜，他坐牢闲来无事，将名人高官之隐私编撰成书，取名《史记》，用以骗稿费。据其考证：勾践长得极丑，嘴巴突出得像鸟，脖子长得像长颈鹿，范蠡认定这种面相之人心胸狭隘，妒贤嫉能，只能同甘苦而不能共安乐，权力地位稳定之后就会干“狡兔死，走狗烹”的事儿，功高盖主之人早晚被其灭掉，大名之下，难以久居，领导不满意了，与其让他动手，还不如主动辞职走人。所以，早辞职早脱身，是其明哲保身之最佳策略。

司马迁以貌取人，大搞封建迷信，只凭勾践长得丑，就认定他是心胸狭窄的坏人，从而断定范蠡是被逼离开，他对范蠡辞职后的路线是这样描绘的：带着爱人西施，离开吴越之地，来到齐国，在春暖花开的海滨城市定居下来，隐姓埋名，下海经商，江湖上从此少了一个高官，人间却从此有了财神，几年工夫，他就拥有亿万资产，成为齐国首富。他善经营、会理财的名声广为流传，被齐王得知，欲聘请他出任首相，他收到齐王的聘任书后感慨：做平民可以成为亿万富翁，当官可以当首相，对于平民百姓来说，这是荣耀至极的事情，但名声太盛，不是吉祥的征兆，恐怕要盛极而衰了！ 他宁可得罪齐王，也不愿做官，于是将全部资产裸捐给了教育、医疗等公益机构，带着全家离开了齐国。他来到一个叫陶的国际化大都市，陶市是世界贸易中心和金融中心，他从此在陶市安家落户。他改名叫朱公，从事商业贸易和金融投资，没几年，又成巨富，声誉名震海内，各国政要争相邀请他考察投资。

到底应该如何评价范蠡此人？

在女人心目中，他是超级完美的男人：谈笑间轻取名利地位，挥挥手又潇洒作别这些俗人一生追求的荣华，只因为心爱的女人。在男人心目中，应惊他为神人：他拥有神一般的智慧，进则治国用兵而国富兵强，退则经商致富，以商闻名， 两次经商都成巨富，以至数千年来，范蠡不是因政治、外交、军上的卓越成就，而是因经商而获得千年美誉，陶朱公也成为财神化身。

那么，真如江湖传言所说，是范蠡亲身经营商业投资而成为巨富大贾？老习我不才，虽天性愚钝，却喜钻牛角尖，对于范蠡放着高官不做而下海经商的理由是，担心被勾践加害之说一直困惑不解。老习我于是按照现代行为心理学的理论和方法，尝试对勾践进行心理分析和性格解剖。根据巴普洛夫的神经活动类型学说，勾践主要神经活动应属神经系统兴奋过程与抑制过程相互作用的强度、灵活性和平衡型三方面的强平衡而不灵活型。就是神经兴奋和抑制力量都强而平衡，但兴奋和抑制之间的交替不灵活；间或表现为抑制性，也就是神经的兴奋与抑制力量都弱；这类神经活动的气质是黏液质型伴随一定的抑郁质型，对环境刺激的感受性强，对生命冲动的耐受性也强，具备这种气质的人一般体格高大魁梧，其性格类型为黏着性，其心理特征为：意志坚定、严格自律、精力充沛、情感不易外露和性格宽仁，而勾践的气质和性格完全符合这种特点：忍耐力超强，毅力超群，易于自制，虽然固执，但本性仁厚。

我们从勾践最终处置夫差的态度上可以看到：其仁慈之心未泯。勾践对夫差苦大仇深，势不两立，人所共知，但当勾践围困夫差三年将要彻底击溃夫差之时，反而心慈手软，他感念夫差昔日对己的不杀之恩，不忍击溃对手，准备放他一马，反而是在范蠡的坚决制止下，才发起了最后的冲锋；当夫差被活捉后，勾践甚为同情他，愿意无偿行政划拨一块土地给他，而不是采取“招拍挂”制度让他高价买地来进行房地产开发，勾践愿意给夫差丰厚的养老待遇，让他安度晚年。以勾践这种心态，对其不共戴天之死敌尚不忍心赶尽杀绝，怎么可能忍心对穷途末路时陪伴他、激励他、帮助他、对他忠心耿耿的良师益友加患难兄弟——范蠡动手？所以，范蠡出走是恐惧勾践会出手残害之说，是完全不合情理的，是牵强附会的，更是荒诞可笑的，勾践深知这一点，范蠡智商超凡，更清楚这一点。

那么，到底是什么原因促使范蠡抛弃功名地位去漂游五湖四海、去环游全球？老习我经N多不眠之夜的苦思冥想和白日昏睡的梦境解析，有一日忽然灵光一闪，智慧火花迸现，有了一个与历史传说完全不同的判断：

范蠡并非是为躲避勾践的迫害，而是为了追求心目中的幸福人生，他知行合一，对幸福自由的生活有憧憬，就付诸行动。他辞职的真实目的正如他在辞职信中所说：为了童年的梦想，为了幸福的人生，为了心中的自由，他决定辞职。所以，不是范蠡太狡猾，而是世人心理复杂，不肯相信范蠡的人生追求就是简单自由的生活。

老习我以为：范蠡一生学道用道，道家哲学思想是他人生价值观的核心，他的作为也是道法自然、顺势而为的，年轻时血气方刚，像所有年轻人一样渴望成功，故而要辅佐勾践、建功立业；但追求成功只是人生漫漫长河中一段华丽的乐章，并不是人生全部所在，当年过四十而不惑之后，他意识到人生要与天、地、人和谐，品尝成功的喜悦只是生活的点缀，人生更要顺其自然，顺应自己的内心感受，不受外界的诱惑，乐享简单自由人生之趣味。

既然范蠡退隐江湖的目的是享受人生，那他怎么可能会把有限余生花费于商业经营等琐碎俗务之上？既然已跳出权力的烂泥潭，又怎么可能深陷金钱的陷阱？老习我顺着这个思路，继续深入分析，严格推理，得出了一个耸人听闻但却是合情合理的结论：财神并非范蠡，而是美女西施！

并非老习我哗众取宠，诸位客官听我细细道来：范蠡携西施游历五湖寄情山水时，已年近花甲，体质不比当年，不可能有时间精力耗费于日常商业经营和投资活动中，更何况其志趣在于山水之间，更不可能有心思进行枯燥乏味的商业运作；而西施当时三十出头，身体正当壮年，精力正当旺盛，额外从事商业投资对其精力正好排遣和发泄，因此，最初西施出于消耗旺盛精力打发时间之需而参与商业经营，随着其对投资的兴趣日渐浓厚，范蠡遂以投资教练的身份，传授西施理财投资的观念和技能，而西施也颇具投资禀赋，经过范蠡的点拨教导，财技惊人，大手笔投资各潜力领域，纵横开阖，终获巨大成功。世人所了解的范蠡之巨大商业成就，其实乃西施之成就，世人据此视范蠡为财神；正如范蠡辅助勾践成就大业、勾践终成春秋霸主一样，虽然是范蠡在指导，但实际却是西施在从事投资活动而成巨富，西施财技之卓越，连范蠡都不禁喟叹："想当年，范蠡善治国，辅佐越王成为霸主；看如今，西施长投资，使我陶朱公富甲寰宇！"

如果范蠡确是因此被奉为财神，那么，现在就应该正本清源，为西施平反，恢复历史本来面目，将所有荣誉和奖章归还于她：历史上最有钱的巨富，不是比尔大门，不是范蠡，更不是JP摩根，而是西施！真正的财神，不是范蠡，更不是关公，而是西施！

诸位客官看到此处，如果对老刁以上独家见解频频点头、表示认可的话，老刁建议你尽早撤走家中现有的财神像，改为美女西施之雕像，每日清香三炷，诚心朝拜。此举好处有三：一则可以让你蓬荜生辉，美女财神装饰你的豪宅，尽显你的真实品位；二则日日对着美女朝拜，可以让你身心愉悦；三则可以励志：一弱女子尚能发达，何况我七尺堂堂男儿乎？信我者，必如此美女财神般成大富翁耳！当然，如果你是黑社会老大，老夫此说并无冒犯贵帮信仰之意，断不可派小弟追杀，尽可你信你的武财神，我信我的美财神。

西施究竟是如何进行投资成为巨富的？范蠡又是怎样对她进行投资教练，将她从一个什么都不懂的菜鸟脱胎换骨而为财神的？老刁我为此苦思冥想，常常白日做梦，梦境中仿佛观看IMAX大片一样，看到了他们归隐后所有的悲欢离合，恩怨情仇，醒来情节仍历历在目，就此讲述，以飨好事者。书中若有情节或人物与现实中某人某事相似，纯属巧合，一概与老刁我无关，如若要追究法律责任，请与托梦者范蠡和西施直接联系。

第二章

范蠡的理想：什么是幸福人生

天地庄生马，江湖范蠡舟。
逍遥堪自乐，浩荡信无忧。
—— 高适

一、关于爱情：美好是传说，激素是科学

离别苦，欢乐趣，就中更有痴儿女。——（金元）元好问

初秋的太湖，水波不兴，湖天一色，一望无垠的宁静淡然。杨柳岸边，无晓风残月，只有一叶小船停泊。夕阳西下，洒下万道金光，杨柳、小船、湖面都一片金灿灿的模样，微风拂柳，吹皱湖面，水面上浮光跃金，很是耀人眼目。

四野一片寂静，恍若隔世。这时只见一个皮肤黝黑的年轻船夫，赤着脚、顺着架在船头的踏板，将岸边的箱子搬上小船，他两手各提着一只大木箱，一边往踏板上挪，嘴里还一边嘟囔着听不清楚歌词的吴越小调。有一男一女并排坐在船尾舷边，身体依偎着，把腿垂在船边上，脚浸泡进湖水里。夕阳的余晖倾泻过来，人和船都金碧辉煌，小船、湖水和船边的人，逆光的夕照下构成美妙的剪影。

“虫虫哥。”女人在呢喃。

“MY DEAR，DARLING，哦，还有HONEY。”男人附和道。

“虫虫哥，这么多年没见，你比以前油嘴滑舌多了，夜总会泡多了吧？”女人虽然有些嗔怪，但还是很受用。

“唉！人在江湖，身不由己啊！你有所不知，夜总会如地雷阵，小姐们就是乔装打扮的糖衣肉弹，谁不知道小姐们危险呀？可是，领导身先士卒，冲锋在前，纷纷战斗在最前线，我等也只好奉陪领导，一起逢场作戏了。但是，阅尽人间春色，最美最好还是我最亲爱的西西啊！”男人说。

“虫虫哥，你肉麻死了。”

“如果说肉麻是一种病，那就让我病入膏肓吧。亲爱的西西，十多年没听到过你这样叫我了，你对我的爱称还似当年一样质朴亲切，你的声音还似当年一样甘甜，如浣纱溪的溪水，滋润心田。”男人将女人搂得更紧了。

“我们好久未见，恍若隔世，现在重逢的感觉是如此的美妙，仿佛初次相识一样让人倾情，让人惊艳，让人心动。爱情到底是一个什么样的奇妙东西？直教人生死相许、愿意付出任何代价去争取。对爱情的坚持是我忍辱偷生把女间谍工作一干就是十几年的唯一动力，我坚信我会成功完成使命，我会和爱人终生厮守，永不分离，现在我们终于在一起了，我们的爱情来之不易啊！虫虫哥，你要答应我，和我白头偕老，地老天荒！”女人的私语。

“爱情是什么？不同的人有不同的解释。文人墨客认为是浪漫，而不惜华丽辞藻讴歌之；欧洲骑士认为是荣誉，而不惜生命为之决斗；哲学家认为是虚幻、是稀有，故而向往和赞美；社会伦理学家认为是两个非血缘关系的人之间所产生的一种依恋、亲近、珍惜、爱护、独占的复杂感情；而对科学家而言，所谓爱情，只不过是人的大脑在激素作用下所发生的化学反应。”

男人接着说：“茫茫人海中，男女相遇相识，初次见面目光相触的一刹那，或许就有了感觉，他们的身体会分泌散发出能神秘匹配的信息素，在头脑中产生化学反应，让他们彼此吸引，让他们感觉千里相遇是为此刻相会，让他们感觉未曾见面却早已熟知，让他们感觉今生此刻的相遇是因为500年前的回眸和等候，男女的爱恨情仇大戏从此拉开了帷幕。这些惹祸的激素如苯基乙胺、多巴胺、去甲肾上腺素和血清素等在大脑中进行神奇的化学反应，刺激大脑中的奖赏区域作出识别，从而引发精神愉悦，产生奇妙的爱情感觉，让人怦然心动，一见钟情。正是在这些爱情激素的作用之下，徜徉于爱情海洋中的情人愿意为彼生、为彼死，彼此间愿意为对方做任何付出而不计回报。

“爱情激素不是每个人都会产生，有人一生没有爱的感觉；爱情激素也不是一直都存在，爱情保鲜期就和爱情激素的分泌期限有关，研究认为，爱情激素分泌期限短则6个月，长则不到4年，平均起来只不过30个月左右，过了这段期限，热恋男女的爱情激素分泌将快速衰退，恋爱新鲜感将不复存在，再去牵手爱人，‘手心出汗、心跳加速’的激动感再不会有，只会像自己左手牵右手，不会再有一股暖流到心头的感觉了。”

男人个子中等偏上，偏长脸留着短髯，剑字眉，目光所到之处神气逼人，年龄看似五十上下，却掩饰不住俊朗潇洒的模样，普通的灰色衫灰色裤罩不住骨子里的飘逸和儒雅。

湖光山色间，水阔天空；心性之中，让人放松。男人对着女人侃侃而谈爱情的科学含义。

“好你个范蠡范少伯！人人都当你是英雄、哲学大师，这几年我没管你，没想到你还出息成爱情专家了。你既然清楚爱情只有两三年的保鲜期，当初为啥对我好，让我相信爱情？想当初，我和你讲人情，你和我讲友情；我和你讲友情，你和我讲爱情；现在，我和你讲爱情了，你却和我讲起科学的无情了！我为爱奋斗十多年，期盼十多年，现在你又告诉我，爱情是化学反应，很快会消失，你说，没有了爱，我们以后怎么生活？你当初欺骗未成年少女，原来是蒙骗我帮你完成任务啊？你把我的心偷走了，现在又拿科学来骗我。你这个感情骗子！”女人用有点恼怒的语调说，用粉拳捶打着男人，半是认真，半是打闹。

芳草萋萋，湖光粼粼。

男人搂紧女人，让她安静下来，说：“亲爱的西西，千万别生气。虽然爱情激素的期限不过几年，但两情相悦的婚姻却可以持续永远，爱不只是激情，还必然产生永久的责任，并以亲情的方式永久存在。爱人变成亲人，不是爱情消失了，而是以亲情方式在延续，爱之激情就像醇厚绵和的烈酒，虽能带给人们甘洌的刺激，但却不可长期大量饮用，而亲情则像纯净的水一样，虽然平淡无味，但却不能或缺。”

男人轻抚女人，继续说：“爱人之间的亲情来源于人脑所分泌的亲情激素——内啡肽、后叶催产素和后叶加压素。内啡肽带给人安逸、温暖、亲密和平静，它所带来的心灵放松和宁静能让人安享生活的平淡无奇，心甘情愿与另一个人长久生活，从而对爱人产生长久依恋，内啡肽能带来更为温馨持久的婚姻；亲人的感觉越强烈，内啡肽激素的分泌水平也越高，快乐愉悦感也越强。后叶催产素同样产生长久依恋感；后叶加压素有助于雄性动物在婚姻中保持忠诚。草原田鼠拥有最幸福的婚姻，这种哺乳动物在交配过后，就不再与其他‘第三者’发生性关系，但这种对爱人的忠贞无关乎道德，而是后叶加压素作用的结果。人们所向往的执子之手、与子偕老的爱情本质，就是男女激情之后成为亲人而一起度过平淡一生的历程。亲情，才是爱的最后归宿。”

西施沉默了一阵，发问道：“虫虫哥，你这样洋洋洒洒地和我高谈阔论爱情，是想告诉我，我梦想的幸福爱情最终只能是一种平淡普通的生活吗？难道轰轰烈烈的爱情只能是一场短暂而遥不可即的春梦吗？我付出多年的艰辛所憧憬的美好生活就只能是这种归宿吗？”

秋风和煦，蓝天清湛，白云片片，桂花飘香，若有若无，让人心醉。

西施也为这桂花陶醉了，她深深吸了口气，说：“你本已事业有成，娶妻生子，生活安静有序。现在为了我，放弃事业，抛弃名利，离婚弃子，按你的科学理论，到底是爱情激素的冲动还是亲情激素的泛滥？男人为爱情而放弃名利地位，要美人不要江山，那么当美人韶华逝去、红颜老去之时，他会悔恨当初的选择吗？

“我已惯于多姿多彩的奢华生活，不过能和你牵手永远、白头偕老，是我梦寐以求的理想。可是，你就这样放弃奋斗一生取得的地位财富，抛弃老婆家庭，社会大众会怎么看你？具有传统道德的人不认可你，他们会鞭挞你，会认定你范蠡这样的智者在犯错误，在做愚蠢事情。或许有少数人赞赏你厌倦名利归隐江湖，赞赏你性情至上为爱舍弃一切，但是，社会舆论会站在道德的高山上唾弃你，如果知道你有老婆还要为我去私奔的话。”

湖光山色之中，云淡风轻，轻舟鳞波，远处岸上的茅屋草墙朦胧显现，一副平和淡然的氛围下，只有这两人在窃窃私语。

“呵呵，亲爱的西西，你可知道，人的思想决定人的价值观，人的价值观又决定人的道德取向。不同的人有不同的价值观，正如对于人生意义，一千个人有一千种看法一样， 一千个人眼里也有一千种爱情。有人的爱情是电光石火的生理反应，多巴胺分泌让自己心醉神迷；有人的爱情是麻醉自己，让自己上瘾沉浸在一个可以逃避现实的空间里；有人的爱情是执子之手、与子偕老，你就是我的唯一。有女人会痴痴苦等几十年，等待变心的男人回心转意，或许这个男人永远不会再回来，但只要她还在等待，她的心中就充满爱；而有男人娶妻生子安静生活几十年后，某一天会忽然舍弃一切而和一个刚认识的女孩去私奔，在他看来，顺应内心的感受，而不是压抑激情。这就是爱，值得付出一切去追求。”

“哈哈，你真是个爱情专家了。那你清楚大众是如何看待你的吗？”西施问道。

“人人对我高山仰止，敬佩我甘于舍弃荣华富贵去归隐江湖，对我遵从心灵的感受、顺从内心的想法去过自己想过的生活而心驰神往，然而本质上，人们并不是崇拜我敢于放弃的伟大，而是贪图我轻易放弃掉的荣华富贵。正因为名利地位来之不易，让人无法轻易割舍，所以人们无法按自己真实的内心感受去行动。人们的内心就像一只小鸟，幻想自由飞翔，而名利地位则像金锁链绑住小鸟的翅膀，再也让你飞不起来！如果能看淡名利的话，那么或许物质生活会俭朴简单，但内在精神才会轻松惬意。去留无意、漫随天外云卷云舒，更能顺从自我内心感受，按自我意愿生活，也就不会羡慕我的取舍了。”

范蠡抬眼远望，继续说："人们艳羡我范蠡美人相伴，开游艇去游历五湖四海、环游全球，过的是逍遥神仙般的生活；人们即便知道我为你离婚而放弃家庭，也不敢指责我道德低下，因为社会已你将我神话；人们不敢责怪级别高地位显赫的权贵，却喜欢用道德的大棒去棒喝贬低同类社会地位低下者，不是因为大众普遍具有高尚的道德，而是因为传统教育让大众戴上道德的假面具。大众按社会道德的要求装扮自己，将自己缩进虚假的道德套子里，装扮成符合道德标准要求的木偶，而不是鲜活真实的人；人们习惯于道德假面具的华丽，却容不得他人真实素颜上的雀斑，更不用说袒露自己内心之丑陋。道德本应该是流通在人身体内部的真实血液，让人发自内心地去承担责任，结果现在却成为背负在身的冰块，不只让人感受压力，更让人的内心寒冷。"

范蠡说道："爱情是一种个体化的情感，要顺从自我的内心感受。婚姻不但要受社会法律约束，也要靠内心责任感的约束；婚姻中的男女具有这种内心责任感，才能让家庭和谐，让心灵平静；婚姻中缺乏了爱的滋润，男女之间性格冲突导致的心灵痛苦如果远大于内心责任感带来的安宁，双方选择分手反而不是婚姻经营的最差策略。也就是说，如果离婚能降低双方的痛苦、提升心灵宁静的话，离婚也是婚姻中的一种策略，当然其前提是做好善后处理，男女各方继续承担对子女等家庭成员的责任；在离婚家庭中，普遍存在着对孩子和女人的精神伤害，其问题并不必然是离婚本身造成，而与男女双方因感情破裂而在离婚前后相互伤害，从而导致家庭责任感丧失有关；另外，由于在社会中处于天然强势地位的男人自私自利，离婚时不但不给予相对弱势的女人物质补偿，反而普遍侵占女人的物质利益，从而强化了离婚是造成家庭不幸的罪魁祸首的道德定式。殊不知，维持一个看似完整但责任缺失的家庭，不一定比离婚的家庭更幸福，或许伤害更大。"

"虫虫哥，你的意思是，对待情感，也要顺从内心的真实感受，而不必拘泥于道德的约束吗？"西施一边用脚在水面上撩拨着，一边问道。

“道家讲究道法自然，顺其自然，不仅指感情，而是要在生活的各方面都顺从内心的感受，身随我心，心随我意，才能让自己的心灵轻盈起来，达到一种舒服自在的心境。不仅是我想要这种生活，人人都在追求这种意境。你知道船夫唱的什么歌吗？”

“我只听到他含糊不清地在说‘桃花，桃花’，唱不像唱，说不像说的，是什么歌呢？”

“这是由著名词人唐伯虎作词、著名作曲家李乐师作曲、明星周伦杰用RAP演唱的一首通俗流行歌曲，叫《桃花歌》，歌词是这样的。”

范蠡于是哼哼起了这首《桃花歌》：

桃花坞里桃花庵，桃花庵里桃花仙；
桃花仙人种桃树，又摘桃花换酒钱。
酒醒只在花间坐，酒醉还来花下眠；
半醒半醉日复日，花开花落年复年。
但愿老死花酒间，不愿鞠躬车马前；
车尘马足贵者趣，酒盏花枝贫者缘。
若将富贵比贫者，一在平地一在天；
若将贫贱比车马，他得驱驰我得闲。
别人笑我太疯癫，我笑他人看不穿；
不见五陵豪杰墓，无花无酒锄作田。
不见五陵豪杰墓，无花无酒锄作田；
不见五陵豪杰墓，无花无酒锄作田。

他说：“这首歌之所以流行，除了旋律动人，更因为它歌颂了一种让人神往的自在生活。英雄不管如何气吞山河，终将沦为白骨；伟人不管如何显赫，坟茔也会长满荒草；秦皇汉武的陵墓，终成旅游景点，任由游人拍照；唯有内心的自由才是可把握的真实。”

两人谈论着爱情，谈论着人生，只见岸上一对白发老翁老妇相互搀扶，蹒跚而行。西施用羡慕的口吻说：“什么叫白头偕老？这就叫白头偕老！我们一定也能白头偕老！”

范蠡呵呵一笑：“我们只看到他们晚年的携手搀扶，却不知道他们以前是否幸福？他们以前是否如现在这般恩爱？或许，他们年轻时，恩怨不断，争吵不断，老了以后才勾销这些恩怨情仇，开始追求白头偕老了。不过，等你的头发变白时，我恐怕已经去见马克思了……”

西施捂住范蠡的嘴，不让他说下去。

夕阳已疲惫不堪而完全西沉。风儿轻轻吹，西施紧紧依偎着范蠡，长发飘扬，轻拂范蠡脸庞。这时，年轻的船夫慌慌张张地跑过来：“不好了！一大队人马在朝我们这边冲过来，不是城管就是海关，不是要拦截我们吧？你俩到底是贩毒的还是走私的？”

范蠡朝岸上望去，只见马路上尘烟滚滚，有几十辆车朝这边开来。他看清楚车队的车牌号后，微微一笑，说道：“我的老朋友文种来了！”

二、煮酒论道：道可道

钓罢归来不系船，江村月落正看面。
纵然一夜风吹去，只在芦花浅水边。
——（唐）司马曙

车队在湖边停下，下来几十个人，众星捧月般，簇拥着一老者迎着小舟而来。老者器宇轩昂，气度非凡，他就是文种，当今越国首相是也。文种年过七十，却步伐矫健，他大步迈上踏板上了船，冲着范蠡说道：“老范啊！你携佳人去环游世界，实属人生一大快乐逍遥之事，但无论如何，也应该知会老朋友一声，老汉我会在龙景轩摆酒为你送别，我们不喝茅台，茅台容易醉酒当歌，现在潮流兴喝拉菲，拉菲的品位和我们的情谊更般配。”

范蠡迎上前和文种紧紧握手。西施在旁边有点不好意思地打招呼：“文大叔好！”文种冲着西施哈哈大笑：“一晃二十年啊！当年你叫我大叔之时可还是个青涩小姑娘。你可知道，我和老范初次相见之时，他可是趴在狗洞里装狗叫，以这种方式和我打招呼的！”西施作惊奇状：“怎么回事？”

文种说："老范才气诡异，堪称鬼才，自我营销方面也是神出鬼没啊！三十年前，我在他的老家当市长，某一天本地媒体热议一个疯子，称之为犀利哥，说他放浪形骸却才华横溢。时而衣冠楚楚，吟诗作画，作品艺术性很高，甫一完成即刻被围观者疯抢；时而装疯作傻，疯癫痴狂；时而于广场议院空无一人时发表如何管理国家的演讲，洋洋洒洒一讲就是半天；时而指点小商小贩做生意，而经过指点的商贩确实盈利更多。大众都敬佩他，但却无人能说清他的来历。媒体的热议引起了我的好奇，我决定亲自去见这个神奇的疯子。当我的车队来到他家门口时，老范趴在门口的狗洞边冲着我扮狗吠，我的下属想去揍他，被我制止，我从他蓬头垢面的黑脸庞上看到了超凡矍铄的犀利目光，于是我掉转车头，转身回家，换掉官服，以一身庄重礼服，单身一人，再去老范家拜会他，而老范也似早知我要再来，也沐浴更衣，穿好礼服等我，我们高谈阔论，相见恨晚，即刻结为知己。"

范蠡点头称是："当年我苦于学有所成，却无法找到进入社会的入口，所以采取了这种事件营销的方式，来寻找认可我的伯乐。所谓事件营销，就是我通过装疯卖傻，在社会上制造具有轰动效应的事件，经过舆论广为传播，吸引了大众眼球的注意，使我这个产品，具有了知名度，引起真正对我有兴趣的伯乐的注意，从而成功将自己销售出去。事件营销成本低、传播快，但也是把双刃剑。知名度提高，但产品本身的品质不过硬、不被大众认可的话，知名度就无法转化为美誉度，反而会引起大众反感，不利于销售。"

旁边船夫插话进来："先生，现在社会上一些人，如水仙姐姐、乌鸡妹妹或沈阳弟弟之流，也模仿前辈手法，疯癫痴狂，搔首弄姿，丑态百出，博取大众娱乐。按您的说法，有知名度而缺乏美誉度，是不利于销售的，但商人们似乎不在乎名声好不好，只要有名声就好，所以找她们做广告的商人排长队，到处出丑的人现在反而成为成功人士了。"

范蠡叹了口气："世风日下，人心不古啊！现在的名利场，有知名度就有利益，人们为出名而不择手段，美不美誉是无人在乎了。”

几个人说着话，不知不觉天色黯淡下来。西施吩咐船夫炒几盘小菜，热了壶酒，范蠡和文种这对老友在船上把酒叙谈。

“老范，我是奉老板之令来见你的。老板和你我情同兄弟，我们同患难共艰苦二十余年，共同奋斗二十余年，成功来之不易啊。以后本该是我们分享成功盛宴的好日子，你却忽然辞去一切职务，放弃一切权力地位，放弃一切财富，着实让老板大吃一惊。老板知道你淡泊名利，但还是希望我能把你挽留住。老板让我向你转达他的诚意——如果你留下不走，他会把他名下所有权益资产的一半赠与你，和你共享荣华富贵；如果你执意要走，他就要追究你工作中所犯种种错误，会以你贿赂吴国伯嚭为由告你行贿罪、以你砍伐大树做成栋梁送给夫差为由告你非法砍伐罪、以你带走西施为由告你窃取国家机密罪，总之，会以各种理由起诉你，将你逮捕入狱，而不会放走你。老范，你慎重考虑！”

范蠡将杯中酒一饮而尽，说：“我年少时，年轻气盛，梦想成功。侥幸得遇老师计然先生，他传授给我道的思想，让我明白道法自然之道。”

范蠡对文种讲述了自己对道的感悟：

1. 凡事要顺其自然；只有自然才能释然，只有当然就会怡然。

2. 天之道，利而不害；人之道，为而不争。

3. 人要虚其心；只有取出心中的私心杂念，才能包容一切，才能体验人生的快乐。

4. 正言若反，自然是对立统一的有机体；万物都有阴阳变化，强弱旦夕逆转；祸兮福之所依，福兮祸之所伏；持而盈之，不如其已；揣而锐之，不可长保；金玉满堂，莫之能守；富贵而骄，自遗其咎。将欲歙之，必固张之；将欲弱之，必固强之；将欲废之，必固兴之；将欲取之，必固与之。

他说：“这些道的思想极其深奥，我不求甚解，仍然将之当成实现功名的思想利器。我年轻之时，血气方刚，追求卓越，十分自信，相信凭借自己的才华，加上勤奋和努力，就没有做不成的事，我自信会成就丰功伟业，青史留名；但长期学习道的哲学思想，逐渐让我的心灵宁静平和下来，虽然我仍在追求功成名就，但我深知，要达目标就要遵循顺应天地人之道，人法地，地法天，天法道，道法自然，天地人道，和谐相生，成功自然水到渠成。当我年过四十岁以后，才彻底理解道家的思想精髓。”

范蠡讲了几点道的精髓：

1. 枝叶茂盛的植物容易折断，太阳日当正午后就开始西斜，月亮满月之后开始转亏，这些自然现象让我明白：盈则满、满则溢、溢则损，不过分的盈满才能保持和发展。

2. 心中如若存有太多欲望，决策之时就会过于乐观，只看机会而看不到危险；心中如若存有恐惧，决策之时就会倾于消极，只看危险却看不到机会。所以，我明白：无欲则刚，无为而治。

3. 我的内心已经没有“我”这个私有个体的意念、思想、希望和期待。生活本身要顺其自然，随波逐流，身体随遇而安，心中就会保持绝对的安静和客观；成为一个“无”，就不会有“我”的痛苦和不快乐，就不会有自我的羁绊。

他说：“人们本应该更在意心中的真实感受，而不是只为趋名逐利。名利本来只是人们实现幸福人生的工具，而不应该是人生的目的；可是，当今社会，名利却成为蒙蔽大脑的肥油，让人们迷失生活的方向。”

范蠡喝了杯酒，然后说：“现在，我只要自然简单的生活，物质不需奢华，心灵却须了无羁绊；能让身心灵魂寄于山水之间，一船明月一竿竹，家住五湖归去来；动则于蓝天白云的晴日，或与孩子们在草地上奔跑嬉戏，或与爱人散步，漫看天边云卷云舒；静则于阴雨霏霏的雨天，在湖畔垂钓，一蓑烟雨任平生，桃花源中自逍遥，有鱼儿上钩则淡淡一喜，没有收获也毫不在意，不为钓多少鱼，只为心的逍遥而已。”

西施在旁边给范蠡和文种盅酒，说道：“范大叔，你可以自逍遥，但千万不要把桃花带回家啊！”三人大笑。

三、范蠡论权力

权力装饰了你的心，你装饰了别人的梦。

范蠡问文种："老文，你年长我十岁，一生忙碌，也该考虑退休了，你怎么打算？"文种喟然一叹："我何尝不想过一种简单质朴的田园生活啊，就像在商界奋斗几十年赚够了钱的成功人士再去从事现代农业、做现代农民一样。"

文种描绘了心目中的退休形象：

一个犁牛半块田，收也凭天，荒也凭天；
粗茶淡饭饱三餐，早也香甜，晚也香甜；
布衣得暖胜丝绵，长也可穿，短也可穿；
草舍茅屋有几间，行也安然，待也安然；
雨过天青驾小船，鱼在一边，酒在一边；
夜归儿女话灯前，今也有言，古也有言；
日上三竿我独眠，谁是神仙，我是神仙；
南山空谷书一卷，疯也痴癫，狂也痴癫；

他说："这种'采菊东篱下，悠然见南山'的田园生活，是所有人的梦想，但恐怕也只限于期盼和神往而已，因为生活的压力、工作的负担、家庭的责任、事业的发展等都是人们必须工作的理由，没多少人真能过上这种怡然自得的生活。我也一样，为了不辜负老板的信任，为了国家的需要，我甘愿丝竹乱耳，案牍劳形。我准备老骥伏枥，一直奋斗，鞠躬尽瘁，死而后已！"

范蠡和文种碰杯而饮，说道："我来讲个故事吧！"

范蠡讲了一个富翁和乞丐的故事：

一个富翁去海边度假，看到一个年轻乞丐也在海边晒太阳。富翁就对乞丐说道："小子！你这样懒散生活，人生可不成功啊！你应该趁着年轻，努力工作，发展事业，赚很多钱，成为一个富翁。"乞丐问："成为富翁又如何？"富翁回答："可以像我一样来海边度假，享受生活，随意晒太阳。"乞丐答："我不正在海边晒太阳吗！"

范蠡继续说："其实，人人都可以遵从自我内心的真实感受，像这海边的乞丐一样过自然简单的生活；可人们都受金钱财富之累、地位等级之累、名望声誉之累、责任之累、情感之累，以及身心之外的俗务所累，没多少人愿意顺从自我内心的真实想法，做自己想做的事，而是按照社会的期望、父母的期望、他人的期望，做着自己不情愿做，或许他人也并不一定期盼的那些趋名逐利的事情。"

范蠡接着说："就你老文而言，你深受权力之累，无法自拔。权力就像春药，刚开始让你激情无限，亢奋万分，好像枯木逢春，慢慢让你感觉力不从心却无法遏制欲望，只有继续加大剂量，再后来越感觉自己筋疲力尽就越贪恋，明知对身体有害，却无法停用，最后只能精尽人亡了。心中充满了权力欲，就犹如吸食春药，是欲罢不能了。"

文种笑了："大权在握、前呼后拥的感觉无法言传，那种一呼百应、唯我独尊的畅快淋漓也只有位高权重者才能感受。"

范蠡轻叹一口气："老文啊，你彻底成为权力的奴隶了！或许只有那些登上权力顶峰的帝王，才能真正体味到拥有权力的孤独与恐惧。普通大众追逐权力，只看到拥有权力之威风，却看不到争权时的血雨腥风、你死我活的残酷。为了得到权力，占有越多，丧失也越多。有一首这样的诗：

你站在桥上看风景，
看风景的人在楼上看你。
明月装饰了你的窗子，
你装饰了别人的梦。

其实，权力何尝不是如此呢？

你以他人为棋子下棋，
下棋的人以你为棋子下棋。
权力装饰了你的心，
你装饰了别人的梦。

“权力的等级就像通往珠穆朗玛峰顶峰的脚印一样，无穷无尽。总有人以为自己就是那个爬得最高最快的幸运者，却不敢想象这个道路上到底有多少人为此而坠落身亡。在你的等级以下，你确实拥有绝对权威，但却永远是权力巅峰决策者的棋子。即便拥有绝对的权威，那又何如？在历史的长河中也只是那么瞬间的片段而已。古今将相在何方？荒冢一堆草没了！对于权力的感觉，权力拥有者和权力追逐者的感觉完全不同，就像胖子和瘦子一样，胖子无法体会瘦子被推倒时的凄凉，瘦子也无法感受胖子站在秤盘上的惆怅。”

文种咳了一下，打断了范蠡的话：“老范，你功成身退，急流勇退，不贪恋名利地位，这是你的人生追求。但每个人的欲望和理想不同，我有我的追求，我的梦想，追求权力地位上台阶上层次的奋斗过程，让我感到刺激，充满斗志，你不是说要顺从自己的内心感受吗？或许我的内心就迷恋权力。”

范蠡深深吸了口气说：“老文啊，想把你从悬崖边拉回来不容易啊！陡峭高峻的东西容易倒塌，权力这东西，和证券市场上的股价、男女之间的情感、商人们的经营利润一样，都是有起有落的，盈则满、满则溢、溢则损，如果在高位不舍得退出，继续陶醉于往日的美好，最终就一定会大跌，遭受很大的损失。你如果一直痴迷权力，最终要和老板产生冲突，可能带来杀身之祸的。权力、金钱、名声都是人们永远无法满足的欲望，如果一路追逐，不知收手，不知克制欲望，最终会心智丧失，迷失方向，遭受严重挫折的。”

文种听范蠡这样说，脸上的笑容凝固了，目光转向了远处。范蠡也沉默了。

四、论欲望：中国人的需求层次理论

永忆江湖归白发，欲回天地入扁舟。——（唐）李商隐

湖光秋月两相和，潭面无风镜未磨。不知何时，一轮明镜挂上夜空。太湖之上，秋月初上，一派空灵、缥缈、宁静、和谐的境界。

西施在旁插话，打破僵局："老范的意思是说，只有克制欲望，才能享受平和自由的生活吗？"

范蠡说："欲望是人的本能，是人对能满足自我身心需要物质的渴望，表现为诸如衣、食、住、行、性、尊重、认可、快乐、自信、幸福、自由等物质和精神的需求形式。人类为实现欲望而劳动，欲望是人类产生、发展和进步的根本动力，一切人类活动——无论是商业、政治、战争，还是文化、教育、宗教、艺术等，都是人类为满足欲望而驱动的结果。"

范蠡对欲望展开论述：

在经济学领域，将有能力满足的欲望称为需求。米国人马斯洛创立"马斯洛需求层次理论"，将需求分成七类，包括：生理需求、安全需求、归属与爱的需求、自尊需求、知的需求、美的需求和自我实现的需求

等，各层次需求具体为：

1. 生理需求：包括呼吸、水、食物、睡眠、生理平衡、分泌和性等。生理需求是维持人类生存及繁衍的最基本需求，也是推动人类劳动和工作的首要动力。

2. 安全需求：是指对安全、有秩序环境的需求，包括稳定的职业、生活的保障等。

3. 爱的需求：是指希望与他人建立情感关系的需求，如交朋友、对爱情的追求等。

4. 自尊需求：是指受到别人尊重的需求，例如让个人的能力和成就得到他人或者社会的承认或赞许等。

5. 认知需求：是指知识和理解方面的需求，例如：通过学习，掌握知识和技能等。

6. 审美需求：是指对美的需求。

7. 自我实现需求：是个人理想得以实现的全部需求，包括：道德、创造力、自觉性、问题解决能力、公正度等方面需求的满足。

根据马斯洛的解释，七层需求分为两类，较低四层为基本需求，较高三层为高级需求。只有低层需求被满足后，高一层的需求才会产生。基本需求是基于生理或心理上的欲望产生，通过外部条件的实现得以满足；高级需求则是主观欲望，必须通过内部因素才能满足，当个人经济、教育环境较好时，往往追求高层次的需求。

范蠡说："马斯洛的需求层次理论，是建立在西方的宗教文化基础上来解释人的欲望和需求的，我国几千年的东方国粹文化，显然完全迥异于西方文化，在中国式传统文化的长期熏陶下，国人的需求，相比马斯洛所定义的西方人的需求，应该差别很大。我将国人的需求层次进行了归纳，也分为七层，也包括高低两种层次，在低层次基本需求方面，国人和西方人是一样的，都有生理需求、安全需求和爱的需求，但在高级需求上，国人和西方人的需求就大相径庭了。"

范蠡将国人的七层需求层次归纳如下：

1. 生理需求：包括空气、水、阳光、食物、性、衣服、住所这些维持人身生存和繁衍的需求。

2. 安全需求：包括人身安全、健康保障、财产保障、工作职务保障、家庭安全等安全性需求。

3. 爱的需求：对亲情、友情、爱情的需求。

4. 享乐的需求：对食物、性、衣服、住所和其他物质的奢华需求。对物质的高级需求，不是为维持基本生理需要，而是为享乐，为刺激身体感觉器官的需要。对物质的享乐需求，包括：美食、名牌服饰、奢侈物品、高档汽车、豪华住宅和美女等。

5. 等级地位的需求：对等级地位的需求，体现为对权力的追求。权力是打开一切利益金门的万能钥匙，不同的等级地位具有不同的权力，所以，等级地位，没有最高，只有更高。对于权力需求者来说，不择手段向上爬，施展阴谋诡计，从而取得更高的等级地位，就是人生的终极需求。

6. 被敬仰崇拜的需求：仁义礼智信，是中国文化在道德领域的标杆，是社会精英的高级精神需求。仁义礼智信，看似宣扬的是君臣父子朋友相互间的责任，从而使社会精英自愿赋予对他人的责任，但在本质上，强调的却是低等级地位者对高等级地位者的责任，规范的却是低等级地位者对高等级地位者敬仰崇拜的行为准则。仁义礼智信的道德观，并非追求相互平等的责任和尊重，而是高等级地位者为低等级地位者树立的一种礼仪标准。

7. 青史留名的需求：国人自我实现的最高境界是名载史册，青史留名。活着，要被人当成神，被当世崇拜敬仰；死后，继续当神，被后世人敬仰崇拜。

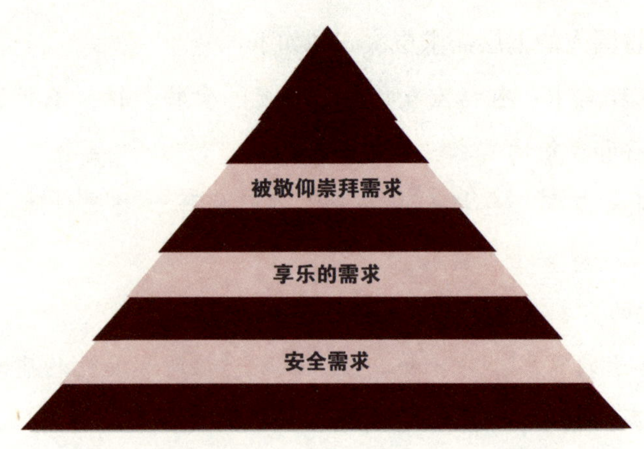

国人需求层次理论图示

范蠡说："这七层需求中，较低三层需求是低层次的基本需求，是身体或心理上的需求，所有人都要满足生理需求、安全需求和爱的需求三个基本需求。一部分人在先富起来后，基本需求得以满足，有了追求享乐的需求、追求等级地位的需求，这两层需求是低等级地位者的高级需求。而最高两层的需求，是社会精英的高级需求，是高等级地位者在精神上的需求。"

文种："你这个本土化的需求层次理论有点意思。绝大多数普通大众整日忙碌，谋生不易，身心疲惫，因此，当基本需求得以满足后，享乐需求就成为高级的精神需求。"

范蠡归纳了国人享乐需求的类型：

1. 最大众化的享乐需求是对美食佳酿的需求。国人普遍具有关于饥饿的社会文化心理，在富起来以后，基本需求得到满足时，普遍追求吃遍天下美食，喝遍人间美酒，食无止境，食不厌精，让自我的口舌胃肠对饥饿过的祖先做以补偿性享受。

2. 追求名车和豪宅。不在乎价钱几何，只在乎一旦拥有，别无所求，只在乎人无我有。

3. 富裕起来的大众在追求享乐方面是穷奢极欲，各有千秋。有人喜欢购买奢侈的物品，不贵不买；有人收藏珍稀字画、前朝古董，不择代价收入囊中，秘不示人，只为自乐，自誉为高人雅士；有人嗜好美女，美人多多益善，以阅尽天下春色为己任；有人花钱无数，寻仙访道，修心养生，只为长寿百年。

范蠡说：“比享乐需求更高层级的需求，是对等级地位的需求。中国人崇尚权力，讲究等级地位，对等级高于己者甘愿做孙子装奴才，自卑、敬畏和甘受摆布；对等级低于己者则威风像大爷，自高自大、作威作福，粗暴侵犯其权利。正如鲁迅总结的这样，中国人是羊，同时也是凶兽，遇到比他们更凶的兽时便现羊样，遇到比他们更弱的羊时便现凶兽样。国人缺乏平等的意识和相互尊重的文化，更高的等级意味着更大的权力，等级的提升可以带来生理心理欲望的极大满足感，也让这些人有更大的动力去追逐更高的等级地位。”

他继续说道：“最高两种需求是高等级地位社会精英的高级需求。儒家为这些精英人士在精神上树立了高标准——责任。通过赋予自我对他人的责任，使自我成为高尚之人，从而获取他人的敬仰和崇拜。这种责任通过仁义礼智信得以体现，而仁义礼智信这种儒家五常，通过几千年的文化道德传承，就成为中国人精神需求的模范标杆。”

文种：“青史留名的需求是我等社会精英的精神追求。”

范蠡：“与西方人的最高需求是自我实现的需求不同，国人的最高追求是青史留名，为了实现青史留名的需求，就会付出凡人所不能付出之牺牲，恰如老板勾践之卧薪尝胆。”

范蠡举了一名青史留名精英的例子。

他说：“有一极品社会精英，名曰曾国藩，修身齐家治国平天下，在海陆空各个领域，卓有建树，树立了一直被追赶、从未被超越的丰碑，被人称为立德立功立言三不朽、为师为将为相一完人，由凡人成功转型为青史留名的神人和圣人，也成为后世精英神往的偶像和楷模。曾国藩在修身养性、完善人格方面，确实严厉，他基本摒弃一切常人欲望，其对己残忍之程度，非圣人难以望其项背，恐怕只有勾践老板够资格和他PK。有一个例子可以证明其是如此残酷压抑自我欲望的。曾先生年轻时，某晚看到同事有青春靓丽的小姐作陪，在高级俱乐部饮酒唱K，放纵享乐，作为血气方刚的正常男人，曾先生动了一丝常人欲望，但这一丝念头却让曾先生好似犯下严重罪行，让他罪恶感沉重，他狠斗色字一闪念，心灵深处闹革命，在日记里万分悔恨，千分内疚，百般自责，只恨不得挥刀自宫，以绝后患。”

西施说：“抑制欲望，难道就没有欲望了吗？真是自欺欺人。”

范蠡点头称是：“‘不想，不要’，不是没有欲望，而是有‘不’的欲望。清心才能寡欲，无欲则刚，才会无求，其实是另一种欲望。欲望满足是需求的实现，可以让人快乐。经济学上将欲望的满足程度称为效用，人越快乐，效用越高，随着低级需求被逐渐满足，人的快乐感会递减，效用也逐渐降低，当欲望被完全满足，人也不再有快乐感，边际效用降为零，这就是所谓的边际效用递减原理。边际效用会递减的根本原因是人的欲望无穷无尽，当人有了更高级的欲望，却无法被满足之时，人就会焦虑忧愁，就会痛苦。”

五、论成功

时不至，不可以疆生；事不究，不可强成。

明月凌空，数点疏星。晚风悠悠，拂面而来，带着幽幽的桂花香味，阵阵袭人，使人陶然欲醉。

范蠡抬头，仰望了一下朗月星空，继续说道："说到欲望，欲望给人带来痛苦，让人不幸，国人尤为能感受其中滋味。欲望无法实现会痛苦；欲望实现了，却发现不符合心理期望，也痛苦；放弃了本可以实现的欲望，却发现做了错误选择，更痛苦。其实，国人感觉不幸的原因在于内在个人欲望的无休止膨胀和外在经济、舆论环境压力的双重作用。而这两者的根源，却在于中国传承几千年的思想文化的教育，可以说，国人所受传统儒家思想的教育，正是造成痛苦和不幸的根本原因。"

西施有点吃惊地问："大叔，您的意思是知识使人痛苦，教育使人不幸？"

范蠡答道："国人自从幼年启蒙教育的开始，接受的都是千年传承的孔孟儒家思想教育，琅琅读书声中，三字经、弟子规被尚且懵懂的幼童反复诵读，在儿童的思想还是一张白纸之时，就在其潜意识中深深种植了‘仁义礼智信’思想的幼苗，在以后的正规教育中，儒家思想更是全面在头脑中茁壮成长，成为国人价值观的普遍指导思想。儒家思想体系为国人树立道德规范的标准——仁义礼智信；为国人树立成功的标志——格物、致知、诚意、正心、修身、齐家、治国、平天下，以及对待成功的态度——穷则独善其身，达则兼济天下。儒家思想教育制度的本质，是构建了一个无穷等级并且等级秩序森严的奋斗目标，让人们去爬升，去竞争，去超越他人，去成功。”

文种问：“为成功而奋斗，的确是我们自幼启蒙教育时期就牢记心间的基本信念，难道不对吗？”

范蠡轻轻叹了口气：“国人强调教育要从娃娃抓起，不能输在起跑线上，自幼就被树立了为成功而奋斗的信念，人人以这种观念为天经地义的真理，殊不知，不幸和痛苦的种子就此被种植在孩子的心中，成为一生不幸的总根源。”

西施：“为什么这么说呢？”

范蠡：“因为国人心目中‘修身齐家治国平天下’的成功理想，必须通过残酷竞争才有可能实现。在狭隘逼仄通往成功的羊肠小道上，只有发足狂奔，超越无数人，甩脱无数对手，跨越无数等级的台阶，才有机会成为成功者，幼为田舍郎，老登天子堂。为了实现这种身份的巨大跨越，吃得苦中苦、方为人上人，是国人熟知的励志口头禅和自勉的思想武器。为了追求成功，首先要和同等级平台上的竞争者PK，几番奋战，对手倒下，艰难胜出，然后踩着失败者的身躯，留下血淋淋的脚印，摇摇晃晃上到更高一个等级的平台上，喘息未定，这个平台上的无数竞争者蜂拥而来，只能继续PK，再决胜负，如此反复。人生就成为一场场PK，PK胜出才能生存，PK的压力和残酷让人痛苦，PK失败更让人痛苦，而大部分人必然要成为失败者。少数成功者的成功大道，看似由鲜花铺就，但其身后，却是无数失败者倒下的身躯。成功者迈进上流社会的殿堂，也不可能一劳永逸，黑夜的暗影中仍然潜伏着无数的对手准备挑战他，而那些PK失败的竞争者也不会甘心，随时可能会苏醒过来，冷不防会把在人生舞台上欢歌劲舞的成功者拉下马来。国人的心理是不患寡而患不均，只要有人强过自己，就会有竞争者出现。所以，成功者的心里，永远没有放松的时候，随时要拔剑四顾心茫然，准备应对不知从何方而来的明枪暗箭。”

范蠡接着说：“只要处于竞争状态，无论成功者，还是失败者，心里都会极度紧张，充斥痛苦和不幸的感觉。竞争只会对个别的疯子、神人和斗争天才带来乐趣，让他们觉得其乐无穷。与天斗，与人斗，对大部分常人来说，只会感受到不幸。儒家的教育制度看似指导国人去为成功而竞争，其实是架设了无数让绝大部分人永远无法逾越的、等级森严的权力天梯。这个天梯的尽头，是儒家制度为渴望成功者绘制的美好而虚幻的幻象，天梯之路由充斥着不幸和痛苦的陷阱铺就，里面躺满了无数追求成功者的血淋淋的尸体。”

他继续讲道：“儒家思想体系里面的道德观，是另外一个让国人痛苦和不幸的重要根源。‘仁义礼智信’，看似树立了一个道德高尚的风范标准，但是几千年的中国史实中，能达到‘仁爱、忠义、礼和、睿智、诚信’境界的只有寥寥可数几个圣人，对大部分国人来讲，这个道德标准更像是个口号，而不是一个可以普遍遵守的道德行为准则。有部分人正心修身，努力让自己的道德高尚起来，却发现圣人的境界可望而不可即。而越靠近这个道德标准，越要在社会人际关系中承担更多的责任，责任感越强，越让人背负更多的压力，从而越痛苦。反观那些被主流社会鄙视的俗人庸人，不受道德约束，放纵欲望，及时享乐，反而比自命道德高尚之人要快乐。这种反差给了那些意欲遵守社会道德但意志不坚定者以刺激，使得越来越多的人逃离儒家思想的束缚，不做道德高尚之人，而愿成为享乐之俗人。所以，几千年儒家思想的道德宣教，并没有让我国成为了一个游弋着众多道德高尚圣人的理想国，礼崩乐坏反而成为常态，人人以享乐为人生理想，最普世的道德，不是对他人的仁义礼智信，而是对子孙的仁爱和关爱。无钱无权的农民的道德是为儿子盖房子娶媳妇，有产者的道德是将尽可能多的财产留给子孙，有权者的道德是将权力一代代顺利传承。”

文种听着范蠡侃侃而谈，也若有所思，说道：“我们自幼就立下大志，要发奋读书，求取功名，但求闻达天下，功成名就，既能光宗耀祖，又能庇荫子孙。人生奋斗的过程的确充满了压力和残酷，击败竞争对手的成功也只能带来短期的快乐，很难有长期稳定的幸福愉悦，我一直在困惑，为什么地位权力的提升，并没有减轻我的精神压力，反而让我的精神负担更沉重？现在听君一席话，原来根源出在儒家思想的教育上，教育让人竞争，成为让我们不幸的源头。”

范蠡望着已完全被黑夜笼罩的远山的暗影，说道：“是啊！国人梦想成功，最直接的理由是，成功可以给家人创造更好的经济环境，从而让家人过上更幸福的生活。可是，真的是成功了才能让家人幸福吗？一个所谓事业有成的企业家就一定比普通白领更幸福吗？我们设想一下：企业家有豪宅，有跑车，有社会地位，有足够的财力让美妻娇儿过舒适幸福的富裕生活，为了维持这种生活状况，企业家可能要在早上孩子尚未睡醒之际，就要离家处理日常事务；晚上更是应酬不断，要陪政府官员打麻将，要陪客户吃饭，要陪大小领导在夜总会唱歌喝酒，回到家时已是深夜，孩子也早已熟睡。日复一日，他的肝也喝坏了，血压也升高了，他绝大部分时间和精力都用在疲于奔命和应酬各种俗务上。或许他忙碌了一年的结果是——当年的利润尚能维持，富裕的生活仍能维持。但来年的生意会如何？来年的生活还能富裕吗？谁也不知道。只能来年再继续辛苦应酬、辛苦忙碌了。”

西施说：“当今哪个人不是为了给家人一个富裕而幸福的生活而忙碌、而辛苦？”

范蠡说：“只要踏上奔向成功的天梯，企业家就像一辆失控的高速列车，不到电力衰竭，就再也停不下来。他为了维持资产和生意，必须保持忙碌的惯性，从获得财富的角度来看，他无疑比所有辛苦打工谋生的白领要成功得多，但这种成功早已背离他当初追求成功的初衷。他能给予家人富裕，却不一定能给予幸福；他能给予家人物质，却无法清楚妻儿的心理感受，给予她们精神的慰藉。当白领和家人团聚，共享家庭亲情之乐时，他要陪伴一群陌生的熟人觥筹交错，没有时间给予家人亲情；当夜晚白领和孩子玩乐游戏时，他趴在马桶边呕吐，没有精力给予孩子关怀；当白领陪伴妻子在旅游休闲时，他要应酬客户，只能让妻子一人孤独；当白领的工作压力过大时，可以辞职减压，而他的企业陷入生死存亡一线间之时，却无法一走了之，多大的压力都须承担。企业家看似过着光彩绚烂的生活，但在让家人享受富裕生活之时，也让家人失去了很多精神上的照顾和关怀，如果能给予综合评分的话，去掉一个最高分，去掉一个最低分，企业家普遍还不如生活稳定的白领幸福。”

西施问：“国人梦想成功，崇尚成功，那么，到底什么是成功？”

范蠡：“在不同的人看来，成功有不同的含义。商人们觉得钱可通鬼神，成功就是富可敌国；权势者觉得有权可以只手遮天，成功就是权力无边；文人们觉得文字可以打败时间，成功就是巨著等身，流芳百世，彪炳千古。可是，取得这样的成功又能如何？纵观天下大商巨贾，无人能传承三代。英雄豪杰沦为白骨，坟茔早被锄为田地，无花无酒，只有荒草；而曾经横扫天下不可一世的皇帝的陵墓，无论是始皇陵，还是十三陵，都只是一个供游人拍照的旅游点；文人的思想和文章就像个被任意打扮的小姑娘，可以肆意更改，只为符合今人的主观要求，文字无法打败时间，时间似历史荒野里的狂风，一切文字和事实犹如尘土一般，风过尘无，了无踪影。所谓成功，如梦幻泡影，如露亦如电，皆是浮云。”

范蠡继续讲他对成功的看法：“人类喜欢嘲笑扑火的飞蛾。飞蛾们向着熊熊烈火冲过去，被焚烧身亡也义无反顾，完全不可理喻。可是，如果能站在动物或昆虫的角度来看人类，飞蛾们同样要发出冷笑，嘲笑人类的愚蠢。名利地位如熊熊烈火一般，让人类同样义无反顾地冲过去，争名夺利，不计后果。老虎、狮子等猛兽会为食物去拼命，但在酒足饭饱、满足果腹需求以后，就会停下猎取食物的脚步，而羚羊、麋鹿等小动物也会在其身旁安然散步，大小动物们会沐浴于自然的阳光下，嬉戏玩乐，享受生活，这就是弱肉强食的大自然的原始生态。与此大相径庭的，是人类的欲壑难填。”

范蠡叹息道：“没有一种动物会像人类一样，打着追求成功的名义，不但为自己抢食，为儿女抢食，更要为子子孙孙去抢食，去囤积食物。或许，人类心目中照顾子女的所谓负责任和道义，在动物的世界里，是一种不可饶恕的罪大恶极。因为这种行为剥夺了子孙的自我生存能力，也剥夺了子孙体验生活艰苦和幸福的乐趣，只会培养一帮白痴蠢物。人生最大的不幸，不是贫困，而是事事如意，要风得风，要雨得雨，最后会使人丧失生存的能力，没有任何奋斗的痛苦、欢欣和期冀，人生没有希望和努力机会，形同行尸走肉。

“巴菲特说过，两个同样绝顶聪明和精力旺盛的母亲子宫里的受精卵，只是因为出身不同——一个出生在米国，另一个出生在孟加拉国，最终却会有迥异的命运！他将这种生命的命运由其出身决定，而不是由其个人能力决定的社会现象称为人的卵巢彩票。与此类似，如果成功仅仅意味着拥有权力财富，那么大多数的成功者也就仅仅是精子彩票的中奖者而已。一些人出生是缺衣蔽体，大部分人出生平常，但总有一些幸运的受精卵是含着金匙而生，就像中了超级大乐透的彩票大奖一样，其家族拥有惊人的财富和权力，可以世袭罔替，世代传承。这些幸运儿从出生这一刻就拥有的财富和权力，使那些出身普通的大众即便一生辛苦奋斗，坐着直升机去追逐，恐怕也难以望其项背；还有一些所谓的成功者，视其成功为个人能力和奋斗的当然，殊不知，或许只是因为其所处的行业高速成长，而他只是幸运地处身这个行业。对这些成功者来说，成功的原因只是因为中了行业的彩票大奖，行业的飞速发展和他的幸运制造了他的成功，并非是其比其他不成功者更有智慧、更有能力。所以，如果成功只是拥有权力财富的话，那么国人的总结就是至理名言——成功要靠一命二运三风水，成功是一件概率随机、不确定的偶然事件。”

范蠡干了一杯酒，继续说道：“就在我向老板勾践提出辞职的几天前，有一晚老板心情大悦，和我秉烛夜谈，谈到对成功的感悟。他在势力弱小之时，追求的成功是像猛兽一样，具有无上的权力。臣服天下，所向披靡，他称之为老虎式的成功；当他取得了绝对的霸权，成为霸主之后，他感慨老虎的威猛时光太短，勇猛和霸权以牺牲太多的人性和寿命为代价换取，他羡慕乌龟的长寿和慢牛式的进步，每天前进一点点，也同样达到成功的目标，他愿意选择乌龟式的成功；作为权力之巅的君王，他体味了太多的孤独和四伏的危机，他羡慕渺小而众多的蚂蚁，虽然辛苦劳作却也快乐，虽然卑微低等却无孤独，虽然生命短暂却又自然踏实，他宁愿选择蚂蚁式的成功，也不愿意再像老虎一样。”

范蠡对文种说：“老板对于成功有了大彻大悟，但成功就像围城，感悟者想冲出去，但更有千万人想冲进来。我就成功的看法征询老板四周林立的保安们，无人敢应答，几遍询问，才有一个保安大着胆子说，如果能让他在老板的宝座上成功稳坐一分钟，那就是他一世的荣耀和成功。这就像老虎在羡慕蚂蚁的悠闲，而蚂蚁却羡慕老虎的霸权，正如天空飞翔的鸟向水里潜游的鱼儿诉说高空飞翔的成功，对鱼儿来说，天空飞翔的一秒胜过鸟儿几千年的空谈。”

夜已很深，秋夜的寒气让西施打了一个颤，她将身躯靠紧范蠡，说：“大叔，你一直拿动物在说事。人的思想和追求应该是和动物完全不同的吧？如果将人和动物类比，会不会没有可比性、有些低级化？”

范蠡说：“人本身作为自然界的一种生灵，与其他动物没有任何本质差别，都是浩瀚自然漫长历史进程中一个短暂而匆忙的过客。人与这大自然中的老虎狮子等猛兽、牛羊猪狗等牲畜、蚂蚁飞蛾等昆虫，还有这湖中的芦苇、岸边的柳树一样，都是自然的造化，都一样伟大而卑微，生存着就是伟大，死去都一样卑微而要归于尘埃。无论人还是动物，无论人是贵贱贫富，都一样要经历生老病死的生命历程。感受幸福的喜悦是一样的，对灾难的恐惧是一样的，受疾病伤痛折磨的痛苦是一样的，对生命的渴望和对死亡的无奈也是一样的。

“当人的思想愚昧而封闭时，他会感觉他是宇宙的中心，是他人的主宰、靠山和救星。但是当人类的思想进化、达到一种自由境界之后，就会发现天地之大，生如尘埃，人不过是宇宙间的蜉蝣。寄蜉蝣于天地，渺沧海之一粟；哀吾生之须臾，羡长江之无穷。”

范蠡感慨地说：“天地与人同存，万物与人为一。生命是平等的，天地之间所有生灵的情感是大致一样的，人类本身并不比蚂蚁或者飞鸟优越多少，都是同样渺小的个体，都只是在自然的世界里一个短暂的存生而已。

“人类本身是平等的，没有谁比他人要高贵或者低贱，人们本该相互尊重，相互平等，可是，教育的结果却让人类分为三六九等。人类将自身划为不同的等级，对高于自己等级的人自卑、敬畏和甘受摆布，对低于自己等级的人自高自大、粗暴践踏，人类对攀爬权力等级巅峰的热切远远超过了对生命的尊重和珍惜。”

文种说：“人们已经习惯了等级森严的社会，并且以争权夺利为快乐之源，这种天地之间众生万物平等的观点恐怕难以为世人所理解和接受。如果真的是人人平等的话，那不但要打破人们的价值观，整个社会秩序恐怕也要打破重建了。”

西施说：“如果人不追求成功，那应该追求什么？没有追求的人注定是碌碌无为的。”

范蠡将杯中酒一饮而尽，说道：“什么是成功？成功并不是碰运气式地去占有无尽的权力和财富。运气好的，有像亚历山大那样，30岁就征服了世界；也有像姜太公那样，80岁了还在钓一条不知道到底存不存在的大鱼，但最终让大鱼上钩；更有像李嘉诚的儿子那样，0岁就富可敌国了。也有运气不好的，始皇帝幻想皇权传万世，但他的儿子秦二世没工作几天就被人民炒了鱿鱼，梵高一生贫困不堪，死后随便一幅签名的画都却是价值连城。”

他接着说："人生的历程短暂而悲观，生来是为了死去，相聚是为了别离，所以，能按照自我的内心感受，做自我喜欢的事情，就是成功。只要付出了自己的努力，按照自我的心愿，坚持自我喜欢的事情，没有中断，没有放弃，就是成功。

"人生是一条单行道，可以选择急速奔跑，也可以选择闲庭信步，甚至停滞不前，但无论如何选择，终点都是一致的——死亡。无论坟墓有多豪华，墓碑上的文字有多绚丽，取得的所有成功都会伴随着尸骨，化为尘埃。所以，在人生的道路上追逐成功，不是直奔目的而去，而要学会观赏道路两边的风景，有些风景，瞬间闪过，错过就不能回头。

"成功的感觉并不是达到成功目标后享受成功果实的快乐，而是在成功道路上奋斗的幸福感觉和达成目标时内心被愉悦充盈着的感觉。

“人生在世，是应该有所追求，但要追求的应该是人生的成就，而不是人生的成功。所谓成就，就是和自己的比较，自己要有成长、有进步、有成绩、有收获，而不是和他人去比较、去竞争、去成功。成就让人的心灵充实，让人的追求有意义，而成功在得到之前，如香醇美酒，越靠近越沁人心腑，越让人斗志昂扬；在得到后却如罂粟毒品，越吸食越迷幻，越吸食越深陷，不能自拔。所以，应该追求成就，而不是人生的成功。”

范蠡握着文种的手，说道：“撼山易，撼人的思想难！如果以道家思想作为人生观的基础，那么人的生活应该是逍遥自在的，他或许不一定成功，但会热爱生活，享受生活。但国人的价值观都是建立在儒家思想的基础上，普遍追求成功，追求卓越，也注定要与痛苦和不幸结伴终生了。老文，你现在虽然处于事业的巅峰，可是天之道会阴阳变化，否泰转换。你功成名就的时候光荣身退，归隐江湖，才是顺应天运的大道啊！”

文种回答道：“道家思想让你心如明镜，宠辱不惊，进退自如，随心所欲。而儒家思想如血液般完全深沁我的身心，我虽然明白你的心意，明知你是对的，却无法像你这般急流勇退了。我已习惯前呼后拥、众人敬畏的感觉，走红地毯、接受媒体的聚焦和闪光灯的照耀、成为社会的焦点、处处有美丽鲜花、时时有如雷的掌声和欢呼、享受位于权力金字塔顶端的决策者的一切荣耀， 这些都已成为我人生不可或缺的部分，再去过田园乡村的隐士生活，恐怕永远只是我遥不可即的梦想罢了！”

六、论幸福：一船明月，一竿悠闲

谁解乘舟寻范蠡，五湖烟水独忘机。——温庭筠（唐）

湖上清风徐来，水波不兴。月亮不知何时已隐身山后。

范蠡望着茫茫夜色，说道："同样的世界，为什么同样经历的人会有不同的人生？人生之所以结果大不相同，在于我们做出了不同的选择。人生就像一场考试，每一个重要事件都是一道选择题，不同的考题根据对人生命运重要性的不同，而有不同的分值。当人生之路快到尽头之时，命运就是对人生考卷进行的打分，分值的高低是看人生选择题是否按照自我的内心感受进行了正确地选择。如果按自我的内心感受选择得越多，那么考卷的得分越高，越符合自我的意愿，人生越满足、越知足，人生的幸福指数也越高。"

西施在旁边插话问道："到底什么是幸福？"

范蠡反问道："那你觉得幸福是什么？"

西施闭目想了一下，说："我觉得幸福是一种感觉，一种心境，一种体验；幸福是一次微笑，一次感动，一次震撼；幸福的感觉如风，如日月光辉，如虚幻梦境，靠近可以感受得到，远离却不知如何挽留。

“幸福是口渴时你倒水给我喝的感觉，是累了倚靠你的感觉，是我们刚才依偎在一起看日落的感觉，是带着孩子在草地上嬉戏奔跑的感觉，是梦想和你在一起而最终在一起的感觉，是老年之后携手散步的感觉……”西施说着，声音是兴奋的语调，夜色遮盖住了她泛红如桃花般的脸，而幸福的神情无可阻挡地向四周洋溢弥漫。

范蠡也感染到了西施的幸福，他将西施搂将过来，轻轻拍了拍她的肩膀，对她的爱意表示认同，他说：“人们通常将快乐的感觉视为幸福，快乐是欲望得到满足、需求得以实现后，身体器官上的一种愉悦感；快乐之所以称为‘快’乐，是因为这种愉悦感来得快，去得也快，当需求被满足后，人们有了快乐，但这种快乐随着满足次数的增多而呈现边际递减效应，经常吃鲍鱼、喝拉菲的快乐恐怕要比第一次吃大餐的快乐弱很多；人们满足了一种需求又会有更高的欲望，物欲需求没有止境的话，终究会让欲望无法满足，就会痛苦，无法快乐。所以，追求物质享受、放纵欲望，虽然会带来短期的快乐和快感，却感觉不到幸福。快乐并不等同于幸福。”

文种说：“我是这样理解的，幸福是一种长久持续的生活满足感和因满足而带来的长久持续的愉悦感。幸福本质上是一种知足感——对自己的生活现状感到知足；幸福和知足成正比，越容易对现状知足，越感觉幸福；幸福和欲望、需求等级成反比，物质欲望越强烈，需求等级越高，越不容易幸福。”

范蠡点头称是:“老文说得好。欲望的满足只会带来短暂的快乐，但欲望的存在却更容易让人痛苦。动物只要不患疾病，食物充足，就会满足，就会幸福；人本该也如此，可是现实却不是这样。每个人看似都在为幸福而努力奋斗，可是幸福却像空气一样，看不见抓不住，总是难以把握。放眼望去，绝大部分的人都疲惫不堪，忙碌的身躯下隐藏着一颗不幸福的心，或焦虑、或紧张、或抑郁、或麻木。社会底层的人在为生计奔波，感觉幸福遥不可即，是有钱人的奢侈品；而上流社会的成功人士呢？同样感觉幸福遥不可即，他们酗酒、吸毒、纵欲和享乐，通过种种方式满足生理欲望，宣泄心中郁闷，排遣心中不幸和烦恼。”

文种问：“那你觉得到底怎么样才会幸福？”

范蠡回答道：“我认为满足这三个条件——满足、希望和奋斗，幸福就会来敲你的心门。欲望如海妖塞壬的天籁歌声，让人心醉神迷，醉生梦死，迷失方向，而满足却能让人心境安宁，内心平静；希望让人精神焕发；奋斗能给人带来成功的愉悦。一个人如果满足现状，并且对未来怀有美好的希望，也在为实现希望而努力奋斗，幸福一定长伴他的左右。人在实现希望的奋斗过程中，会产生一种叫做‘高峰体验’的情感，这种情感让人具有一种欣喜若狂、如醉如痴同时和谐舒畅的感觉，这种情感就是幸福。”

范蠡接着说：“一个人的幸福，会受到所处时代和环境的重要影响。生活在一个人人平等的环境或和平的年代，比生活在一个等级森严的环境或战火纷飞的年代不知道要幸福多少倍。但幸福更主要取决于个人的心境，同样的世界，可以是地狱，也可以是天堂，完全在于一个人怎么用不同的头脑去看待和作为。心中有景，处处花开；心中有爱，处处温情。如果心里总是悲观，那么眼中看到的就是那么多的灾害、丑恶、不公平和黑暗的事情发生在每一天，这些阴暗消极的东西会占据心灵，让人们连多活一天的勇气都要丧失掉。”

范蠡停顿了一下，然后说：“人生确实很艰难，但是，如果心态积极的话，面对困境不放弃，通过学习改变思想，投资自己，等待机会，命运就会改变。机会要等待，但是在大机会出现前，要能认识到，要有能力抓住机会，才能把握机会。而在抓住机会前，可能碰到的都是大小不等的困境，如果没有积极的心态，怎么可能克服困难？更谈不上幸福。所以，幸福生活的核心，就是要保持良好的心态：积极、知足、乐观、友善、宽容。而一门发挥人类精神潜能、提升个人幸福感的学科——积极心理学，在对个人如何发展积极心态方面，进行了系统研究，卓有建树。”

范蠡开始阐述积极心理学的研究成果：

积极心理学的研究认为，人生之目的并不是顾虑他人的看法，满足别人的期望，而在于追求个人的成长、活出生命的意义以及享受幸福美好的人生。其核心是人生要保持一种积极的情绪，知足是和过去有关的积极情绪，而乐观则是和未来有关的积极情绪。

积极心理学研究的领头羊包括米国的塞利格曼和本沙哈尔等。塞利格曼认为通往幸福的道路多种多样，只要合理规划，使其充满愉悦和喜悦，那么条条大路通幸福。他将短暂的愉悦和长期的喜悦加以区分。

1. 短暂的愉悦包括源于外界刺激的短暂愉悦和内在的愉悦情感。源于外在刺激的短暂愉悦是感官上的愉悦，比如品尝美食或在冬天洗热水澡等。而一些情感如兴奋、欢喜、入迷或者陶醉等则是另一种高层次的短暂愉悦，比如听一场好听的音乐会、看一出好笑的电影等。愉悦是生物感官性上的满足。人的神经系统最初会对新奇事物发生兴奋反应，而当这些事情重复发生时，就会因刺激逐渐减退而适应习惯，兴奋性会越来越弱，因而愉悦的效果比较短暂。因此，沉溺于无爱的性行为、无节制购物或者吸毒等刺激性活动虽然会短期带来愉悦，却无法带来持久的幸福。

2. 长期的喜悦是幸福的源泉。利用自身的优势，从事一些需要全身心投入的、富有挑战性但却能轻松控制、最终容易获胜的活动，能给人们带来长期的喜悦，比如从事下棋、游泳、画画、摄影、写作、跳舞、溜冰、爬山和攀岩等文娱体育运动，不但让人们全身心投入，激扬情绪，而且达到忘我、让时间停止的境界，从而产生心灵上的长期喜悦感。

塞利格曼的研究结论是，不同种类的短期愉悦和来自内心充实的长期喜悦调和在一起构筑了人生的幸福。

而本沙哈尔则认为幸福就是当前的愉悦加上未来的充实、有意义。他据此将人生分为以下四类。

1. 忙碌奔波型：这类人牺牲当前的享受和愉悦去追求未来的成就。他们相信，达成未来的目标比当前的愉悦更快乐。他们以最终是否成功、是否达成目标为导向，不重视过程中的乐趣，不关注成功过程中的体验和愉悦。他们将成功当成幸福，坚信目标实现后的放松和解脱就是幸福。他们不停地从一个目标奔向另一个目标，一生都在忙碌奔波着。

2. 享受主义型：这类人追求当前的愉悦，注重眼前的快乐，对未来的好坏漠不关心。他们的人生态度是——人生在世，及时行乐，今朝有酒今朝醉。他们只愿满足当前的欲望，而不去考虑未来。他们将努力等同于痛苦，将快感等同于幸福。

3. 虚无主义型：是那些既放弃当前的愉悦也不追求未来成就的人。他们放弃追求幸福，相信人生是无意义的。他们一般在过去遭受过失败的沉重打击，从而在现在和未来都失去生活的乐趣。

4. 幸福型：既注重现在的愉悦，也追求未来生活得有意义；既要当前生活得舒心和安心，也对未来有信心。

范蠡说："我认为幸福是当前的知足，也是对未来的乐观。幸福既要追求当前的愉悦，更要对未来满怀期望，追求未来的人生意义从而保持喜悦。人生幸福有迹可循，做到以下几点，幸福也就在你身边。"

范蠡总结了幸福的几点前提：

1. 要有足够的金钱。生活无须奢华，但要衣食无忧，符合当地的中等生活品质；不为稻粱谋，不为学费医药费愁，不为房价忧，不为养老烦，手中的金钱能解决以上几大问题，足矣。

2. 要有几个爱好。不管是下棋还是钓鱼，跑步还是画画，读书还是写作，摄影还是打球，总之，一两项可以让自己全身心投入的爱好可以激扬喜悦的情绪，保持乐观的心态，从而让人感触幸福。

3. 一个平和安宁的心态。只有保持良好的心态，才能知足，才能乐观，才能掌控自我，按自己内心的真实感受生活，不随波逐流，让幸福常驻心头。

4. 一些付出。帮助他人或许让人们付出金钱、时间或者精力，却可以为自己收获短期的快乐和长期的喜悦。付出是幸福的源泉。

5. 一些分享。人们的欢乐，经常来自他人的触发与分享。朋友的问候，或携着小小的礼物来敲你紧闭的门扉，或在他乡街坊乍然相遇，或灯前把臂言欢、席上倾谈交杯，或促膝畅叙，都能带来满怀的欢愉与欣喜。平凡的生活中，分享可以带来欢乐之情，激起愉悦的心境。

范蠡说："人生的幸福，最终要依靠自我的付出和努力去争取实现成功目标，而不是凭借他人的帮助。同样面对困难、挑战困难和克服困难都是人生必须面对的，也是幸福人生的必由之路。"

范蠡纵论人生，畅谈幸福，不知不觉已到深夜，西施打断了他的话："文大哥因事而来，却一直听你长篇说教，现在时间已很晚，你们应该谈正事了。"

范蠡站起来，对着深黑的夜空作了一个揖，说："老板，多谢你的好意。君行令，臣行意，你可以下达命令强制我执行，但我必须顺从内心的意愿，从明天起，做一个平凡的人，关心粮食和蔬菜，周游世界，面朝大海，春暖花开。今后的江湖上，将不会再有范蠡这个人，这个名号将随他的丰功与荣耀一起消散于这苍茫夜空中去了。"

文种也站起来，从上衣口袋里掏出一沓东西，递给了范蠡，说："老板知道无论如何软硬兼施，你也是不肯再回头的，这是十张支票，每张一百万元，可以在全球银行通兑，老板希望你能收下这些钱，过你心目中的理想生活。你和老板共苦二十年，如今两袖清风离去，让老板内心难安。你多接受些钱财，老板也能略微减轻些歉疚。"

范蠡笑了："白手起家都是走投无路之时的被迫，如果有机会，谁不愿有一个合适的起点和舒适的环境呢？恭敬不如从命，那我就多谢老板的美意了。国家建设需要用钱的地方很多，我就从这些钱里面拿一百万吧，也足够我生活无忧了。对于富人来说，一切钱的问题都不是问题，可是对于普通人来说，生活的问题绝大部分都是钱的问题，我确实需要金钱。"

范蠡收下了文种的一张支票，向文种告别。他说："文种兄，我们并肩奋斗二十多年，结下了深厚的革命情谊，这友情是我人生的财富，让我与你难以割舍，可是送君千里，终须一别，我们今后将按各自的内心感受去安排各自想要的生活，你走你的红地毯，我过我的斑马线。你我今日一别，或许余生不复再见，还望兄多珍重。” 范蠡和文种紧紧地握手。

文种问道：“你准备往何处去？安家何方？”

“但去莫复问，白云无尽时。我就像一颗蒲公英的种子，随风自由飘荡，等我的心想去拥抱大地的泥土时，就会停下来扎根，现在我也不知道要飘向何处。”

范蠡和文种紧紧拥抱，不舍分开，几十年友情尽在这一抱中。两兄弟依依惜别，互道珍重。小船慢慢驶离湖岸，夜已深，船上的人和岸边的人都是黑影，只见烟波浩渺处，一叶扁舟上的点点灯火，不消一会儿，水声杳远，尘虑皆无，连这一点灯火都消隐于黑暗中了。

这正是：五湖范蠡载西施，一舸鸱夷去不还。

第三章

西施学理财

西施问：“什么是财富的秘密呢？”

鸱夷子皮：“所谓财富的秘密，就是财富只有以复利的形式增长，才能得到爆发性的增长。学习财富的规律，就是学习如何通过控制风险实现财富的复利增长。”

一、鸱夷子皮

不是"吃椅子皮"，是"鸱夷子皮"，

鸱夷是意指酒皮囊的那个鸱夷，这是老范的网名。

早晨。阳光明媚。太阳也像刚睡醒的样子，懒懒地趴在天上，把脑袋藏在被子里，只把金灿灿的屁股露出来，放出万道光芒，洒向人间。

海边。一个靓丽女子带着两个小男孩在沙滩上嬉戏玩耍。大的两岁多的样子，小的一岁左右，尚在蹒跚学步，大孩在堆沙丘，每堆好一成形模样，小孩就摇摇晃晃走过来用脚践踏，然后哈哈大笑，大孩也不恼，从头再来，继续堆沙。旁边，美丽妈妈的脚埋在沙子里，看着他们，脸上洋溢着知足而幸福的神情。

远处出现几个身影。随着人影的靠近，前面一个女子开始冲着这边跑起来，叫着："西子！西子！"沙滩上的美女惊喜地站起来："郑旦！你终于来了！"两个女人相向而奔，拥抱在一起。

"西子！我带来了范先生的儿子。怎么没见范先生呢？道生，过来。"郑旦对着人群招手，而人群的最后面，怯怯地站着一个十几岁的年轻人，青嫩而腼腆。

“老范在不远处海边钓鱼。他现在对鱼的热爱远超过对我们母子的热爱，我家周围海里湖里的鱼估计都认识他害怕他了。”

“呵呵！找你们可真是不容易。我从米国回去越国探亲，按照你的指示，偷偷接了范道生，来到齐国清岛市，可是无人知道范蠡在哪，后来按你教我的方式，我找‘吃椅子皮’，很快就找到你了。苹果皮我倒知道，‘吃椅子皮’是个什么口令？难道你们现在还要像以前做间谍那样用口令吗？”郑旦好奇地问道。

“不是‘吃椅子皮’，是‘鸱夷子皮’，鸱夷是意指酒皮囊的那个鸱夷，这是老范的网名。他不愿意别人打扰他的平静生活，所以隐姓埋名，现在就叫这个名。别人起网名都有点意思，比如‘江湖纵横任我行’‘烟波钓夫’‘钓人的鱼’，或者高雅点的‘残荷听雨’‘踏雪寻梅’之类，可老范执意要用这个古怪的网名，据他说是为了怀念当年的老对手伍子胥。”西施回答说。

两个男孩看到热闹的人群，也都蹦蹦跳跳过来了。西施对郑旦说：“这是老范的两个儿子，老二叫范无为，小的叫范若水。”郑旦大叫起来：“哎呀！美女西施生了两个儿子啦！真是三年不见，刮目相看啊！真是从质变到量变了。”西施笑着说：“去我家慢慢聊，就在那边的小区里。”顺着西施的指向望去，海边远处有几幢高楼的影廓。

郑旦又大叫起来：“绝色美女竟然没有HOUSE，要住在APARTMENT里？范先生太不怜香惜玉了。男人如果不知道疼爱女人，女人就要自己疼爱自己，女人之美是要用大把金钱堆砌的。这样吧，作为你最好的姐妹，我买栋别墅送给你。”

西施很不好意思，说：“我当初说买别墅，可老范说是奢侈性消费，坚决不同意，我们就租住了这套公寓。现在房价猛涨，想买也买不起了。”郑旦的眼睛都瞪大了：“叱咤风云的名人范蠡和西施竟然买不起房子？要租房子？哇噻！什么世道！”西施被郑旦说得满脸通红，艳若桃花。

二、生活的困境：理想太丰满，现实太骨感

热恋情侣的最大愿望是相濡以沫、牵手到老，

但真正生活在一起了，生活的琐碎和平凡却又让人厌倦。

可是，平淡而安静，这才是生活的本质，激情和浪漫，只不过是一种点缀。

夜晚，房间里。

“鸱夷子皮先生，难道这就是你想要的理想生活？生活平淡无味，我们就这样乏味地生活，直到终了吗?”

“娘子，你今天的心情似乎很糟糕。你以前可是从没这么叫过我的。你是怕和道生相处不好吗？还是郑旦的到来给你带来什么烦恼？”

“虫虫哥，我们一起生活已经三年多了，世人以为我们像童话故事的结尾一样，王子和公主过着幸福而美好的生活，以为我们是神仙眷侣，双宿双栖，快乐逍遥。没人想得到，我们现在是最平凡的人家，过最普通的生活，我做饭来你洗碗，我洗衣来你晾晒。你还可以钓钓鱼、下下棋、打打高尔夫，逍遥自在得很！可我这些年，除了生孩子、养孩子，还要照顾你一家大小的生活，一日三餐，吃穿住用，全要我操心，我整个成了你范

家的生育机器加保姆！现在倒好，又多了一个能吃能喝的小伙子！”

西施大声说：“你再看看郑旦，只是嫁了米国一个小小的房地产商，现在却不知道比我强多少倍！你看她今天穿戴的行头，用的是爱马仕的铂金包，鳄鱼皮的，一个包包几十万；浑身上下穿着夏奈儿的最新款式，戴的鸽子蛋钻戒，拿着VERTU手机，镶钻的要十几万；她全身的家当就值上百万，而我们这几年的所有花费，都还没超过一百万！你说你范大将军，要名有名，要权有权，放着荣华富贵的日子不过，偏要让老婆孩子过粗茶淡饭的苦日子！她郑旦当年只不过是个木材销售员，如果不是我给她改变命运的机会，把她推荐给你，她现在早已人老珠黄，哪还能像现在这么风光，竟然要给我送别墅！可我如今，却成了一个地地道道的家庭主妇，要精打细算过日子，要像所有主妇一样为省钱，只能用Lancome、欧莱雅之类不贵的化妆品，不能像郑旦那样用HR、LaMer等顶级牌子的。现在可好，郑旦肤色不减当年，我反而成黄脸婆了，想想还是前夫夫差好啊，对我百依百顺，为我连江山都不要了……”

西施忘记自己的洗衣工出身，越说越激动，忽然意识到自己说漏了嘴，她吃惊地望着鸱夷子皮，神情有点幽怨，有点埋怨，还有对过去美好回忆的留恋。

鸱夷子皮并没有生气，他走过去，搂住西施，西施趴在他的肩头上放肆地大哭起来。鸱夷子皮掏出手帕，温柔地替西施擦拭着眼泪，感慨道：“英雄配美人，被大众视为最佳婚配，人们只会想到浪漫和幸福，根本不可能想象英雄美人现实生活中的平凡和普通。所谓美人爱英雄的浪漫情怀，恐怕只是大众头脑中的一个幻象吧？浪漫是暂时的，在因浪漫而产生的激情消逝以后，不知还有多少英雄会甘愿寂寞？有多少美人甘于平凡？热恋情侣的最大愿望是相濡以沫、牵手到老，但真正生活在一起了，生活的琐碎和平凡却又让人厌倦。可是，平淡而安静，这才是生活的本质，激情和浪漫，只不过是一种点缀。人人都道娇妻好，没有金钱养不了。美人可以远观欣赏，可以近看臆想，但要娶回家做老婆就要细思量。英雄抱得美人归，只是一时的荣耀，却可能要用一生的代价去慢慢还本付息，这正如莫泊桑小说《项链》中的玛蒂尔德，为了一夜虚荣，却付出十年艰辛，去为一副假项链偿债。想我范蠡，以智慧闻名，但在感情问题上，亦是如此啊！”

“你什么意思呀？”西施翻白眼。

鸱夷子皮说：“有好事者总结了几条不能娶美女做老婆的理由。”

他将这几条理由汇报给老婆西施听：

1. 美女保养美丽的维护费用高昂。美女愉人悦己，普遍更在意自身美丽品质的维护，而和天生丽质相匹配的服饰衣物、化妆物品自然也要价不菲。为了美丽常驻、青春久留，美女普遍花费大量的时间、精力、金钱，用于美容、化妆、整容、养颜等身体装修、雕琢活动，一生的维护保养费用，相比相貌平凡女子，对男人来说，是一笔额外的沉重负担。

2. 美女的使用价值较低。因为以上原因，美女将大量的时间精力和金钱花费在对自身美丽的保养上，根据挤出效应的原理，花费在家庭教育、家务和其他生活方面的时间精力和金钱必然要减少，上得了厅堂就入不了厨房。对男人来说，或多备银票找保姆若干，或亲力亲为，应付柴米油盐等一干家务，因而，娶美女做老婆，观赏性强，可以极大地满足虚荣心，但使用价值就差了很多，徒添身体和金钱的负担。

3. 美女会增加男人的精神负担，导致早衰、ED等疾病发生。美貌是一种稀缺资源，美女天然拥有稀缺资源，占有可以傲视他人的资源，当然自视甚高，按照资源对等的原理，对男人的期望也会高，期望匹配的男人是精英，不是富豪就要是高管，普通人如果优秀得不够卓越，就会承担很大的精神压力。所以找美女做老婆，应提早准备治疗早衰、ED的医疗费为宜。

4. 美女的管理堪比投资管理，是一项高风险的事业，注意力稍作他移，头上就会多一绿帽。如同猫喜吃鱼一样，勾引美女是男人天性，或许具备超强意志的美女可以抵抗诱惑，这就正如碗中的鱼儿如果能行走的话，也会四处逃跑、退避猫的追逐，但是，如果鱼儿不幸处在一个四处都是猫儿林立的环境，猫吃鱼的问题，不是鱼儿能否被猫儿吃的问题，而是鱼儿究竟被哪只猫吃到的问题。与此类似，美女处在一个四周都是诱惑的环境中，即便美女的意志坚强得像盾一样，也会被锋利得像矛一样的帅男的甜言蜜语攻克，更何况美女并不像鱼儿一样对猫无情，而是会被感化的感性动物，当美女意志坍塌之时，她的老公就会飞来横帽，绿色的。美女的老公束手无策，他们无法将美貌妻子囚禁在家，不让行走江湖，唯一能做的只有祈祷，祈祷上帝，或拜佛，拜求万能的如来佛祖赐给妻子刀枪不入的意志，这正如鱼的主人祈祷被猫包围的鱼儿安全幸存一样。

他笑着说："总结起来，男人找美女做老婆，就像女人买钻石珠宝奢侈品一样，感觉是类似的。开始会激动，会虚荣，会炫耀；慢慢会心疼所付出的大价钱；冷静以后就会怀疑是否物有所值。"

西施狠狠地拧了一下鸱夷子皮，说："我省吃俭用伺候你，你还说这么多风凉话！你说我们的生活追求不同也好，你说不能娶美女做老婆也好，你都得接受现实，现实就是——我们现在的生活必须改变了！你给我的一百万元只剩下十几万了！你不能再天天出去钓鱼了！这几年天天吃你的免费鱼，红烧、清蒸、糖醋、油炸、烧烤，我都吃腻了！"

鸱夷子皮呵呵笑了："娘子，这鱼可不是免费的，钓鱼无论是在海边，还是在湖泊边，都有专人收管理费，论成本，比买鱼还贵呢。"

西施白了他一眼："虫虫哥，我和你说正经事，你还和我开玩笑。你看我们这几年没有收入，积蓄快要用完了，你是不是应该找个工作、赚钱养家呢？我看报纸上的招聘广告，齐国工商大学正在全球招聘有国际影响的大教授，你正合适去应聘，要不，你去找个大企业当当独董，现在独董正吃香，收入足够你养家了。"

鸱夷子皮叹了一口气："想要心灵自由，看来先要财务自由。想做个自由的普通人，看来只能先做有钱人！钱可以让你不必为生计而工作，不必承担生活的压力，不受工作和生活的束缚，做自己喜欢的事情，不为生活所迫。我原以为一百万可以让我轻松逍遥几年，没想到这么快要为金钱这个俗物操心了。我早应该教你学习理财和投资技能了。”

三、财智丽人的理财策略

靠自己的能力，获取财富，在BMW车上笑看风景，
信步由缰地等着骑白马的王子出现。

西施吐了吐舌头，说："我早就在偷偷学了！否则，怎能符合你的要求，成为你的合格贤妻呀？我在女性杂志《美人》上，经常看一些介绍女人如何理财的文章，有一篇文章很有实用性，我剪了下来，一边学，一边照着去做。我拿给你看。"

西施很快在床头柜抽屉里找出一份剪纸，鸱夷子皮接过来看到：

财智丽人的理财十八招

如果，你确信自己能找到一个男人当长期饭票还能既不贬值，又不会被人抢走；或者，你不在乎终生因生活所迫，而被无聊的工作死死绑住；又或者，你是含着金勺出身的女富二代，你也确信你家基业如帝王江山一统万万年，那么，你可以当我下面所讲都是废话，直接翻三页跳过去，去

看她人教你如何享乐和奢侈消费。对绝大部分女人而言，像我一样平凡而普通，没有那么好命不为钱发愁。但如果你和我一样，同属财智丽人，即便不是天生丽质，即便不是出身名门，但是我们有智慧，有财商，同样可以通过以下女性理财策略，获取财富，改善生活，进而改变命运。

1. 女孩子一定要树立这样的坚定信念：自立自强的唯一依靠，就是自己拥有足够的财富。靠山山倒，靠人人跑，只有足够的金钱，才能给你踏实保障。经济基础决定一切，财务自由是一切自由的基础，是实现所有梦想的前提，只有拥有自己的财富，才能不受物质条件限制，才能选择自己真心所爱的白马王子。有男人说："高学历、高收入、高职位"的"三高"美女更容易成为"剩女"，纯粹是吃不到葡萄就说葡萄酸的狐狸心理，与其嫁给一个平庸男人，终生为钱辛劳，宁可剩着，剩着也比喂猪强。宁愿在BMW车里哭，也不愿在BIKE车上笑，这种人生观确实有问题，最靠谱的就是：靠自己的能力，获取财富，在BMW车上笑看风景，信步由缰地等着骑白马的王子出现。缺乏金钱，即使遁入空门，做了尼姑，买青菜豆腐的时候还要掂量钱袋，岂不惨哉；拥有财富，即使人老珠黄，六十未嫁，出国环球旅行之时，同样会有帅哥提供上门服务，要或不要，视乎你的品位，以及你的心情，你有全部的话语权。

2. 最重要的投资就是投资自己，增值自己。青春和美貌，如同肥皂泡，早晚随风飘散，无影无踪。你的能力和才干，却可以终身拥有，这才是你保值增值财富的核心资产。所以，一定要花时间和金钱去学习，去培训，让自己多些才能，多些爱好。或许，在参加培训的过程中，你会和同样有上进心的另一半相逢相识，还能顺便解决掉终身大事。退一万步讲，多学点兴趣爱好，不为悦人，只为悦己，好心情的美容效果，远胜化妆品一万倍。

3. 财富的积累，首先要从辛勤工作开始。越努力工作，越容易收获金钱，收获工作经验，甚至收获命中贵人。贵人可能就是你的老板、客户或者同事。人人喜欢勤快之人，幸运也偏向辛勤工作之人。辛勤工作，是财富的基础。

4. 坚持养成储蓄习惯。无论收入多少，最少要将收入的10%储存起来，或许这些小钱，就是你以后亿万资产的妈。

5. 量入为出，严格控制花费。大家在小学数学都学过蓄水池进水出水的运算，收入低不是你的错，但支出大过收入就一定是你的问题，不要和我说钱不够花，你在街上拽住人问，没有人会说钱够花。如果不能控制收入，就一定要约束你的购物欲，将支出控制在收入的90%以下。

6. 让节俭成为生活习惯。节俭是美德，是我们几千年的传统，虽然当前的舆论消费导向，让节俭不浪费成为一件不好意思的事儿。但我们要有这样的意识，少打一次车，少做一次美容，少点一个菜，省下来的钱，储蓄起来去投资的话，或许这些小钱累计起来就是以后财富的种子。我们一定要牢记，富人钱生钱，穷人债养债。

7. 不要让债务成为你痛苦的根源，成为你一生的沉重负担。世界太精彩，欲望太强烈，钱包又干瘪，于是去借债。买房的成了房奴，买车的成了车奴，刷信用卡的成了卡奴，养孩子的成了孩奴。虽然借债确实刺激消费，是帮国家作贡献，是承担社会责任和义务的一种勇敢行为，但无论如何，债务是你借的，也是要你还的，因此，将你的债务总规模控制在可承担的范围之内，才是明智的。我能给你的合理化建议是，每月偿还的债务本息，千万不能超过你月收入的40%。

8. 掌握常规理财工具，是我们这些财智丽人必须掌握的基本素质。你不必是投资专家，但是要知道保险、基金、股票、房产等各种常规理财工具的常识，懂得资产配置；你不必是会计，但要了解基本财务知识，看得懂资产负债表、损益表、现金流量表，会进行财务分析。

9. 除了关心老公、孩子，关心化妆品和菜价，关心明星隐私，更要关心时政要闻，了解财经信息。虽然八卦明星是人类天性，但是，窥探名人隐私，除了满足一点好奇心外，不能带给我们任何收益。重大新闻却和我们的财富息息相关，大洋彼岸的蝴蝶扇扇翅膀，或许股票就会大跌。你不必成为财经专家，但一定要了解国内国际形势动向。

10. 如果你已拥有一小笔财富，一定要遵循以下原则：第一，保证本金安全；第二，让他们增值。如果做不到第二条，请严格执行第一条。

11. 关于金钱和朋友关系的忠告。假如你是讲义气的美女，你的朋友需要你的金钱帮助，你很愿意帮助朋友，那么，请你明白以下道理：不要随便把朋友的负担，转嫁到自己身上，变成自己的负担。最好不要随意借钱给朋友，这种行为的大部分后果，是既损失金钱，又丧失朋友。

12. 关于借钱的问题。可以借钱的三种人：借钱时就不准备收回的好朋友；有抵押品或担保，并且利息让你满意的人；拥有稳定收入、短期借钱急用的人。不可以借钱的三种人：出的利息远远高过正常市场利息的人，因为最后连本金都还不上的可能性很大；债台高筑，拆东墙补西墙的人；信用恶劣的人。

13. 关于金钱和男人关系的忠告。不要随便相信和你一确定恋爱关系就向你借钱的男人，不管你多爱他。钱可以买到性，但买不到爱人，爱人那么在意金钱的话，那么江湖上总会有人出更高价格勾走他。如果男人确实因你不借钱而离开，那么，要恭喜你，你逃过一劫，避开了一个低等级男人。

14. 向有财之人请教投资之道，向有才之人请教艺术之道。记住这两者千万不要搞混了。这个世界现在金钱泛滥，任何物品沾点艺术的碎屑就身价膨胀，价格翻番，有才之人依靠天赋才华，拥有财富是自然的，但凭借艺术才华获取财富就不是我等凡妇俗女可以学习的，因为才华是天赋，靠才华致富和靠投资致富是两条完全不同的道儿。如果你不幸走错道，八成你不会致富，而会成为艺术家的道具，如模特、情人之类。说到情人，有些美女以做二奶或情人为职业（我只讲理财，不涉及道德取向），情人这种职业吃的是青春饭，黄金工作期太短暂，所以更要有理财意识，更要树立长期财务规划，如果跟的是一个投资能力很强的男人，那就要学习他创造财富的窍门，利用他的投资思想和金钱资源，去增值你的财富。

15. 为意外做好保障。人生就像坐飞机，没事的时候没一点事，有事儿了就是天大的事儿了。天有不测风云，谁也不知道会出什么事，意外事故、一场大病，都可能带给你人生的灾难和沉重的负担，所以，一定要为意外做好保障。

16. 为当前的生活做好预算，为未来的养老、医疗做好规划。只有未雨绸缪，才能安享人生。

17. 阻挠我们前进的敌人，只有我们自己。我们身上的不良观念，会让成功的机会稍纵即逝，所以，必须战胜自我，才能取得成功。活到老，学到老，改正自己的错误观念和行为，才能增值财富。

18. 假如你辛勤工作，仍然生活狼狈，那就是你完全不懂理财之道。你需要回到本文开头，从第一条开始，细细阅读思考。

絮絮叨叨地讲了这么多，不是想让你成为物质欲女，只是想让你清楚，拥有财务自由，你才能为自己负责，才能为你所爱的亲人负责。

所以，姐妹们，快点放手行动吧！

四、西施学理财

要掌控自己财富的命运，就要自己对财富负责，而不能去依赖他人或机构。

鸱夷子皮看完后，笑着问西施：“你比照实践的效果如何？”西施吐了一下舌头，有点不好意思地说：“我看了以后很受鼓舞，也希望通过理财改善生活，于是，我按照网络上介绍的理财方式，将资金分作三份。一份现金，留做短期日常生活之用；一份银行定期存款和国债，为以后两三年的应急做备用；还有一份用来投资。我买了股票、基金和保险，本来以为能稳定增值，可一年多了，全是亏损的，这些理财投资产品可都是在银行、证券公司的专业人员指导之下买的。”

鸱夷子皮呵呵乐了：“谁能想得到美女西施竟会成为家庭主妇，而且是一个勤于学习投资理财技能的家庭主妇。”

西施说：“现在很多姐妹们也像我一样，通过看书、上网、看杂志来学习投资理财技能呀！”

鸱夷子皮说：“通过阅读相关文章和书籍，自学投资理财，虽然有助于了解投资理财方面的知识，却难以提高投资技能，掌握正确的投资之道。投资理财毕竟是一门有关财富保值增值的技能，自学无济于实际操作技能的提高。”

他接着说：“人们都知道，职业技能和专业技术需要经过系统培训。水电工、厨师要经过专业培训，才能上岗；体育运动员必须经过专业学习，表现优异者才能进入俱乐部成为职业运动员；医生、律师等专业人士也须经过多年专业训练，才能执业。在专业技能方面，大众的态度很谨慎，要经过理论学习、实践训练、实际操作和后续教育等几方面的训练，才能获取执业资格，才能上岗进行实践。

“但是，在投资技能方面，人们却自相矛盾，心理认识和行为方式大相径庭。心理上极其看重财富，视财如命；在行为方式上，却粗略草率对待，视财富为草芥。具体的表现就是，在进行投资理财时，大都草率行事，耳闻目睹朋友邻居投资获暴利后，就匆匆忙忙地投入资本，开始进场操作，根本不学习。”

鸱夷子皮继续说道：“大众在选购一件价值几百上千元的日常商品时，尚且要精挑细选，谨慎决策。但在对待投资巨大的理财事务上，却操作大胆，决策随意，这种匆忙投资的代价，必然就是亏损。”

西施说：“是啊！所以人们才愿意将资产交给专业金融机构打理啊！”

鸱夷子皮：“很多人不愿意花费时间和精力去学习投资理财，更愿意相信金融机构的员工，认为金融机构是专业理财机构，金融机构的员工是专业理财专家，自然会为客户谋取好的投资收益。所以，普通大众甚至在没搞清银行、保险公司与基金公司功能区别的情况下，就把大笔资金交给金融机构去理财，但是，几年理财下来，结果却发现金融机构同样会造成亏损。”

西施问：“为什么会这样呢？”

鸱夷子皮：“投资有风险，买者须自负。金融机构为客户理财，无论盈亏，客户自己都必须接受，金融机构并不必然为你的投资负责。金融机构的宣传广告中，无论词句多华丽辞藻，宣传的收益率多诱人，专家多专业，但最小的字体所提醒的这段话——‘过往业绩不代表未来表现，投资有风险，入市须谨慎’，才是理财风险的最真实提示。金融机构满篇专业术语的合同中，纷繁复杂、晦涩难懂的条款里隐藏的这样文字——投资有风险，买者须自负，才是合同的核心。”

鸱夷子皮说：“要掌控自己财富的命运，就要自己对财富负责，而不能去依赖他人或机构。如何才能做到这一点？就要学习财富保值增值的知识，掌握理财投资的技能。”

鸱夷子皮继续说道："我已老矣。内心已经彻底丧失了追逐财富的激情，金钱于我是身外之物。但按照财富的规律，只有具备对金钱的渴望和热情，才会拥有源源不断的动力去增长财富。所以，我不适合去创造财富。而你正当年轻，有充足的精力和热情，从事投资理财，既可以当做生活娱乐的游戏，也可以成就一番事业。从明天开始，我就像个老猎狗一样，对你和道生进行专业投资理财培训，你和道生亲身去实践吧！"

西施很开心："那你就做一个成功美女背后的男人吧！我早已厌倦家庭主妇的枯燥生活，本想重新进入职场，融入社会的。郑旦的老公李克看好齐国房地产的前景，她这次来齐国是筹备开公司之事，她对投资一无所知，本来邀请我和她一起管理，这下刚好，她可以和我一起学习投资了。"

鸱夷子皮微微思量了一下，说："你们两人加上道生，已经有三人，这样吧，不如再找两个天资聪颖的年轻人做学生，我就一次培训五个人吧。"

五、猎狗的故事

直接创造财富的不一定能分到财富，
但转换一种思想，转换一种平台，财富就滚滚而来。

西施说："虫虫哥，我今天很开心，有你在我的背后支持我，做我的智囊顾问，我一定会成功的。对了，你刚才说什么老猎狗来着？"

鸱夷子皮看到西施打了一个哈欠，说："天已经很晚了，我们休息吧。老猎狗是一个故事，我以后讲给你听。"

西施搂着鸱夷子皮坐在床边上，说道："偏不！虫虫哥，自从生了孩子后，我已经很久没在睡觉前听你讲过鬼故事了，今晚你就给我讲一个嘛！"

鸱夷子皮用手轻拂西施长发，说："那我就讲讲猎狗的故事吧。"

鸱夷子皮于是讲起了猎狗的故事：

猎狗从小被狗爸爸教育要听猎人的话，要守纪律，要好好学习打猎的本领，否则抓不到猎物，会饿肚子。小猎狗是个好孩子，很听话，努力学习打猎本领，十年寒窗苦学，终于从猎狗管理学院MBA毕业，取得独立出

财富教育首选用书

去打猎的资格。

猎狗将一只兔子赶出了窝，一直追赶，追了很久，却没有捉到。牧羊人讥笑猎狗说，你真是越大越迟钝，竟然跑不过一只小兔子！猎狗不服气，反驳他，你可不知道，我和兔子奔跑的目的完全不同！我仅仅为一餐饭而跑，他却是为性命而跑的！

猎人知道后，为猎狗制订了严格的奖罚制度，规定猎狗抓到大猎物才有骨头吃，抓到小猎物或没有收获的话，就要受惩罚，饿肚子。猎人还采用了精神奖励法激励猎狗。如果猎狗表现优秀，则被授予“优秀猎狗”的名誉称号；如果猎狗成绩卓越，捕获猎物最多的话，则被授予“最能干猎狗终身成就奖”或者“英雄猎狗白金奖章”等不同的奖章，名载猎狗史册。猎人的管理制度很有效，猎狗早出晚归去打猎，捕获了很多猎物，给猎人赚了很多钱。

猎狗自然也要娶妻生子，随着家庭成员增加，生活负担也加重。猎狗意识到，荣誉奖励不如物质收入提高更能满足现实状况，它从猎人那儿得到的骨头甚至不够全家吃饱肚子，更不用说让小猎狗吃到肉。猎狗去找猎人商量，我得到的骨头，相比我捕获的猎物，微不足道，难以满足家庭日益增长的物质需要，能否改革体制，采取分成制，多劳多得，从捕获的猎物里多分得一些肉？结果遭到猎人斥骂，狗东西！我好吃好喝养活你，你不知好歹，贪得无厌！于是，猎人将猎狗赶出家门。

猎狗成了野狗，自己给自己打猎。它要和猎人的其他猎狗竞争，拼抢有限的猎物。猎狗为生存而拼抢，但猎人的猎狗有猎枪的垄断优势，所以，野狗偶尔会成功抢到丰盛的猎物，但大部分猎物基本被猎人的猎狗所垄断。随着冬天的到来，猎物减少，猎狗饿得头昏眼花，但猎人的猎狗却有旺季打猎积存的骨头吃。猎狗意识到个人的力量无法抗衡社会体制，于是又回到猎人那里，痛哭流涕，痛打自己嘴巴，向猎人道歉，请求猎人原谅，猎人重新收留了猎狗。

猎狗又过起了只吃骨头的吃不饱饿不死的安稳日子。年复一年，慢慢成为老猎狗，无法出去打猎，被猎人扫地出门。老猎狗冒充成功猎狗，出版发行《猎狗的打猎技巧》一书，讲述一生的打猎经历和技巧，生动而风趣，许多野狗参照此书学习打猎，甚至猎物都看此书寻找逃生方式，野狗们以高昂顾问费聘请老猎狗为顾问，为它们培训打猎技巧。后来，老猎狗陆续出版《如何成为出色的猎狗》《如何从一只普通猎狗成长为高管猎狗》《猎狗成功秘诀》和《成功猎狗500问》等书籍，成为猎狗打猎行业的名狗。它开展咨询业务，大搞培训，生意很是红火。老猎狗忙于商业应酬之余，也常于静夜反思。直接创造财富的不一定能分到财富，但转换一种思想，转换一个平台，财富就滚滚而来。或许，这就是人与人之间重大差别的根本原因?

鸱夷子皮说："西西，以后我就是这只老猎狗，教人打猎胜过自己打猎，可以分享打猎的成果，却不必承担打猎的辛苦和失败后果……"

他忽然听到微微的鼾声，低头一看，西施已经靠着他睡熟了。他轻轻地将爱妻在床上放好，给她盖好被子，也和衣而眠。

财富教育首选用书

六、海盗分金币和囚犯抓豆子

任何人经过一定的培训训练，都可以掌握一定的投资技巧，从而获得财富。

半夜下过一场阵雨。西施清早醒来的时候，空气清新，弥漫着栀子花的甜味，沁人心脾，西施的心情格外清爽。

鸱夷子皮早已起床，他让道生写好招生广告，去联系《齐国日报》刊登。西施看到桌子上的草稿：

招生启事

鸱夷子皮先生善于洞烛先机，对世间万物的强弱逆转变幻之道有着深刻的洞察力，对人性有着惊人的理解力，擅长把握人的心理变化。这些才华，在一些重大政经领域被成功证明。先生现在意欲寻找两名天资聪慧的青年才俊，作为关门弟子，愿将投资之道，倾囊相授。

有意者可发来邮件，咨询相关招生考试事宜。

联系人：道中财富投资公司 范道生

e-mail: XISHICAIFU@163.COM　　QQ：1837272000

西施看后笑着说："招生还要考试呀？看来，我不一定有资格成为鸥夷子皮大师的弟子呢！"

鸱夷子皮说："任何人经过一定的培训训练，都可以掌握一定的投资技巧，从而获得财富。但要成为一名卓越的投资大师，除了学习投资技能之外，更重要的是，还必须具备某些天然的禀质，有一些天赋的性格特质，比如，独立思考的能力——在思想和行动上不轻易盲从他人，铁的纪律——严格按照自己的判断去行动，强大的逻辑思维能力——善于对他人的心理和行为进行推断分析判断等。这些性格禀质，看似要求不高，却是影响投资胜败的至关重要因素。投资是一门知易行难的技能，有些道理，说起来很简单，但绝大部分人无法知行合一，能按自己的思想去指导自己的行为。只有那些具备某些性格特质的人，其天性符合理财投资所要求的行为模式，更容易获得投资上的成功。"

鸱夷子皮继续说："对于那些不具备投资天赋的普通大众，如果通过投资培训，强化、塑造、定型一些性格特质，就能大大提高投资成功的概率。我这次招生，笔试的题目是考查学生是否具有强大的逻辑分析和心理分析能力，能否通过分析他人的心理和行为，进行逻辑推理和形势判断。面试的题目，主要是测试有关风险控制方面的性格特质的。"

西施好奇地问问："什么题目？我能通过吗？"

鸱夷子皮笑道："那就我先考你了。如果能在一个小时之内答对这两个问题，就是绝顶聪明之人，基本可以应聘任何国际顶尖公司的高薪职位，微软、谷歌、INTEL和高盛之类的公司再牛，也无法阻挡这类高智商火星人的进入。"

西施好奇了："虫虫哥，快点出题吧！"

鸱夷子皮正要说话，门口传来喧哗声，原来是范道生带着郑旦进来了。西施于是将鸱夷子皮要对她们进行投资理财培训的事情告诉郑旦，郑旦也很高兴，她在路上已经听道生说了招生的事儿。

鸱夷子皮出题给她们。

第一道题，是海盗分金币的问题：

5个海盗抢得100枚金币，讨论如何进行分配。他们商定的分配原则是：

（1）抽签确定各人的分配顺序号码，分别为1，2，3，4，5号。

（2）首先由抽到1号签的海盗提出分配方案，然后5人进行表决，如果方案得到超半数的人同意，就按照他的方案进行分配，否则，就将1号扔进大海喂鲨鱼。

（3）如果1号被扔进大海，则由2号提出分配方案，然后4人进行表决，当且仅当超过半数的人同意时，才会按他的提案进行分配，否则也将被扔入大海。

（4）依此类推。假定每一个海盗都很贪婪却绝顶聪明并且理性，他们都能够进行严密的逻辑推理，能理智判断自身的得失，也就是都想在能够保住性命的前提下得到最多的金币。

假设这个分配原则是严肃的，也就是每一轮表决后的结果都能被严格执行，那么，抽到1号的海盗应如何提出分配方案，才能使自己既不被扔进海里，又能得到最多的金币呢？

鸱夷子皮出完题，西施、郑旦和道生一同聚精会神地思考起来。苦思冥想之际，半个小时过去了。西施开口说："我明白了。海盗分金币这个问题的答案应该是，1号海盗分给3号1枚金币，4号或5号2枚金币，自己独得97枚金币，按照海盗的抽签号，他的分配方案应该为（97，0，1，2，0）或（97，0，1，0，2）。"

西施讲了她对几个海盗逻辑思路的分析：

首先从5号海盗开始。因为5号排位最后，最安全，没有被扔下大海的风险，因此他的策略最为简单，前面所有人提出的分配方案他都会一概否决，也就是最好前面的人全被扔下海，他就可以独吞100枚金币。

接下来看4号，他的生存机会完全取决于前面是否还有人存活。如果1号到3号的海盗全被扔下海的话，在只剩4号与5号的情况下，不管4号提出什么样的分配方案，5号都一定会投反对票，让4号去喂鲨鱼，从而独吞全部全币。因此，按照理性原则，4号不应该冒险，他唯有支持3号，才能保全自身性命。

再来分析3号。3号经过上述逻辑推理之后，就会提出（100，0，0）这样的分配方案，因为他知道，即使4号一无所获，也还是会无条件支持他而投赞成票，加上自己的1票，就可以稳获100金币。

但是，2号经过推理，也得知3号的分配方案，他就会提出（98，0，1，1）的方案。这个方案相对于3号的分配方案，4号和5号至少可以获得1枚金币，理性的4号和5号自然会觉得此方案对他们来说更有利，从而会支持2号，不希望2号出局，而由3号来进行分配。这样，2号就可以顺利占有98枚金币。

1号海盗同样聪明，他经过同样推理后，会洞悉2号的分配方案。他采取的策略就是放弃2号，而给3号1枚金币，同时给4号或5号2枚金币，即提出（97，0，1，2，0）或（97，0，1，0，2）的分配方案。由于1号的分配方案对于3号、4号或5号来说，相比2号的方案可以获得更多的利益，他们都会投票支持1号，再加上1号自身的投票，97枚金币就可轻松落入1号的口袋。

西施分析完毕，鸱夷子皮评价说："西施名动天下，不辱使命，世人以为仅仅靠的是美貌，殊不知，西施更有超人智慧。海盗分金币问题，是考察人与人之间相互博弈的问题。在错综多变的人生局势中，如果善于站在他人的角度去思考，去博弈，就有可能扭转逆势，实现自我利益的最大化。正如1号海盗，看似凶险，处于最不利的形势，很有可能被后面的四个海盗投反对票而扔进大海喂鲨鱼，但他通过博弈，反而获得了最大的收益。而5号海盗，看似最安稳，风险最小，最终却获利甚微。人生的反复无常，亦是如此。"

鸱夷子皮又出了第二道问题——囚犯抓豆子的问题：

5个囚犯，抽签确定各人的顺序号码，分别排序1～5号，然后在装有100颗豆子的一条袋子里抓豆子，规定每人至少抓一颗，抓得最多和最少的人都会被处死，他们之间不能交流，但是每个人在抓之前都可以数剩下的豆子数。

问：囚犯中几号囚犯的存活几率最大？

问题提要：

1. 假定他们都是绝顶聪明又有理性的囚犯 。

2. 他们的原则是先求保命 ，如果不能自保，就要多杀人。

3. 100颗可以不抓完。

4. 如果所抓豆子数目相同，则也算最大或最小，一并处死。

鸱夷子皮讲完问题，大家又陷入思考之中。西施和郑旦不约而同想到答案，郑旦说：“让我来回答第二个问题吧。囚犯抓豆子这个问题，和海盗分金币类似，都要先从排名最后的5号开始进行心理分析，抽丝剥茧，逆向推进，才能找到问题答案。”

郑旦的分析推理过程是这样的：

首先从5号开始。因为每个囚犯都可以通过剩余豆子数知道前面几人所抓豆子总数，5号囚犯的最佳策略就是抓取前面4人总和的平均数，因为平均数可以保证落在最大数和最小数之间，从而安全胜出。如果平均数不是整数，就取和这个平均数相邻的两个整数中的一个，同样落在最大最小数中间的区间；如果袋子中剩下的豆子不够平均数的话，那么，一定是前面4人所抓的豆子总数超80，至少一人抓的豆子大过20，从而造成袋中所剩豆子不超过20，根据问题提要1——他们都是绝顶聪明而有理性的囚犯的话，那么，袋中所剩豆子不超过20的情况不可能发生，我后面有所分析。

同理，4号的最佳策略是抓取前面3人总和的平均数，而3号的安全做法也是抓取前面2人的平均数。如果平均数不是整数，就取相邻两个整数中的一个，这种抓取方法，可以让他们抓取的豆子数保持在前面人的抓取数目之间，避免成为最大数和最小数的可能。

再来看2号的推断。2号可以清楚知道1号所抓的豆子数，假设1号所抓数目为N，2号的选择只能是N-1、N、N+1这三个数中的一个，因为2号不能抓取和1号相差2以上的数目，从而让3、4、5号取平均值插进他和1号中间，至于他具体选的数目是比N大还是比N小，要看1号所抓的具体数字。

1号也很清楚其他人的策略，他所抓数目如果大于21，肯定就是最大，因为2号会抓比他少一个的数目，3号、4号会抓和2号相同的数目，留给5号剩下的豆子数一定少于19，5号就会成为最小数，这样，1号、5号会被处死，其他人会胜出。

郑旦说："所以，1号的选择一定是在2~20之间，不管他抓的是哪个具体数字N，2号一定会选择N或者N+1，当2号选择N时，最后5个人的抓法一定是(N,N,N,N,N)，全部相同而同时被处死；或者是（N,N+1,N+1,N+1,N+1）全部为最小数或最大数，一样全部被处死，所以，5个人被处死的概率应该是一样的，谁也不比谁的存活几率更大。"

西施点头说："我补充一下。1号的最佳策略应该是抓取20，他可以博后面有人抓21，这样必然最后会出现19，从而他可以安全胜出，但其他人也同样是聪明而有理性的，他们必然会全部选择抓取20，最后会因抓取的同样都是20而被全部处死。"

七、考题启示：赢家通吃和囚徒困境

学会洞察群众心理，认识他人的错误，就能利用别人犯错误的机会，提高自我成功的可能，从而更容易获取财富。

鸱夷子皮笑着说："看来你们都善于心理分析，善于博弈，这种智商足以保证在各个行业都能取得成就、谋取高薪。这两道题，其实都是有关人性博弈的问题，两个问题看似相同，结果却完全不同。理性而自私的人们在决策时一般采取自我利益最大化的行为策略，这种策略的后果却完全不同。在海盗分金币问题中，1号独享绝大部分利益；在囚犯抓豆子问题中，囚犯最后被全部处死。现实生活也是如此，人们理性而自私的话，有时会使一小撮人或者小群体独享整个社会成果；有时却因个体的理性而导致群体的不理性，陷入一种叫做'囚徒困境'的境地。"

西施问："为什么会出现两种大不相同的结果呢？"

鸱夷子皮回答说："在海盗分金币问题中，1号海盗之所以能独享大部分金币，主要原因是他通过抽签占据了1号这个最有利地位，我称之为占位优势。具有占位优势的1号，有权进行对他最有利的分配决策，其他位置的人处于弱势地位，只能进行服从或不服从的选择，从而使1号利益最大化。在现实生活中，这种现象最典型的例子就是胜者为王、赢家通吃。无论在商业竞争或政治斗争中，只需比别人强一点点，成为1号，成为老大，就具有了占位优势，就可以享用绝大部分人的胜利成果。而有些人根本不需要竞争，只是因为出生于垄断阶层或者利益集团，就先天性地取得占位优势，自然而然地拥有大部分人的社会资源，从而使20%的人占有了80%的社会财富。"

鸱夷子皮继续说道："囚犯抓豆子问题，反映的则是个体的理性导致集体的不理性，这种现象在现实社会中比比皆是。比如，外出时，人人都想减少乘车时间而都开车上路的话，必然导致道路拥堵，车速降低，反而增加外出在路上的时间；如果人人都认为城市生活更美好而蜂拥挤入城市的话，就必然导致农村无人从事农业生产，农产品价格飙升，城市却人满为患，城市资源无法满足，城市生活质量反而下降；如果人人都只想赚钱，社会只以财富多寡论成功的话，那么，整个社会就会利欲熏心，唯利是图，最终道德沦丧，社会崩溃。"

西施插话说："这种智力题，假定人人都是聪明人、人人都是理性决策，但是这种前提，恐怕只能是一种理想状态吧？现实生活中不可能存在这种情况的。姑且不论人人不可能都是聪明人，不可能精确把握到他人的心理，即使全部是聪明人，在面临性命攸关的生死时刻，恐怕也没几人能像海盗或者囚犯这样镇静自若地做出理性判断吧？"

鸱夷子皮点头表示认可，他说："确实如此。人们都以为现实生活中的决策是理性决策，西方经济学更以理性人作为公理演绎出经济学的理论体系。殊不知，人们的决策更多的是受心理的摆布和操纵，而非遵循理性原则，进行理性决策。按照行为金融学的理论，人们更多的是受过度自信、框架效应、可得性偏差等心理因素的影响，决策时必然判断错误，人性弱点导致的错误决策，与理想化的理性决策相比，其结果完全不同。"

鸱夷子皮为了论证现实生活中的决策和理性决策的不同，举了一个例子。他说："《金融时报》这家国际媒体曾经针对高智商的基金经理举办过一个比赛，胜出者获得环球旅行的名额。比赛要求很简单，在0到100中间取一个整数，取值最接近所有参赛者平均取值三分之二的人，就是获胜者。"

道生问："什么取值最接近平均取值的三分之二？不明白。"

鸱夷子皮说："比如五人参赛，他们分别选取10、20、30、40和50共5个整数，其平均值是30，三分之二就是20，选择20的参赛者就是获胜者。

"这道题实质上和囚犯抓豆子问题是一样的，如果参赛者都是聪明而有理性的话，最佳选择策略肯定是全部选择0。和囚犯抓豆子问题类似，如果想要胜出，就要在选择时考虑其他人的想法。假定在以上5人参赛的举例中，20是最终的胜出数字，所有聪明的参赛者都将选择20，这样，正确的取值就应是选择最靠近20的三分之二的整数，也就是13，但当一名参赛者这么决策时，其他人也会顺着这条思路这么决策，从而所有人又会选择13，这样推理的话，9又成了最佳选择，依此类推下去，最佳的取值策略就是选取0，因为类推下去的最佳整数会一直递减，一直到0为止，也就是说，如果这些基金经理都是聪明人而且有理性的话，最后的获胜数字应该是0，但实际上，《金融时报》最后公布的胜出者所选数字却是13。这说明在选择过程中，大多数人选择的数是大过13的数，《金融时报》的统计发现：选择0的只是个别人，大多数人选择的是20，这也证明了多数管理巨额资产的基金经理，并非如人们想象的那么理性而聪明。

"通过这个事例，我们可以看出，现实生活中的决策不一定就是理性的。人类心理的作用，会大量产生错误，所以，学会洞察群众心理，认识他人的错误，就能利用别人犯错误的机会，提高自我成功的可能，从而更容易获取财富。"

八、司马迁论财富：千年不变的掠夺方式

由是观之，富无经业，则货无常主，能者辐辏，不肖者瓦解。

鸱夷子皮话锋一转："说到财富，司马迁在《史记•货殖列传》中深刻剖析了中国人的财富观。"

郑旦好奇地问道："司马迁也研究理财投资吗？他是如何看待财富的？"

鸱夷子皮说："司马迁认为追求财富是国人的本能，不用学习，自然就懂，天生就会。天下熙熙攘攘，人人为利而来，为利而往。即便是享有财政拨款的王室成员，拥有祖传城堡的贵族，领取职务高额津贴的高官，都恐惧贫穷，更不用说那些平凡而渺小、名字叫'伟大'—— 王伟大、张伟大、李伟大、赵伟大，但名字只能在户口本上出现的普通市井小民了。市井小民对于财富比自己多出十倍的富人会低声下气，对多出百倍的富贵者会惧怕，对多出千倍的富豪会甘愿跟随，而对多出万倍的权贵就宁愿为他做牛做马，只怕没有跪身权贵身侧的机会。财富，让富有者得势，让富贵者显赫，因此，国人追逐财富，各有其法。贤能之人在各大高峰论坛上

高谈阔论，出谋划策，而一些高人，无论是号称小隐隐居深山的，还是大隐隐居国际化大都市的，虽然自命清高，却喜欢频频上电视讲佛传道，去各地名校指点人生，国内游能写出《文化悲程》，国际游能写出《行者无涯》，一边旅游，一边写书。无论小民，还是高人，都同样忙碌而奔波。”

道生问：“他们究竟是为什么奔波呢？”

鸱夷子皮道：“都是为了追逐财富。有人做官，清廉不贪，短期虽然收入不算太高，但长久做官，稳步升迁，职务津贴增加，收入自然提高；有人经商，公道买卖，生意红火，自然赚钱多；有人当兵，勤学苦练，打仗一马当先，冲锋在前，赴汤蹈火，不避艰险，自然容易立功受奖，升级快，级别高，收入也就高。这些都是致富的正道。但有人赚钱却喜歪门邪道，歹徒拦路抢劫，盗掘坟墓，侵吞霸占，为财忘义；而一些河南、河北的年轻姑娘，妖娆打扮，唱着情歌，扭着腰肢，舞动长袖，挑逗勾引出差在外的男人，卖身赚钱，不择老少美丑，只要给钱就行。”

郑旦：“老范，你这不是地域歧视吗？”

鸱夷子皮呵呵一笑：“不是我地域歧视，这句话实属司马迁本意，如果有人对此有法律歧义，请联系司马迁先生办理诉讼事宜。”

他继续讲道：“司马迁认为，赌徒们进出赌场，玩百家乐开21点，赢而狂喜，输而狂悲，暴富还是破产，全系于骰子停住的一念间；医生开大处方，过度做大手术，更像推销员和商人，而不像治病救人的医生；而一些小公务员们，舞文弄墨，私刻公章，伪造领导签字，不惜知法犯法，只为获取他人贿赂。各行各业都在绞尽脑汁，劳神过度，极尽其能，不遗余力地攫取财富。

“总而言之，为了财富，普罗大众没有资本的就出卖劳力，有技术的就靠头脑和知识赚钱，资本雄厚者则可以把握时机，进行投资，以钱生钱，获取更多的财富。财富并不会固定在某个行业，也没有固定的主人，有聚财能力之人，能够轻易聚集财富；缺乏理财技能之人，即便财富到手，最终也会败家破产。”

鸥夷子皮叹了口气：“不管时间如何流逝，时代如何变迁，科技如何发展，国人有关财富的思想观念，仍然像司马迁总结的那样一成不变，创造财富的方式也类似，甚至还要糟糕得多。”

鸥夷子皮将当前国人的创富方式，归纳为以下几种典型方式：

1. 大部分人靠辛苦工作获取财富。国人的财富观大都来自父母老师，而父母老师的财富观又来自他们的父母老师，也就是说，上一代有什么样的财富观，下一辈就会有什么样的财富观，而几千年来国人对待财富的态度是，万般皆下品，唯有读书高；书中自有黄金屋——只有努力读书，逐步升迁，收入才能越来越高，这也成为绝大部分人积累财富的必然路径。靠读书取得高学历，获得高薪职位，然后辛勤工作，从而通过高收入来获取财富。高收入、好工作，是大部分读书人获取财富的最佳途径，在条件许可时，青年们沿着读名校的学士硕士博士的学历之路狂奔，在成为勇士烈士之前找到高薪职位；另外一些人无钱读书，或不擅长读书考试拿高学历，但也通过学习专业技艺谋求高收入岗位；这些年轻人富有朝气，怀揣追求财富的梦想，期望通过辛勤工作，过上自由富足的生活，但辛劳一生之后才懂得，辛勤工作并不必然会带来财富的积累。低收入者一生在为衣食操劳；中高收入者的收入也被花费殆尽，为了追求高质量的生活，其生活消费开支跟随收入的增长而水涨船高。

2. 靠投机钻营谋取财富。工字不出头、高薪无法累积财富，这是人们创业、进行商业经营的主要原因。在残酷的市场竞争中，有人通过自我竞争力的提升争取生存和发展机会，通过日积月累赚取市场平均利润，获取财富；也有人靠投机钻营来谋取财富，他们或通过行贿，取得大量银行贷款后假破产，一走了之；或通过对国有资产低买高卖实现财富转移；或通过对上市公司高价增发注入劣质资产、实现财富掠夺。在竞争环境下，有人通过以次充好，以伪劣产品配备精美包装和美妙广告的经营方式，疯狂暴敛财富。

3. 靠垄断榨取财富。精英人物追逐权力，也善权谋，如投身商界，就会努力做大规模，追求垄断，通过规模效应，实现赢家通吃，获取高过一般市场竞争者的特权，从而形成垄断地位，榨取超额财富。商业精英们或进入产业链的上游行业，去形成对中下游行业的控制和垄断；或通过在中下游行业的竞争中胜出，成为老大，而获取占位优势，占据行业的垄断地位；或通过打通产业链，以低成本战胜其他竞争者获取垄断；或通过和政府联合，绑架政府利益，甚至通过贿赂相关官员，设置市场准入条件的门槛，而人为地造出垄断地位。

4. 靠当官收受贿赂获取财富。千里当官只为财，是一些当权者的财富观，通过当官去敛财，也成为一些官员的重要创富途径。通过权力，为市场的正常经营行为设置障碍，在收取贿赂或者好处后再解除掉障碍，所谓先设租再寻租，就能轻松实现权钱交易，达到敛财目的。

5. 靠炒获取巨额财富。国人有一些共同特点，例如，非常聪明，却非常相信谣言；凡事喜欢抢，从出生抢床位，到临终抢坟地，从头抢到尾；在大事上忍气吞声，在小便宜上却斤斤计较；能通过关系办的事，绝不通过正常途径解决；计较的不是公平，而是自己不是受益者；动辄批判别人，却很少反思自己。在追求财富方面，国人的共同特征是不懂投资，却善于炒作各种货物。通过囤积居奇，先大量收购所要炒作货物，将之收藏囤积起来，等到市场上这种商品的流通大为减少、成为稀缺商品、奇货可居之时，再以高价卖出，从而谋取暴利。

鸱夷子皮说："国人当前的财富观和创富方式，和上千年前的祖先完全类似，估计未来也不会有大的改变。财富的积累不是靠科技创新，而是靠垄断、靠压榨、靠炒作。"

道生问："为什么会这样呢？"

鸱夷子皮凝重地回答道："因为我国人更热衷于研究权谋，更喜好利用阴谋诡计发财，从没有人认真研究国家财富的规律。在我国，从没有出现过一门系统地讲述如何创造财富的学科，没有出现过类似《国富论》这样研究国民财富性质和原因的经济学巨著，更没有出现过类似《道德情操论》这种讨论经济社会伦理道德和人类福利的巨著。《史记·货殖列传》仅限于为商人立传，已是一个让人惊愕的疯狂之举。”

鸱夷子皮叹了口气，说：“国人在骨子里看重财富，却歧视商人，所以不可能出现专门研究财富的专门学科，更没有多少人知晓财富的秘密，学校更不会传授致富的思想。国人的财富观，基本来自父母的言传身教和自我的亲身感受，而父母的财富观又来自其父母。跟着一个财富盲，又怎么可能懂得财富的奥秘呢？所以，这也正是几千年来普通大众财富观相似的根本原因。”

他停顿了一下，然后说：“和司马迁一样，人们普遍认为追求财富是本能，不用学习，是自然就会的事情，却不知，管理财富是一门学问，只有通过学习，才能掌握创富诀窍，了解财富奥秘，在机会来临时，才能准确把握，实现财富梦想。”

鸱夷子皮继续讲道：“掌握了财富的奥秘，少量的资本也能积沙成塔，累计成巨额财富。如果不懂财富背后的秘密，即使祖先遗产富可敌国，也经不住几次经济起伏的变化，最终会败家破产，所谓富不过三代，其根本原因是祖先上一代只遗留了物质财富，却没有遗留财富的奥秘，所以，第三代完全不懂财富的秘密，大都只有破产的可能。”

西施问：“什么是财富的秘密呢？”

鸱夷子皮：“所谓财富的秘密，就是财富只有以复利的形式增长，才能得到爆发性的增长。学习财富的规律，就是学习如何通过控制风险实现财富的复利增长。通过学习，就会明白通货膨胀、浪费、税收和交易成本是财富增长的大敌；通过学习，就能回避财富流逝的根源，从而为财富的复利增长插上翅膀，让它飞得更快更远；通过学习财富的生命周期理论，就能明了人生的收入与支出，对人生财富进行科学的规划，就能让子女的教育和未来养老有坚实的保障；通过学习，掌握投资技巧，就能进行有效地资产配置，使财富持续稳定地复利增长。”

鸱夷子皮说："如果一个人的智慧够不上随机应变，勇气够不上果敢决断，性格不能够正确地取舍，意志不能够有所坚守，即使他学习了投资理财之道，虽然可以获取财富，但想成为卓越的投资大师，还是有难度。但是，你们的性格特质却是符合这些要求的，我相信你们以后一定有所建树。"

西施问道："我记得你曾经说过，人不要为财所累。为了自由，你放弃了一切功名利禄，现在却教授我们理财投资技能，让我们去追逐财富，岂不是有些矛盾？"

鸱夷子皮笑着说："金钱这玩意儿，让人一言难尽。无知而清高之人视金钱如粪土，俗世之人视金钱为解决一切问题的万能钥匙，金钱演绎了无数人间沧桑，悲欢离合。"

西施问："应该如何正确对待金钱呢？"

鸱夷子皮说："首先，你要有通晓财富奥秘的智慧，具备掌控金钱的能力，拥有立足世俗的足够金钱，你才有资格睥睨金钱。否则，还是老老实实积累财富为好。因为在当前的环境下，如果缺乏权利的看护，恐怕只有金钱才能让你相对拥有自由。自由包括身心魂三位一体的了无羁绊。在一个金钱至上已成为主流价值观的社会环境中，谁都无法免俗。既然不愿同流合污，那么，掌握投资技能，通过投资获得金钱财富，就能消除生活中的相当压力，达到财务自由。财务自由，是人生自由的基础和根本。"

他继续说："追求财富的过程，有乐趣，有成就感，更有痛苦和压力，我将满足人生财务自由所需的最少财富，称为财富的下临界点，人生的财富，应该至少达到财富的下临界点之上。但在这之上，随着财富增长，积累的财富越多，越会让人感到负担、压力和不快乐，人为财富所累之时的财富，我称为财富的上临界点。人生的财富，如果位于这两个临界点之间，人就是财富的主人，就不会为财富所累，就可以享受财富所带来的乐趣。如果人生财富位于上下临界点以外，那么，人就会为财富所累，成为财富的奴隶。"

鸱夷子皮最后说："从明天开始，我会讲述理财和投资实用知识，基础内容你们可以看书自学，我就不再重复，我的课程，只重点阐述核心内容。今天大家放轻松，我带道生钓鱼去，聊聊家事。你们姐妹几年未见，正好小聚叙旧。"

郑旦说："老范，你所出的智力题很有意思，我很有兴趣。能否再出道题，让我闲暇之余锻炼一下大脑？”

鸥夷子皮微微思量了一下，说：“这道题，据考证可能是世界上最难的逻辑思维题，你慢慢思考吧。”

鸥夷子皮出了一道真假话的逻辑问题：

有甲、乙、丙三个精灵，其中一个只说真话，另外一个只说假话，还有一个随机决定何时说真话，何时说假话。你的任务，就是向这三个精灵发问三道是非题，通过他们的答案，找出谁说真话，谁说假话，谁是随机答话。这道难题困难的地方，在于这些精灵只会以“Da”或“Ya”回答，但你并不知道它们的意思，只知道其中一个字母代表“对”，另外一个字母代表“错”。

你应该问哪三个问题呢？

郑旦记下问题，四人散去，各自安排。

九、悬崖边开车

所谓风险意识，就是说，如果知道哪儿有危险，就永远不再去那个地方。对风险具有天然防范意识的话，就能在诡秘多变的金融市场中，立于不败之地。

又是新的一天到来。

道生的邮箱塞满了学习理财投资欲望旺盛的学生报名表，他一一打电话约来考试，竟然来了一百多人，从十多岁的学生，到六七十岁的老者，从市井小贩到大学教授，大都对投资兴趣浓厚，踊跃而来。在两个小时的考试过程中，道生暗暗查看每个人的答卷，发现只有四人全部答对所出的两道智力题。考试一结束，他就把所有人的试卷阅评完毕，然后带领答对的这四人去找鸱夷子皮面试。

老师器宇轩昂中透着温和亲切，和四名学生一一握手欢迎，学生们紧张的心情也放松下来。

鸱夷子皮招呼大家落座，笑着对他们说："恭喜四位通过笔试，现在请大家来，只需回答我一道问题。诸位听清楚我的题目后，请认真思考，将你认为正确的答案，写在前面的题板上。"

鸱夷子皮的题目是这样的：

有一富翁，想要高薪招聘一名私人司机。很多人来应聘，经过严格筛选，最终只剩下两位候选人，一位年轻漂亮的女孩，一位成熟稳重的中年男人，他们在技术方面不相上下。因为关乎自己的性命，亿万富翁亲自担任面试主考官。他提了这样一个问题，“假如我现在就坐在你所开的车里，前面是一道悬崖，你能够开到离悬崖边多近的地方才停下呢？”“我能开到离悬崖只有10厘米的地方停下来，我的技术你绝对可以放心。”女孩回答道。男司机听了很不服气，“我的技术更高，我能够开到离悬崖边只有1厘米的地方，保证你绝对安全。”

现在的问题是，如果让你替富翁作出选择，你会选择哪一位司机？

A. 女孩　B. 男人

过了一会儿，四人分别在题板上写好答案。第一位选：B；第二位选：A；第三位在题板上画了个圈；第四位写了：C。

鸱夷子皮问道生：“你选哪一位呢？”

“A。”道生回答道。

鸱夷子皮轻叹了一口气，问第一位：“你为什么选B呢？”

这位答道：“我觉得男人的驾驶技术更高点，所以更安全。”

鸱夷子皮目光看着第二位，第二位站起来说：“我选女孩，因为女孩天性细心，所以更安全。况且女孩做司机，本身就比男司机安全，绑架老板的可能性更小。”大家听了都笑了。

鸱夷子皮先生笑着问第三位：“你为什么不选择呢？”

第三位是位年轻英俊的帅小伙子，他站起来答道：“我觉得这道题有陷阱，我不是不选，而是和旁边这位选C的同学一样，有第三种选择。”旁边第四位同学也点点头，认可这种说法。

帅小伙子说：“司机的基本责任，就是要保证乘客的绝对安全。如果知道前面有危险悬崖，应该把车开得离悬崖越远越好，而不是靠近悬崖边上去考技术。富翁不可能选择一个拿他的生命去验证技术的司机，他之所以出这种题目，就是想考察司机的安全意识有多强烈。”

第四位站起来说：“我的答案也是如此。”

鸱夷子皮问他们：“你们两位叫什么名字？”

第三位说：“我叫猗顿，是一名刚刚退伍的军人。”

第四位说：“我叫白圭，是中学数学老师。”

鸱夷子皮说：“要成为一名优秀的投资者，无须高学历，无须精通复杂深奥的数学知识，只要有小学毕业生的数学能力，就足以胜任金融投资所需的大部分数学计算。唯一需要的，是与众不同的天赋异秉。需要迥于常人的魔鬼心智、不受外界情绪的左右而独立思考、洞悉群体的疯狂心理能不为所动而淡定从容；需要坚强的意志，能像勾践老兄一样隐忍一切、能够克制贪婪的欲望、在恐惧时却敢于迎难而上；需要良好的纪律性，能够像最出色的军人一样遵守纪律、严格行动；需要良好的风险意识，对风险有狗鼻子一样的灵敏度。总而言之，一个卓越的投资者，要像魔鬼，要像神，但绝不能像普通大众一样人云亦云。”

他继续说：“我之所以出这道题，就是考察你们对风险敏感度的天性。所谓风险意识，就是说，如果知道哪儿有危险，就永远不再去那个地方。对风险具有天然防范意识的话，就能在诡秘多变的金融市场中，立于不败之地。刚才猗顿和白圭的回答，证明了你们两位具有天然的风险防范意识，这将是你们未来投资成功的天然优势，所以，我决定录取你们，你们俩下午就可以听课了。”

十、年轻人就业指南——田忌赛马：如何让成功更容易

如果说事业的成功有捷径的话，那就是选对行业，选对对手。
选择竞争力较弱的行业，选择实力较弱的对手，那就更容易胜出。

鸱夷子皮说完，猗顿和白圭喜形于色，兴奋异常。

第一位同学默默站起来，走了。第二位同学走到鸱夷子皮面前，对他深深地鞠了一个躬，说道："鸱夷先生，我叫秦越人，爱好钻研道家的阴阳变化之法，对金融投资也有浓厚的兴趣，虽然风险意识不符合您的要求，但我请求您收下我这个学生，以后我一定发奋努力，以勤补拙，弥补我的不足。"

鸱夷子皮问他："你知道田忌赛马的故事吗？"秦越人点点头："这个故事在小学课本里学过，人人都知道。"

秦越人讲了田忌赛马的故事：

齐国大将田忌喜欢赛马，齐王也有此相同嗜好。某日，齐王和田忌相约，进行一场赛马比赛。他们根据各自马的速度，把马分成上、中、下三

等。比赛开始了，齐王派出上等马出赛，田忌也派出上等马迎接挑战；同理，田忌的中等马对齐王的中等马，田忌的下等马对齐王的下等马，结果，齐王每个等级的马，都比田忌的马厉害，三场比赛下来，田忌三战皆负。田忌正在懊恼之际，他的高参孙膑来到了赛马场。孙膑告诉田忌，不用换马，按照他的方法，再赛一场，一定会取胜。

于是，田忌又找齐王再赛一场。齐王派出上等马，这次，孙膑让田忌派出了下等马，第一场输了；第二场比赛开始，孙膑派出了上等马，来对齐王的中等马，胜了；第三场，孙膑用中等马对齐王的下等马，又胜了。结果，田忌胜两场输一场，赢了齐王。

秦越人说完这个小故事，有点困惑地看着鸱夷子皮先生，不解其意。

鸱夷子皮踱步到他面前，说："一个人，如果对他的工作有强烈的兴趣爱好，就会全身心投入，职业会成为事业，也比较容易取得事业成功。但是，兴趣爱好只是事业成功的必要条件，要取得事业上的成功，更要看他的能力，他的能力在他所处行业中是否卓然出众。有人自身条件优秀，也很努力拼搏，但无奈所处行业强者如林，都是优秀之人，也就很难出人头地。而有人看似普通平凡，却能取得杰出成就。"

道生问："这种现象确实很普遍，为什么呢？"

鸱夷子皮："之所以出现这种现象，在很大程度上是因为那些人所处行业强者较少，所以可以轻易胜出。因此，一个人，无论如何出类拔萃，如果他只将自己定位为中等马，只去那些中等马和下等马占主流的行业寻找机会，回避上等马林立的竞争性行业，那他就更容易取得成就。"

秦越人恍然大悟："先生一席话，让学生醍醐灌顶。先生的意思是，学生天资愚钝，不适合在金融行业和上等马竞争，在别的行业其实更容易成功？"

鸱夷子皮点点头："如果说事业的成功有捷径的话，那就是选对行业，选对对手。选择竞争力较弱的行业，选择实力较弱的对手，那就更容易胜出。行业没有高下之分，现在的热门行业，以前或许是冷门行业；当前的冷门行业，未来不见得就没有机会。所以，一定要找准能发挥你优势的行业，成功才能容易些。对于年轻人来说，毕业找工作，与其在热门行业里碰个头破血流，还不如在冷门行业中蛰伏，伺机而发。对了，你还有何兴趣爱好呢？”

秦越人说：“学生自幼对医学兴趣浓厚，希望能够悬壶济世，救死扶伤。”

鸱夷子皮说：“医学同样讲究阴阳变化平衡之道。我的老师计然先生，医学造诣颇深，他也希望他的医术后继有人，这样吧，我给你写一份推荐信，你去投奔他，希望他能相中你。”

秦越人狂喜，给鸱夷子皮深深鞠躬，开心离去。

后来，秦越人成为一代神医，以扁鹊之名闻名于世，这是后话。

理财：中产阶级的困境

第四章

理财知识 ABC

掌握投资理财技能，无需十八般武艺样样精通，只要熟练掌握以下理财知识ABC，就能像程咬金的三板斧一样，实用而有效。

鸱夷子皮将西施、道生、郑旦、猗顿和白圭召集到一起，开始讲起了理财之道。

他说：“人们普遍将经济学当成一门如何经商赚钱创富的学科，殊不知，学好经济学，可以经邦济世，可以空谈唬人，就是难以致富。如果追求个人创富，理财才是一门真正关于如何管理财富的学问，投资才是一种有关资本如何增长的实用技能，学好理财和投资，比学好数理化要管用得多，走遍天下都不怕。”

白圭点头认同，他说：“确实如此。在经济学领域里，有很多名声很响的专家学者，也有很多思想渊博的教授大家，大都只能待在象牙塔里，面向单纯稚嫩的学生传道授业解惑；或在名家论坛上，以不容置疑的权威身份、居高临下地面向不明真相的群众侃侃而谈。事实上，这些经济学领域的专家教授确实大都财富可观、生活富裕，但其财富，并非来自经济学本身具有的创富技能，而主要来自高工资、讲课费、出场费和顾问费，以及利用名人效应而得到的半卖半送的低价原始股。这些专家教授们一旦进入市场，凭自身能力去追逐财富，无论是经商还是投资，结果大都是亏得一塌糊涂，铩羽而归，只能依靠忽悠天真而单纯的大众去获取高昂的出场费。”

猗顿说：“与此相反的是，一些普罗大众，或是只知做饭洗衣带孩子的家庭主妇，或是只知挑担送水的蓝领工人，他们文凭不高，肯定达不到大学本科，数学计算能力也不强，仅限于会加减乘除而已，但就是这些知识能力和智商都属一般的普通大众，凭借所掌握的一点实用投资技巧，在颠锅炒菜之余、送水上下楼之间，其不多的资本却能在股市中稳定增值，累积可观财富。”

西施有点吃惊地问：“有这么夸张吗？普罗大众会有这么强的理财投资水平吗？这让自诩为精英的中产阶级都要羡慕嫉妒恨了。”

郑旦说：“中产阶级中流传着这样一句话，跑不过刘翔，就要跑得过通胀。但现实状况却是，大部分的白领，既跑不过刘翔，也跑不过通胀；不仅跑不过猪，而且连猪肉都跑不过，更跑不过大蒜、大白菜、苹果、土地，这些平时根本跑不动的懒家伙。”

猗顿说：“女白领流传一句关于理财的顺口溜。”

西施问：“什么顺口溜？”

“你不理财，财不理你，我更不理你。”猗顿说。

猗顿模仿女人的语气说着话，逗得大家都直乐。

猗顿接着说：“男白领的结局大都是，我要理财、很快破财。事实上，对于中产阶级来说，不理财，就跑不过通胀；而理财的结果，大都却是亏损严重。治大国如烹小鲜，如果投资理财能如烹小鲜般轻松，那就太好了!”

鸱夷子皮说：“人类有两大毛病，一种是将复杂事情简单化，还有一种就是将简单事情复杂化。就理财投资而言，有无数智商超群、学贯东西的专家教授皓首穷经，进行理论研究和数量模型建模，让理财投资越来越神秘，越来越高深莫测。但实际上，理财和投资是一门学问，更是一项技能，作为一项专业技能，并不复杂难懂；在理论上，任何具备普通智商的普通人，经过一定的技能训练，掌握一定的技巧，按照操作规则运作，就有机会在理财和投资领域成功，成为财富管理的赢家。”

郑旦说：“老师的意思是说，任何人都可能理财有道吗？这种说法太鼓舞人心了！这给在理财的烂泥潭中挣扎的白领们带来了如春雷贯耳的利好刺激，让人振奋，催人奋进。”

鸱夷子皮道：“普罗大众要掌握理财这门实用技能，只需学习一些实用操作技巧，无需学习复杂的理财投资理论知识，无需精通高深的数学，无需清楚方差和均方差的不同，无需了解阿尔法和贝塔的区别，无需懂得资本资产定价模型，无需牢记夏普公式，更无需弄懂各种复杂的金融工具和数学模型，只需具备小学五年级以下的数学能力，懂得指数计算，懂得一点投资理财的基本知识，掌握几个不复杂的数学公式，就能在投资理财的道路上稳步前行。”

郑旦惊喜地说：“理财原来是如此简单吗？！”

鸱夷子皮说：“我们这堂课主要学习一些基础的理财知识，学会理解货币的时间价值原理，对利率和贴现率、现值和终值、年金的现值和终值、投资收益率的不同计算方法等理财知识ABC有一个正确认识。懂得这些理财基础后，就能对日常生活中涉及理财投资的各种经济现象进行正确估算，从而对那些人生中的重大问题进行精准抉择。通过理财学习，认识财富的本质，掌握财富增长的奥秘，明晰财富流逝的途径，弄懂通货膨胀的实质，才能合理地把握生命周期中的收入与支出，正确管理财富，对人生财富进行合理规划，科学安排当前和未来的支出，人生少为金钱所累，过上财务自由的理想生活。”

西施说：“理财难道是每个中产阶级人士的必修之课吗？”

鸱夷子皮点头：“对大部分的白领而言，除了日常生活费用之外，房子、子女教育、医疗和养老问题，都是背负在身的四座经济大山。要解决这些人生重大经济问题，一方面要倚重于财富的增长，另一方面，更要合理地安排收入与支出，科学地管理财富，而这些都涉及如何科学理财。”

鸱夷子皮接着说：“下面，我讲授理财基础知识，可能会有些沉闷，如果你们听得发困了，可以睡觉，但最好将呼噜声调到静音，以不影响其他同学听课为好。”

同学们都笑了。于是，鸱夷子皮讲起了理财知识ABC。

一、货币的时间价值原理

金钱会随着时间的流逝而逐渐流失其价值，

明天的100元，比今天的100元要贬值一点。

在理财领域，一个最重要、最基本的原理就是货币的时间价值原理。今天的100元和30年前的100元价值等同吗？金额看似相等，但在不同的时间阶段，本质上却是两笔完全不同价值的钱，因为它们的购买力完全不同。如何比较不同时期金钱的价值呢？这就要清楚货币的时间价值原理。

货币的时间价值原理的含义是：

今天的100元，比明天的100元更值钱；昨天的100元，比今天的100元更值钱。

货币的时间价值原理，是财富管理领域的公理，其重要性不亚于数学上“两点之间直线最短”这个公理，是决定其他一切原理和规律的基础。正是因为货币的时间价值原理，使财富管理领域的一系列现象变得合情合理。存款要有利息收入，借贷要付出利息，投资要追求收益率等。而财富增长的本质、财富流失的秘密等财富规律也建立在这个原理的基础之上。

鸱夷子皮问同学们："为什么随着时间的流逝，有些人的财富会增值，而有些人的财富却在贬值呢？"

郑旦问："这是为什么呢？"

鸱夷子皮："所有的投资和理财规律，都是围绕着货币的时间价值原理而展开的。要掌握货币的时间价值原理，就要掌握理财的机会成本、利率和贴现率、货币的现值和终值、年金的现值和终值等基本概念。"

二、机会成本

人生有机会成本，金钱也有机会成本。

西施问：“什么是机会成本呢？”

鸱夷子皮：“人们在进行一些重大决策时，可能会面临两种以上的机会，如果选择其中的一种机会，当然也就意味着放弃掉其他机会，也就是说，抓住当前机会时，就必须要放弃其他机会可能带来的收益，而其他机会可能带来的潜在最大收益就构成选择当前机会的机会成本。”

猗顿道：“机会成本，是不是可以通俗理解为，每个机会都伴随有其他机会的机会成本呢？”

鸱夷子皮肯定了猗顿的提问：“未被选择的机会所带来的收益，就是选择当前机会的机会成本。人生有机会成本，金钱也有机会成本。”

道生问：“什么是人生的机会成本？”

鸱夷子皮：“人生的道路弯弯曲曲，向前延伸，其中有许多重大问题，必须进行选择。上什么大学？读什么专业？是继续读研还是首先工作？进入什么行业？是持续在一个行业干下去，还是不断跳槽、选择更满意的行业？是先成家再立业还是先立业再成家？是娶一个美丽但不持家的女孩还是娶一个贤惠但姿色平平的老婆？人生的这些重大选择，就构成人生的十字路口，选择其中的一个方向，也就意味着必须放弃其他方向。在人生中，当选择你所选择的机会而放弃其他可选择的机会时，放弃掉的机会所能带来的收益，就成为所选机会的机会成本。

“例如，你选择当公务员而非经商。几十年后，当你当上小吏、有机会贪污数百万元钱财而不犯事，于是你沾沾自喜地庆幸，庆幸当初的机会选择之对，或许上帝要冷笑，因为只有上帝才清楚。以你的能力，要是经商的话，早已拥有亿万身家。那么，对你来说，亿万资产就是当公务员的机会成本。当陈世美选择抛妻弃子当驸马时，他以为是机遇垂青，既当高干又当皇亲国戚，买的是双保险，但要命的是，他没摸清老婆的脾气，秦香莲像秋菊一样，比驴还犟，最终，他命丧铡刀之下，对陈世美来说，他当初的选择，机会成本太高，直接要了他的命。”

西施说：“这能不能总结为，在人生中，机会越大，机会成本也就越高？”

鸱夷子皮表示认可，他说：“机会成本，一个经济学名词，却蕴含着深刻的人生哲学。选择意味着放弃，得到意味着舍弃，机会意味着成本。人生命运变幻，悲喜莫测，就在于机会成本的度量无法顺意，可能选择了不该选择的，却放弃了不该放弃的。人生的意义，不仅包含当前所拥有的价值，还包含被放弃机会的机会成本，而这机会成本到底有多大，选择的当时无法自知，只有在放弃后、在时间的长期洗刷下，才能清楚其真实价值。”

西施说：“到了那时，除了悔恨，只能悲哀，这就是人生。人生总是充满太多的无奈。”

鸱夷子皮：“站在人生的十字路口，任何人都无法精确计算出人生的机会成本，不管是精明人，还是务实的人，所能做的，也就是选择其中的一条道路，将在这条路执著地走下去。人生，在不断地选择与沉浮中前行；人生，也因一个个十字路口的方向选择的不同，而呈现不同的命运；

人生，因机会成本而充满着不确定性。从这点来说，人生是一场游戏，一场不到结束不知输赢的游戏。对普罗大众而言，人生也是一场金钱游戏，一场有关金钱抉择的游戏。这就涉及金钱的机会成本。”

道生问：“什么是金钱的机会成本呢？”

鸱夷子皮：“你有100万元的金钱……”

道生：“我木有这么多钱……”

鸱夷子皮：“假设你有100万元。这100万元，你可以消费掉，也可以用来投资。如果金钱被消费掉的话，就丧失了投资的机会。例如，你可以拿100万元买辆新款跑车，也可以将100万元储蓄起来，假如银行一年期储蓄利率为5%的话，一年后你就会有105万元。”

道生笑嘻嘻：“我当然会用来买跑车，谁稀罕多出5万元呀！100万元本来也买不了什么太好的跑车。”

鸱夷子皮板起脸来训斥道生：“别打岔！好好听课！如果100万元被用来买跑车，买车的机会成本就是105万元。”

西施问：“不是100万元吗？为什么机会成本会多出5万元呢？”

鸱夷子皮解释道：“消费的机会成本，等于投资的本金加利润。如果100万元没被消费，而是储蓄起来，那么，就可以得到5万元的无风险收益。多出的这5万元就是当前放弃消费而会得到未来收益的补偿，这也是货币的时间价值原理在投资决策上的具体体现。所以，今天的100万元和一年后的100万元相比，是不等值的，因为今天的100万元，可以通过银行储蓄取得无风险收益，假设银行年利率为5%，今天的100万元在一年以后将等值于，100×（1+5%）=105万元；同理，按照5%的银行利率，一年后的105万元等值于当前的100万元。”

他说：“货币的时间价值原理，是货币的机会成本的具体体现，是财富管理领域的基石，财富管理领域内所有投资分析公式和模型都是以此为基础的。”

他再次重申了货币的时间价值原理的重要含义：

金钱会随着时间的流逝而逐渐流失其价值，明天的100元，比今天的100元要贬值一点。

他说："当大众进行消费、储蓄、投资或借贷决策时，货币的时间价值就是一种机会成本，所以，一定要充分考虑权衡。事实上，应用货币的时间价值原理，就能破解大部分的理财迷雾，就能掌握财富增长的秘密、明晰财富流逝的途径、弄懂通货膨胀的实质、明白高利贷的本质、认清未来养老的形势。"

三、贴现率

利率的调整，可谓牵一发而动全身，一定要合理地调控。

鸱夷子皮继续启发大家：“今天的100元，相比一年后的108元，哪笔钱的价值更大呢?”

猗顿：“这个不好比较吧？要看银行的储蓄利率是多少吧？”

白圭问：“应该怎么比较不同数额的钱在不同时间点的价值呢？”

鸱夷子皮说：“如果将100元储蓄在银行，银行年利率为5%的话，一年后本金收益和是105元；如果投资股票，年收益率为10%的话，一年后他的本金收益和是110元。根据收益率的不同，今天的100元在未来的价值也各有不同。”

他说：“为了比较不同数额的金钱在不同时间点的价值，可以设定一个认可的收益率，根据货币的时间价值原理，将未来某个时间点的金钱，统一调整为当前的等值金钱，再进行比较，这个过程称为贴现，设定的收益率称为贴现率，而把在这个贴现率水平下、等值于未来某时间点金钱的当前数值称为贴现值。例如，未来一年的110元，在10%的贴现率下的贴现值是100

元；未来一年的105元，在5%的贴现率下的贴现值同样也是100元。”

西施问：“贴现率根据什么设定呢？”

鸱夷子皮：“当金钱储蓄在银行时，银行会根据储蓄时间的长短给予不同的利率，如活期存款利率、一年期定期存款利率、五年期定期存款利率等，一般期限越长，利率就越高；如果向银行贷款，银行就要收取贷款利率，贷款利率同样根据借贷时间的长短而不同，一般时间越短，年化贷款利率就越高。储蓄作为最稳健保守的投资方式，其收益是无风险收益，因此，在理财和投资领域，通常以一年期定期存款利率作为贴现率。当然，在严格控制风险的前提下，投资股票、债券等可以提高收益率，有时也用这种较高的投资收益率作为贴现率来进行投资决策。”

鸱夷子皮继续讲道：“利率，作为经济体系的核心指标，是宏观经济的温度计；利率，作为投资领域的贴现率，又直接影响着资产的价格，利率偏高或偏低，直接导致设定的贴现率偏高或偏低。利率设定偏低的话，资产的价格会暴涨，会出现资产泡沫；利率设定偏高的话，经济会紧缩，资产的价格会大跌，资产泡沫会被捅破。所以，利率的调整，可谓牵一发而动全身，一定要合理地调控。”

四、终值和现值

这种按照货币的时间价值原理，将每个计息周期的利息收入计入本金计算利息的方式，称之为复利。

鸱夷子皮说："贴现值又称为现值，与此相对应的未来某个时间点的等值金钱则被称为终值。"

鸱夷子皮开始讲解现值和终值的计算公式：

假设将当前的100元储蓄在银行，按照5%的利率，一年后的价值为105元，105元就是100元在5%的贴现率水平下一年期的终值（简称FV），反之，100元是105元在5%的贴现率水平下一年期的现值（简称PV）。如果用k表示贴现率，可以将一年期的现值和终值表示如下。

$$FV = PV \times (1+k)$$

$$PV = FV \div (1+k)$$

以上举例是以一年和一个计息周期来计算现值和终值，理财和投资当然不仅限于一年或者一个计息周期，假定在银行有一笔100元的5年期存款，年利率为5%，5年到期，到期时银行进行结息，银行是这样计算利息的，100×5%×5=25（元），银行最后所付利息是25元，银行这种将所有计息周期的利息计算按照统一的初始本金乘以利率和计息周期的计息方式称为单利。

根据货币的时间价值原理，100元在5%的贴现率水平下的一年期终值为105元，而第一年末的终值将成为第二年初的现值，第二年末的终值将成为第三年末的现值，以此类推，每年末的终值既是年初现值在5%的贴现率的水平下的终值，同时又是下年初的现值，据此，可以将100元在5%的贴现率下5年期的终值FV计算如下。

第一年　　100×1.05=105（元）

第二年　　105×1.05=110.25（元）

第三年　　110.25×1.05=115.76（元）

第四年　　115.76×1.05=121.55（元）

第五年　　121.55×1.05=127.63（元）

这种按照货币的时间价值原理，将每个计息周期的利息收入计入本金计算利息的方式，称之为复利。相比单利，复利的特点是，将每年的利息收入计入下年度的本金，以此来计算最终的利息收入。100元的5年期存款，5%的利率，按单利计算是125元，按复利计算是127.63元，多出的2.63元是对每年的利息收入再逐年计算利息的增加额。

通过复利计算现值和终值，必然涉及计息期，计息期的单位可以为一年，也可以为一月、一周，甚至一天，一般银行利率和贴现率以年为单位，所以计息期通常以年为单位。如果计息期数为t，贴现率为k，那么计息周期为多期的终值和现值可以用公式表示。

$$FV = PV \times (1+k)^t$$

$$PV = FV \div (1+k)^t$$

鸱夷子皮说："这两个公式，是财富管理领域里最常用的公式，通过现值和终值的转化计算，就可以对当前和未来的现金流进行统一比较，有利于作出投资决策，你们一定要熟练掌握。复利终值计算公式中的 $(1+k)^t$

叫做复利终值系数（FVIF），附录中的表1是复利终值系数表，含义是1元在不同计息期数和不同贴现率水平下的复利终值FV；复利现值计算公式中的$1 \div (1+k)^t$称为复利现值系数（PVIF）。附录中的表2为复利现值系数表，含义是1元在不同计息期数和不同贴现率水平下的复利现值PV。利用表1和表2，计算现值或终值时，只需找到既定贴现率水平和计息期数下所对应的系数，再与相应金额相乘，就能求得现值或终值。”

五、年金

这种在一定时期内每期收付金额相等的现金流称为年金。

鸱夷子皮继续讲道："在日常经济生活中，经常会出现这样的现象——理财或投资行为分为多期、每一期现金流相等，例如，在利率不变的情况下按月向银行缴纳房屋贷款的还款、按月缴纳租金、按月缴纳社会养老保险金、按月或按年缴纳商业养老保险金、按月领取养老金等，这种在一定时期内每期收付金额相等的现金流称为年金，一般所指年金在期末收付，也被称为后付年金；在每期期初收付的年金则被称为先付年金，先付年金每期收付都在期初，相当于后付年金多一个计息期，可以通过增加一个计息期，将先付年金转为后付年金。进行投资决策时，经常要用到年金的现值和终值。"

猗顿问："应该如何计算年金的现值和终值呢？"

鸱夷子皮："我们并不需要分别计算每期的现值和终值，再去相加，而是可以利用公式，求得年金终值系数（FVIFA）和年金现值系数（PVIFA）。"

他列出了年金终值系数和年金现值系数的计算公式：

$$FVIFA=\sum_{i=1}^{t}(1+k)^{i}=\frac{(1+k)^{t}-1}{k}$$

$$PVIFA=\sum_{i=1}^{t}(1+k)^{i}=\frac{1-(1+k)^{t}}{k}$$

他说："公式中，k是年金贴现率，t为年金的计息期。根据公式，分别制作有年金终值系数表和年金现值系数表。附录中的表3是年金终值系数表，含义是每期1元的年金在不同期数和不同贴现率水平下的年金终值；附录中的表4是年金现值系数表，含义是每期1元的年金在不同期数和不同贴现率水平下的现值。利用表3和表4，在计算年金终值或现值时，只需找到既定贴现率水平和计息期数下对应的系数，再与相应的年金相乘，就能求得年金终值或现值。"

六、算术收益率和几何收益率

作为投资天才的巴菲特和索罗斯，其年均几何收益率一般也不过26%。

鸥夷子皮继续讲理财ABC，他说："进行投资理财时，不可避免要涉及投资收益率的计算和比较。在投资理财领域，通常是按年考核投资收益率，即考核年收益率，那么，不同金额的资本，经过不同时间期限，取得不同投资收益，孰优孰劣，应如何比较呢？"

鸥夷子皮出了道简单的题目，让同学们回答。

假定投资10000元于某个项目，10年后本利和为20000元，该投资收益率是多少呢？

郑旦的算法是对每年的收益进行平均计算：10000元10年增值10000元，10年的收益平均到每年就是1000元，按10000元本金计算收益率为10%。

鸥夷子皮说："这种方式计算出来的投资收益率叫算术收益率，其含义是对每年的投资收益率进行算术平均。"

他将算术平均收益率用公式表示为：

财富教育首选用书

$$\bar{k}=\frac{k_1+k_2+\cdots+k_n}{n}=\frac{1}{n}\sum_{i=1}^{n}k_i$$

其中，k_i是第 i 期的投资收益率，n为总期数。

鸱夷子皮说："还有另一种计算方法，考虑了货币的时间价值原理，要通过指数运算求得。"

对于同样上面的问题，鸱夷子皮将其解释为：10000元经过10年增长到20000元，平均年贴现率是多少？

将这个年贴现率设定为x，用公式计算如下：

$$1000(1+x)^{10}=20000$$

可求得：x=7.2%，也就是说：年贴现率为7.2%。

鸱夷子皮说："用这种计算方式求得的投资收益率就叫几何平均收益率，几何收益率是根据货币的时间价值原理所得的复利增长率。"

他给出了几何收益率的计算办法：将每年的系数（$1+k_i$）相乘，然后开n次方，进行几何平均，用公式表示为：

$$\bar{k}=\sqrt[n]{(1+k_1)(1+k_2)\cdots(1+k_n)}-1=[\prod_{i=1}^{n}(1+k_i)]^{\frac{1}{n}}-1$$

白圭问道："老师为什么要如此不厌其烦地讲解算术收益率和几何收益率的区别呢？难道收益率的算法不同，就会严重影响理财的收益率吗？"

鸱夷子皮道："算术收益率和几何收益率，这两种收益率看似只是算法不同，但本质却完全不同，是两种完全不同的结果。实际上，在考核投资收益率时，几何收益率才是唯一正确和有效的指标，只有几何收益率才能正确衡量投资业绩，算术收益率只会造成误解和迷惑。

"在以上的举例中，算术平均收益率和几何平均收益率分别是10%与7.2%，相差2.8%，看似没有多大本质区别。如果再举另外一例，就能看出差别是何其之大了。例如，某基金的收益率第一年为–50%，第二年为100%，如果计算算术收益率，就是(–50%+100%)÷2=25%，收益率为25%，看似还不错，是吧？但实际上，这只基金第一年跌掉一半，第二年涨一倍，又回到原位，不赚不亏，按几何收益率计算的话，收益率就是0，但算术收益率却给人以假象，以为投资收益率很高，这岂不是很滑稽吗？”

鸥夷子皮继续讲：“在投资理财领域，绝大多数人并没有真正理解几何收益率的含义，追求的投资收益率动辄要达到50%以上，根本不满足20%以下的收益率，这是一种幼稚而无知的行为。事实上，作为投资天才的巴菲特和索罗斯，其年均几何收益率一般也不过26%。而某些金融机构或专业人士，为了招揽客户，掩饰不佳业绩，故意模糊这两种收益率的本质不同，加深客户误解，误导客户投资。”

鸥夷子皮最后说道：“掌握投资理财技能，无需十八般武艺样样精通，只要熟练掌握以上理财知识ABC，就能像程咬金的三板斧一样，实用而有效。从明天开始，我们就学习应用这些理论来解决现实问题。”

第五章

财富锦囊的秘密

给我一个支点，我能撬动地球。

——阿基米德

一、打高尔夫与理财

财富领域的成功人士，只不过是坚定地恪守这些财富的规律，

财富就是其恪守规律的回报。

第二天，郑旦、猗顿和白圭早早赶到鸱夷子皮住处，准备上课，却见鸱夷子皮一身运动装打扮，在收拾高尔夫球包。老师笑着对同学们说："今天天气不错，我们换个地方上课吧！"

六人出现在高尔夫球场的草地上。蓝天白云，草绿湖碧，蝶舞鸟鸣，阳光明媚，让人心情大爽，心旷神怡。

鸱夷子皮说："高尔夫球作为苏格兰牧羊人的一种消遣，本身并不比小孩子弹玻璃球、老人打门球高贵多少，同样都是一种让人全身心放松投入的游戏。高尔夫球的最大优点是，能让人融入自然之中嬉戏玩乐，在回归自然的同时返璞归真，产生一种回归自然的亲近感，让身心脱离尘世羁绊而感觉轻松愉悦，这是一种忘我的陶醉感，这种感觉能让人放松身心，达到佛家所指的般若、道家所指的纯彻空灵、一切皆无的境界，因此，高尔夫容易让人沉湎上瘾，被形容为'绿色鸦片'。这本是一项老少咸宜的

运动，却被人为制造出高门槛，成为有钱人的游戏，只有少部分人能体味其中的快乐滋味。”

道生问：“我们今天为什么要来高尔夫球场上课？”

鸱夷子皮呵呵一笑：“打高尔夫球可以领悟到很多投资的道理，因为打高尔夫和投资有很多共通之处。”

鸱夷子皮总结了打高尔夫和投资的共通之处：

1. 都是一种操作简单、精准却难的游戏。

2. 都要经过严格培训和技能训练，才更容易成功。

3. 都追求整个过程中的每个步骤精确无误。

4. 都必须对目标心无旁骛。

5. 都同样并非追求结果，越是在意结果，偏差和失误就越大。

6. 都要靠思想和智慧去达成目标，而非靠技巧和蛮力取胜。

7. 都要靠耐力和持久取胜。

8. 都要靠少犯错误、一点点积累优势，而最终成为赢家。

9. 都并非靠一时胜负决定结果。

10. 都要养成良好的行为模式。

鸱夷子皮说：“今天来高尔夫球场，并非为了让大家体会以上投资道理，而是为了让大家更直观地体会财富增长的规律。高尔夫球的取胜，要靠每场微弱优势的积累；财富的增长，同样要靠长时间的积累。我将连续稳定的财富称为‘恒财’，也就是说：财富的增长，要靠长期的‘恒财’积累。追求‘恒财’的过程，也就是探求财富增长内在规律的过程。”

鸱夷子皮反问同学们：“人生沧桑，普罗大众在为衣食忧愁而终生忙碌，但总有一些财富精英脱颖而出，创造出惊人财富。是他们天赋异秉、有什么独门秘籍吗？”

不等同学们回答，他自问自答道：“其实，世间万物皆有定数。财富的增长，同样有其内在规律，那些所谓的财富赢家，只不过是有意无意地恪守着这些规律而已。”

鸥夷子皮继续讲道："对于普罗大众而言，所谓成功，无非就是金钱上的成功、财富上的成功，不为金钱所累，实现财务上的自由。致富，作为绝大多数年轻人的成功之梦，是人们努力奋斗的原动力，虽然，有少数人梦想成真而成功，但是，对绝大多数人而言，当年满60岁、行将退休时，大都要为未来的养老、医疗负担而发愁，无几人敢奢望拥有亿万资产去安享晚年。"

猗顿感慨地说："对于中产阶级来说，无论收入高低，生活就像个无底洞，总有无尽的支出要花费。生活的压力之大，如同背负着几座大山一般，人人都是亚历山大，前行起来，都是步履蹒跚。因此，尽管很多人年轻时对财富怀有梦想，但是，拥有亿万资产，却是一个让绝大多数人都感觉遥不可及的美梦。"

鸥夷子皮笑着说："年轻时得到10万元的可能性大吗？如果你有机会在25岁时获得10万元，你就有很大机会在年老退休时取得1亿元，成为亿万富翁。"

猗顿惊叫道："这有点太夸张、太不可思议了吧？年轻人依靠父母的资助、朋友的借债或者一笔不大生意的成功，都可能会得到10万元，所以，在25岁时拥有10万元并不太困难，但是，在60岁时，要拥有1亿元这个天文数字般的财富，就太难实现了！毕竟，社会上的亿万富翁太少了！对于国人来说，人人都有成为亿万富翁的想法，因此，即便手中有数十万、数百万、数千万的资金，仍然寄希望于一夜暴富，幻想通过股市暴涨、娶个富婆、彩票致富。亿万富翁，人人梦想而不得，太难了！太难了！"猗顿一边说，一边摇头。

鸥夷子皮招呼大家在暖暖的草地上坐下来，说道："坐拥亿万资产，确实有难度，但其难度，并非体现在一夜暴富的低概率上，而是体现在难以进行恒久的坚持、难以经历长时间的考验上。人们虽然忙忙碌碌为钱财，却很少有人去思考财富增长的规律，实际上，只要把握、遵循财富增长的规律，随着时间的流逝、年纪的增长，拥有亿万资产、成为亿万富翁的可能性在以几何级数增加。也就是说，年轻的亿万富翁确实要靠上帝的垂青，是一个低概率事件。而要成为一个年老的亿万富翁，拥有亿万资产，却只需依靠长久地坚持某些规则、某些财富增长的规律而已。事实上，在米国，大多数的千万富翁、亿万富翁，都是年过花甲的老人，这也证明了财富增长确实存在着某些规律，财富领域的成功人士，只不过是坚定地恪守这些财富的规律，财富就是其恪守规律的回报。”

西施问：“财富的增长确实有规可循吗？”

鸱夷子皮笑道：“我们小时候听故事，在那些传奇或演义中，总有一些老套的桥段，一些英雄豪杰在面临重大难题、走投无路之际，都会忽然想起牛人先知给他的锦囊，里面藏有解决难题的锦囊妙计，打开一看，一切难题都迎刃而解。如果，将财富的增长比作一个可以产生无尽财富的神奇锦囊，那么，财富增长的秘密，就如同锦囊中的神秘妙计一样。今天，我就用三个命题，引出财富锦囊的秘密。”

鸱夷子皮的第一道命题是这样的。

命题一：一个25岁的年轻人，当前的资本为10万元，他如果要在60岁时拥有亿万资产，那么，他的年均投资收益率应该为多少？

西施举手，抢先答道：“根据我们上节课所学的理财基本知识，这个命题实际上可以转化为这种意思。

10万元的资金，经过35年的增长，要达到1亿元，年投资收益率应为多少？

将年投资收益率设为k，可以列出下面的数学算式。

$$10(1+k)^{35}=10000$$

“通过计算，可以求得k=21.8%，也就是说，如果能通过投资、实现年均21.8%的收益率的话，并且保证连续35年都能实现，那么，25岁时的10万元，经过35年的增值，在60岁时就会达到1亿元。”

鸱夷子皮笑着说：“21.8%的收益率！很高吗？对于相当一部分的股民来说，这个收益率并不是一个难以达到的年收益率。为什么那么多人能实现这个年收益率，却无法达到总的收益？是因为连续坚持35年都能实现，这个太难了！”

鸥夷子皮接着说：“如果，我们让梦想更为接近现实一点，不追求在年老时成为亿万富翁，而只追求在年老时拥有千万资产，用以养老。这种梦想的实现难度又有多大呢？”

鸥夷子皮又出了第二道命题。

命题二：一个25岁的年轻人，当前的资本为10万元，他如果要在60岁时拥有1000万元用于养老，那么，他的年均投资收益率应该为多少？

这次，白圭通过计算，很快得出：k=14.1%，也就是说，年均收益率为14.1%的话，10万元的资金经过35年的增值，就可以达到1000万元。

郑旦感叹道：“百分之十几的收益率！这简直是任何一个普通股民都容易实现的收益率！”

鸥夷子皮继续引导学生，他说：“有的年轻人，野心勃勃，拥有宏伟梦想，梦想富甲一方，像巴菲特、索罗斯一样成为大富翁。那么，这个梦想是痴人说梦吗？像这些老富豪一样，在70岁时拥有10亿元以上的资产，有可能吗？”

同样，鸥夷子皮又出了第三道命题。

命题三：一个25岁的年轻人，当前的资本为10万元，他如果要在70岁时拥有10亿元资产，那么，他的年均投资收益率应该为多少？

这次，道生抢着回答问题，他说：“这是求45年内增长1万倍的投资收益率问题，通过计算，可以得出k=22.7%！也就是说年均投资收益率达到22.7%的话，经过45年的增长，10万元就能增值1万倍，达到10亿元！天哪！多惊人的财富！”道生很是赞叹。

鸥夷子皮说；“这个收益率，相比第一道命题的收益率，只增加不到1%，但是时间多了10年，收益就增长了10倍，70岁时就能达到10亿元。可见，收益稳定的话，时间就是财富。”

二、打赌

即使是不起眼的1元，也能成为财富的种子，成长为一个可怕的财富数字。

鸥夷子皮在认真地讲课，学生们在认真地听课，六个人全情投入，不知不觉忘记将球在开球台上开出去。旁边有人不耐烦了，一个黑面壮汉冲他们喊道："老头，你有完没完？半天了还不开球！水平太臭的话，就别在这儿丢人现眼，赶紧下来！让老子先打！"

猗顿不干了，脸一沉，说道："快走慢打是高尔夫球的基本礼仪，我们开球是慢了，但并无违反任何规矩。没有谁规定水平不高就不能打球，再说，你的水平就一定不臭吗？"

黑脸汉听了哈哈大笑："老子的水平快赶上职业球员了，你竟敢说老子水平臭，简直不知天高地厚，要不，我们来比一场？比洞赛，每洞赌注1万元，谁胜一洞就赢1万元。你敢玩吗？看老子怎么玩死你。不敢的话就趁早滚蛋！"

猗顿期盼地看着老师，希望老师接受挑战。鸥夷子皮笑了："这正好是我所讲内容的鲜活案例，那我就赌一场吧。不过，小赌怡情，不如我们换种赌法，这样算赌注，起步1元，以后每赢一洞赌注翻倍，也就是第一洞1元，第二洞2元，第三洞4元……如此每洞加倍，作为胜者奖金，如何？”

黑脸汉一脸鄙视之色：“现在小孩要把戏打赌都不止100元，你这么小的赌注，打发叫花子啊？看你们的样子，估计比叫花子强不了多少，老子就发发慈悲，少赢点，就当捐钱给叫花子做慈善，就按你说的方法赌吧，不过，起步价1000元，这样，老子打完18个洞，才赢几万元，这点小钱也就够老子喝顿酒。就这么定了，你要不接受的话，就赶紧滚蛋！”

鸱夷子皮面带笑容：“年轻人，不要这么轻狂。在胜负未分之前，不要嫌赌注太少。或许，比赛完后，你只嫌钱包不鼓了。”

赌局正式开始。1号洞是一个长度为280多码的短距四杆洞，黑脸汉当仁不让，先开了球，只见他站在开球台上，叉大双腿，用力从上而下挥动1号杆，随着球杆击球的清脆声，小白球像炮弹一样发射出去，落在果岭附近。黑脸汉洋洋得意："一切一推，抓个小鸟。"轮到鸱夷子皮了，他抽出了3号杆，黑脸汉哈哈大笑："原来是个老菜鸟。"鸱夷子皮优雅地上杆、下杆、击球，白球优雅地飞向蓝天，众人循着球的飞行轨迹寻找，见到果岭上旗杆旁停着一个白点，正是鸱夷子皮的球。黑脸汉的笑容一下子僵住了。随着鸱夷子皮的轻轻一推，小球入洞，鸱夷子皮在1号洞抓了老鹰；黑脸汉切球上了果岭，一推，球没进洞，再补推入洞，打了个帕。1号洞，鸱夷子皮以两杆优势赢了黑脸汉。

前四洞打完，鸱夷子皮四连胜，每洞领先一两杆。黑脸汉不再大声嚷嚷，脸色凝重，脸就更黑了。打完第九洞，鸱夷子皮竟是连战连捷。黑脸汉的脸由黑转青。

两人转入下半场，将最后九洞进行到底。鸱夷子皮一边和学生们谈笑风生，一边轻松挥杆，他的球技很稳定，每洞不是抓鸟就是打帕，还时不时打个老鹰出来；而连续的失败，让黑脸汉心浮气躁，频频出现失误，每洞都出现OB，有几次竟然犯了低级错误，挥杆竟然没打到球，黑脸汉硬着头皮打完比赛，竟是十八连败。

回到球场休息大厅，鸱夷子皮找来纸笔，列出奖金清单，并特意加粗了最后一行，让奖金总额看起来非常醒目：

	奖金	累计
第1洞	1元	1元
第2洞	2元	3元
第3洞	4元	7元
第4洞	8元	15元
第5洞	16元	31元
第6洞	32元	63元

	奖金	累计
第7洞	64元	127元
第8洞	128元	255元
第9洞	256元	511元
第10洞	512元	1023元
第11洞	1024元	2047元
第12洞	2048元	4095元
第13洞	4096元	8191元
第14洞	8192元	16383元
第15洞	16384元	32767元
第16洞	32768元	65535元
第17洞	65536元	131071元
第18洞	131072元	262143元
奖金总额	262143元	

鸥夷子皮笑着说："年轻人，你赌输了。按照我所定的赌注1元起步来计算的话，你应该付给我262143元；当然，要是按照你规定的起步价是1000元来算的话，你就应该付给我262143000元了。"

黑脸汉看到这张清单，几乎不敢相信自己的眼睛，他仔细检查了一遍，每一洞的奖金和累计加总都显示得再清楚不过。"我靠！奖金总额二亿六千多万元！"他大声叫了出来。大厅里的其他人都看了过来，鸥夷子皮调侃说："你太激动了！不知道的人还以为你得了高尔夫球大师赛冠军了，不过，大师杯冠军也不可能有这么高的奖金吧？"

黑脸汉的脸上显现出难以名状的表情，开始变脸：由黑变青，由青变红，由红又变紫，他心里百感交集，后悔自己不该轻易加大赌注，又后悔自己运气实在不好，碰到了一个奇怪的高手，赌了一场赌注奇怪的球。

"我知道你在想些什么。我只是想告诉你，即使是不起眼的1元，也能成为财富的种子，成长为一个可怕的财富数字。"鸥夷子皮说道。

三、复利的力量

复利，是财富的加速器，也是财富持续增长的唯一实现方式。

鸱夷子皮看了看黑脸汉，他似乎还没有从输掉的让人恐惧的财富数字中缓过神来。鸱夷子皮继续讲："天文数字般的赌注，恐怕要出乎这位年轻人的意料之外。我刚才所出的三道命题的答案，也可能要出乎你们的意料之外，财富，真得就能依靠这样一种不算很高的收益率，从而获得如此惊人的增长吗？我没有算错，你也没看错，确实是这样。财富锦囊的秘密，就在于复利，复利的力量是一切财富增长的秘密。一切好的投资，都是通过寻求大概率高确定性的成长机会，用时间的长度降低资产波动的风险，以复利的力量来实现财富的惊人增长。复利，是财富的加速器，也是财富持续增长的唯一实现方式。"

"复利的力量？！"西施疑惑地问。

鸱夷子皮面对学生，系统地阐述起复利。

"对于复利，大师们都不吝啬任何赞美之词。天才物理学家爱因斯坦认为，复利是宇宙间最强大的力量，是万物生长之源。细胞的分裂靠的是复利的力量，一为二，二为四，四为八……一个细胞，就这样进行复利式分裂，繁衍成长为一个生灵。宇宙万物，靠着复利的力量繁衍，生息不已。原子通过复利的力量裂变，原子弹、氢弹爆炸的威力，正是复利裂变威力的真实体现。”

鸱夷子皮说：“不但万物生长靠复利的力量，人在社会中的成长发展，也依靠复利的力量。人在呱呱落地之初，体质、智商等本身并无多少本质区别，但是，经过几十年光阴穿梭，人生浮沉，曾经在一起嬉戏玩耍的少年玩伴，年少时差之毫厘，晚年的命运却谬以千里。有人成就非凡，成为思想的巨人，智慧的光芒照耀他人，启迪他人；有人累积巨额财富；有人爬到权力的高层，拥有至上的地位；而更多的人却是怀才不遇，潦倒终生，晚年凄凉。”

西施插话问道：“人生，为什么会有如此之大的差别呢？”

鸱夷子皮道：“人们通常将这种人生的千差万别简单地归咎于命运，却根本没有意识到——命运，正是复利的力量在人生发展中的结果体现。”

猗顿笑着说：“老师的这种思想甚是独特，从来没有人像你这样总结人生的命运。”

鸱夷子皮说：“人在少年之时，大都怀有各自的梦想，有各自的人生奋斗目标，都同样学习和工作，无非有人努力，进步多点，收获多点；有人懈怠，收获少点，初始差距微小，没有多少本质区别。但随着漫漫人生历程的时间逝去，有人一直在努力奋斗，每天都比以前有新收获、新积累；有人却不求上进，随波逐流，停步不前；更有人彻底放弃努力，浑浑噩噩，得过且过。时间，就会发挥起神奇的威力，使得人们每日每年的微小差距，被以复利形式倍增，从而无限扩大，人的学识、能力、金钱、地位也就有了鸿沟天堑般的距离，再难超越。有人成就斐然，有人一无所有，从而使得人生的命运各有千秋。”

他停顿了一下，四周看看正在全神贯注听讲的学生，发现连黑脸汉都在痴痴地听他讲课。

鸥夷子皮接着说："人生的命运，本质上就是用整个一生进行一场马拉松比赛。这场比赛，不是看谁开始跑得有多快，而是看谁努力得最持久。每个人，在开始起跑之时，并无多大差距，但在赛跑的过程中，有人疲惫了，放弃了努力，慢慢就被努力的人拉开了距离；而有人总比其他人努力一点，领先一点，漫长时间历程，就会使得这种领先被以复利形式放大。正是因为复利的力量，才使得这些领先的人成功达到人生目标，从而取得巨大成就。"

他告诫同学们："所谓时也命也运也，并不是指命运中的一切都是冥冥中自有安排，只能无奈地等待时机，被动地接受时机安排，而是指时间，是金钱，是财富，更是命运。正是时间的神奇威力，会引发复利的力量，从而造就命运的悬殊差距。"

鸥夷子皮环顾童鞋们，发现都陷入了对人生命运的沉思中。

他继续讲道："复利的力量，不但体现在人的命运、人的发展、人的成功中，在人际关系中，复利的力量也同样在发挥惊人威力。"

西施吃惊地问："复利的威力影响人际关系？有这么神奇吗？"

鸥夷子皮："绝大部分人，生来平凡，一生要依靠自我奋斗；但却总有那么一小撮幸运儿，生来优越。或是生于官宦之家，或是生于巨富之家，或是生于书香世家，这些幸运的精子，不用依赖自我奋斗，只要靠着祖宗余荫，在父兄擅长的领域就会很容易地获得成功。"

道生说："这不就是官二代、富二代吗？在当今社会，年轻人既羡慕嫉妒这些人，又仇恨这些人。"

鸥夷子皮道："大众普遍抱怨官二代、富二代的不劳而获，却不知道这正是复利的力量在人际关系中发挥威力的结果。正是老子在相关领域里的开拓，建立起强大的社会关系，才为儿子打通社会人脉，使得儿子的人际关系，在老子社会关系的基础上，以复利形式增长，从而比普通人多出许多更容易成功的机会，这也正是官二代、富二代、学二代普遍在老子所在的领域里更容易成功的根本原因。对于普罗大众而言，与其去抱怨他人的好命，不如自己发奋，在争取自我成就的同时，也为子孙累积复利增长的种子，或许这种做法更实际。”

猗顿感叹道：“复利，本来只不过是个人人皆知的普通名词，却被老师引申为这么深刻而通俗的人生道理，看来，高人就是高人啊！”

四、财富锦囊的秘密

$W = A(1+R)^t$

鸥夷子皮说："所谓财富锦囊的秘密，就是复利的力量在财富增长上的具体体现。关于复利的力量在财富增长中的巨大作用里，米国投资大师林奇有过一个明确计算。"

他讲起了林奇的计算：

在400年前，米国曼哈顿区被一个白人用一个玻璃球从印第安人酋长手中交换而来，当前地价总值高达2.5万亿米元，而当初玻璃球只不过价值25米元，世人普遍嘲笑印第安酋长的愚蠢，感觉用大片土地换玻璃球真是蠢不可及，林奇通过简单计算发现，如果印第安酋长及其子孙让当初的25米元一直保持7.1%的年收益率的话，那么经过400年的增长，财富也能达到2.5万亿米元，同样可以把整个曼哈顿区买回去！如果收益率再提高一点点，达到8%的话，那么其财富增长将是整个曼哈顿区总价值的250倍！

鸥夷子皮在纸上列出一个公式：

$$W=A(1+R)^t$$

他说："这就是财富增长的复利公式，也是财富锦囊的秘密。在这个公式中，A为投入资本，R为年均投资收益率，t为投资的时间期限，W为最终实现的财富，$(1+R)^t$为财富增长系数，这个系数，实际上和复利终值系数相同。"

鸱夷子皮根据复利终值系数表，抽取了一些数据，制成下表，进行深入分析：

财富增长系数表

年期	5%	10%	12%	20%	30%
1	1.05	1.10	1.12	1.20	1.30
2	1.10	1.21	1.25	1.44	1.69
3	1.16	1.33	1.40	1.73	2.20
4	1.22	1.46	1.57	2.07	2.86
5	1.28	1.61	1.76	2.49	3.71
10	1.63	2.59	3.11	6.19	13.79
15	2.08	4.18	5.47	15.41	51.19
20	2.65	6.73	9.65	38.34	190.05
30	4.32	17.45	29.96	237.38	2620.00
40	7.04	45.26	93.05	1469.77	36118.86

他总结道："从表格中可以看出，即使收益率只有5%，经过40年的增长，财富也能增值7倍；如果收益率提高1倍，达到10%，同样经过40年，财富会增值45倍；如果收益率再提升两个点，达到12%，经过40年，财富增值系数就要比10%的收益率提升1倍，将会达到93倍；而收益率如果能提高到20%，40年后的财富增长将达到1470倍；而收益率如果能长期维持在30%的话，那么40年的财富增长，将达到惊人的36119倍之多！"

同学们一片惊叹声，感觉很不可思议。

鸱夷子皮接着说："这种财富增长系数表给我们的启示是，一个25岁年轻人，用10.7万元的本金进行投资，如果每年的投资收益率能达到

12%，那么，经过40年的增长，在他65岁年老退休之时，他将拥有千万财富；如果他能将收益率提高到20%，那么，当他65岁时，他的财富将达到1.57亿元；而如果他的长期年均收益率能稳定为30%的话，那么，他将像李嘉诚一样富有，他的财富将达到惊人的38.65亿元！”

郑旦忍不住惊叹：“从10万元到38亿元！真是不可思议的财富增长！”

鸱夷子皮对同学们讲解财富增长的几个特点：

1. 财富的增长，靠的是复利的威力；财富的增长，无需高得惊人的年收益率，年收益率介于10%~30%的投资，都是值得追求的好投资。

2. 年收益率10%~30%的投资，依靠复利的力量，就可实现财富的惊人增长。这种投资收益水平，普通大众都有机会达到，因此，每个普通大众都具有实现财富惊人增长的潜力。

3. 财富的增长，开始时缓慢，随着时间的累积，财富会加速增长，时间越久，增长就越惊人；增长率越高，就越具有爆发性。

鸱夷子皮说：“财富增长的神奇性，来自时间的魔力。时间具有神奇的魔力，可以让一切虚幻，回归到真实，从而恢复本来面目。时间，让英雄豪杰的权力，最终化为尘埃；时间，让巨富大商的财富，终归消于无形；时间，让一切虚幻的东西，如名誉地位等，终将被雨打风吹去；时间，让毫无价值的东西，最终丧失价值，而让有价值的东西，一直恒有价值。金子永远是金子，钻石永远是钻石，文化艺术精品不管传承多久，仍旧是人类的珍品。时间，更是世间一切真相的最好还原剂，让所有的虚假无所遁形。”

鸱夷子皮大大赞美了时间一番，然后说：“就时间对于财富的影响而言，时间是坏投资的敌人，但却是好投资的朋友。一笔投资，如果是笔好投资，那么，时间就是金钱，时间就是财富，时间的流淌，会让财富以原子裂变的方式，爆发性增长。所以，财富增长的最根本原因，是因为时间的恒久远，而并非在于收益率要多么高不可攀。”

鸱夷子皮最后说道：“追求财富的成长，就要追求在长期的时间里，以高确定性的增长方式，让财富安全稳定增值，而非追求短期暴富。当然，有人一夜暴富，有人大发横财，但这些都只是低概率事件。那些高收益的投资机会，高收益通常无法长久持续，如果过分追逐这种投资机会，其结果必然使人误入歧途，反而会蒙受巨大损失。”

五、谁能将纸对折27次

这世界上相信复利的人少之又少；其中，相信它、还能坚持实践的人，更是寥寥无几；而真正知行合一的人，相信、实践、还能实现复利增长的人，则是万里挑一。

鸥夷子皮讲到这里，白圭提问说："我以前知道复利这个概念，却没想到复利的威力是如此巨大。现在听了老师的深刻阐述，对'复利是财富增长的秘密'这一财富定律深信不疑。但我还是有个疑问，很多人都听闻过复利这个名词，相对多的人都应该懂得复利增长的威力，如果都照方抓药，照此操作，按照彼得林奇的算法，岂不是人人都会富可敌国？但现在的状况却是，真正的财富大家是如此之少，那些曾经巨富的家族，也富不过三代？"

猗顿也表达了他的疑问，他说："虽然有人相信复利是财富增长的秘密，但更多的人却质疑复利增长的持续性和可实现性。这些质疑者的最有力武器，是一个关于叠纸的问题。"

猗顿从西施手中要过一张纸，一边比划着，一边说道："比如我手中拿着的这张纸，虽然它的厚度只有1/10毫米，但如果能把它对折27次，按照复利增长的方式，就将会达13000多米之高，比珠穆朗玛峰还要高出一半多！理论上如此，但谁能做得到呢？谁有本事能将纸对折27次？！所以，质疑者感觉复利的增长方式是一种谬论！老师如何能让这些质疑者释疑解惑呢？”

鸥夷子皮对白圭和猗顿赞许地点点头，肯定了他们所提问题的尖锐，他说：“复利，是财富增长的唯一方式，只有将此作为基本理念，深深扎根脑海深处，它才能深刻影响拥有这种理念的人！很多人知道复利，仅限于知道这个名词，根本没有深刻理解它的理念。实际上，这世界上相信复利的人少之又少；其中，相信它，还能坚持实践的人，更是寥寥无几；而真正知行合一的人，相信、实践，还能实现复利增长的人，则是万里挑一，巴菲特就是其中一个典型的代表。”

鸥夷子皮回答了折纸的疑问：“连续进行折纸，这种行为，确实存在无法持续操作的问题，因此，纸张高度的增长，不具有复利增长所要求的可持续性。曾经有人做过类似试验，用1210米长的卫生纸进行折叠，一共花费7小时，也才成功折叠12次。因为，随着对折次数每一次的增加，纸张的厚度会以复利方式增加，但同时，折叠面积也以复利形式快速减小，当折叠到12次时，已不具备折叠所需要的基本面积。实际上，把1张纸对折11次，比1次对折2048张纸更困难，因而，折叠纸张的问题，不是因为复利的增长存在问题，而是因为不具有持续折叠的可能性。”

他说：“财富的复利增长，其最大障碍，并不在于财富不能持续增长，而是在于，财富增长的持续性，也就是说，要保证每年都要有一定收益率的正增长。如果让增长中断，出现负增长，那么就像折断雄鹰的一只翅膀一样，雄鹰再也无法高空翱翔，财富复利增长的力量，同样也会就此夭折。”

鸥夷子皮为了让同学们了解得更直观，举了以下例子：

假定有A、B和C三人，在30岁时分别进行不同类别的投资，作为60岁后的养老准备，投资年期为30年。A投资债券，年收益率为5%；B投资偏债型基金，年收益率为8%；C投资股票型基金，年收益率为10%。假定以下三种不同情况：

1. 在30年内，以上各品种的收益率一直维持。

2. 在每10年中，收益率维持8年，另外2年不亏损，收益率为0。

3. 在每10年中，收益率维持8年，另外2年出现亏损，亏损率的数值和各自对应的收益率相同，也就是A的亏损率为-5%，B的亏损率为-8%，C的亏损率为-10%。

那么，在三种不同情况下，三人的财富增长状况将如何呢？

同学们都开始进行计算，很快就得出结论：

1. 在第一种情况下，A 获利4.32倍，B 获利10倍，C 获利17.45倍。

2. 在第二种情况下，A 获利3.23倍，B 获利6.34倍，C 获利9.85倍。

3. 在第三种情况下，每10年中8年赚钱，2年亏损，也就是在30年中，24年赚钱，6年亏损， 那么，A 获利2.37倍，B 获利3.85倍，C 获利5.23倍。

猗顿计算完毕，还将结果制作成下图。

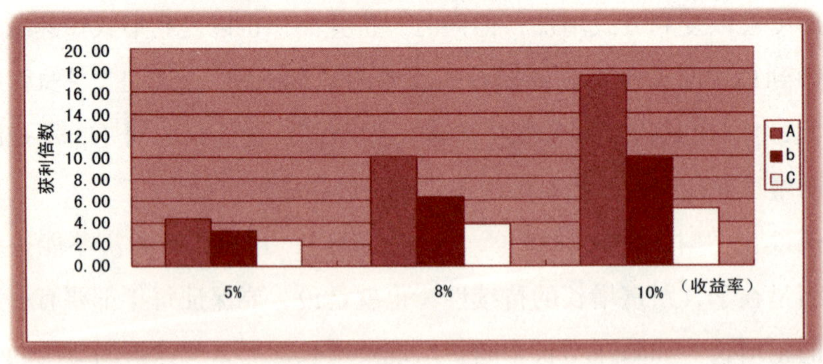

鸱夷子皮总结道：“我们从这张图可以看出，年均10%的收益率，如果能连续保持30年的话，财富的增长将达到17.45倍；如果这种收益率，在30年中只能保持24年，另外6年不亏损的话，财富增长就会降低近一半，只能达到本金的9.85倍；如果同样的收益率，30年中只维持24年，另外6年

出现10%亏损的话，财富的增长将大幅度降低，只能达到本金的5倍左右。所以，在财富增长的过程中，如果收益率不能维持，出现间断性的亏损，复利的威力，就将大打折扣。”

老师继续对如饥似渴的童鞋们循循善诱：“对于普通大众来说，很多人投资股市，都有这样的经历，短期获取20%，甚至50%的收益率并不难，难的是，要长期连续稳定地实现正收益，却难如登天。事实上，能在十数年甚至数十年的人生中，每年都能获取10%、20%左右收益率的人，已经是伟大的投资大师了，这些伟大的投资大师，寥若晨星，少之又少。所以，财富复利增长的最大困难，就是连续每年都要保持正的较高的收益率。”

猗顿说：“通过老师对复利的讲解，我理解了实业投资和金融投资的区别。实业投资虽然看似投资收益率较低，但胜在风险低，可以连续稳定地实现正收益；而金融投资看似短期收益率很高，但风险更高，普通人难以做到长期盈利。因此，对于普通人来说，实业投资比金融投资更容易累积财富，只有那些深刻理解投资的大师们，才能将金融投资当成实业投资一样，取得连续稳定的盈利，从而获得普通人难以获得的惊人财富。”

鸱夷子皮对猗顿竖起了大拇指，说道：“这堂课你领悟到了！普通大众将金融投资当成一门本身不创造财富的投机生意，所以认为金融投资难以获得财富是天经地义；而认为实业投资是在创造财富，所以实业投资自然能积累财富。实业投资相比金融投资，其重大区别的核心，仅仅在于风险的不同。实业投资，虽然收益率不很高，但普遍为正收益，这种正收益可以长期恒久地维持，随着时间的魔力作用，财富最终得以复利增长；金融投资，看似收益很高，但对普通人来说，基本就是赚赚赔赔，难以长期稳定地盈利，所以无法让财富以复利形式增长。普通大众进行金融投资，基本只收获快感和痛苦，难以收获财富，反而是那些收益率不高的实业投资项目，更能成就财富梦想。”

鸱夷子皮认为：

只有极少数掌握财富增长奥秘的投资大师，在进行有效风险控制的情况下，收益能以复利形式增长，才能通过金融投资取得巨额财富。他将财富锦囊的秘密，进行了精简概括，精炼为以下两点。

1. 严格控制风险，在安全的前提下寻求增值机会。

2. 投资于年收益率为20%左右的投资品种。

他说："投资的所有问题，也就是风险控制问题；投资的实质，也就是如何进行风险控制。阿基米德说过，给我一根足够长的棍子，还有一个合适的支点，我就可以撬动地球。这句话应用到理财领域，也就是，如果要拥有财富，时间，就是那根足够长的棍子；有效的风险控制，就是那个合适的支点。"

鸱夷子皮看了一眼一直待在他们身边一声不吭听讲的黑脸汉子，说道："复利的重要性，无论我用多少语句、讲述多长时间，都不为过。我之所以如此不厌其烦地阐述复利，就是希望你们能深刻理解复利对于财富增长的重要性。但是，这个世界有一些幸运儿，总能机缘巧合地获得机会而暴富。有人几年前不名一文，几年不见，却能摇身一变，成为大富翁，坐拥亿万财富。当然，说某人暴发，一夜之间财富从零到亿万元，这是一种夸张说法，一般来说，暴发户都需要有本金，得到10万元本金的难度系数并不高，可以通过工薪积累、做小生意获利、借债等取得。我们假定暴发户的起家资本为10万元，而暴富也并非于一夜之间完成，根据统计，成为亿万富翁，大致需要10年，我们就设定从10万元到亿万元的财富增长为10年，我们可以将这种暴富案例归纳为一道命题。"

鸱夷子皮关于暴发户的财富增长问题，又出了第四道命题。

命题四：暴发户用10万元本金，经过10年运作，财富达到1亿元以上，他的投资收益率是多少？

西施抢先答道："这道命题，可以转换为，10年期的复利终值系数为1000，求其贴现率？"她经过计算，得出贴现率为99.5%，她惊叹道："10年间，财富从10万元增长到亿万元，每年的收益率要接近翻倍，才能保证得到这样的财富增长。但是，哪有如此之高收益率的投资呀？"

鸱夷子皮点点头，对西施的计算表示赞许，他将可能实现如此之高收益率的投资方式，归纳总结为以下几点：

1. 通过在高增长、高收益的暴利行业捕捉机会而暴富。比如，在制造业、IT业、房地产业、能源等行业处于高速增长期时，主动或被动进入，抓住了行业高速增长的机会，从而获得极高的投资收益率。

2. 投资传统行业取得稳定的增长、做大业务规模后，发行股票上市，股市的非理性癫狂，给出疯狂的高估值，从而使得投资此公司的创始人获得成百倍的回报而暴富。

3. 偶然所得。如继承遗产所得、中彩票大奖所得。

4. 通过种种合法但不合理或者不合法的方式，欺骗、抢劫或掠夺他人资产、侵吞他人财富而暴富。例如，通过各种手段，廉价占有土地，再高价转让而暴富；通过倒卖各种批文而暴富；通过关系，低价入股即将上市企业，高价IPO而暴富；官员利用其审批权，权钱交易而暴富；骗取银行贷款后，假破产逃废债务而暴富。

鸱夷子皮说："以上四种方式，是实现暴富的主要方式。其中，前两种属于合法暴富，第三种是偶然所得，概率极低，而第四种的黑色暴富方式，则是国人暴富的主流方式。"

黑脸汉听到鸱夷子皮这么说，连忙赔笑说道："先生，我叫李大拿，是一个煤老板，我暴富的主要原因，是这几年煤炭的大幅度涨价，让我稀里糊涂地发了财，成了亿万富翁，但是，我的钱可不是靠这些非法手段得来的。先生，我看得出，您是高人，这次打赌，我输得心服口服，可是，让我一次赔给您所输的2.6亿元，我就要倾家荡产了。您看，能不能这样，我们所定的起步赌注，既不按我说的1000元计算，也不按您说的1元计算，就按10元计算，我总共赔您263万元，好不好？您有所不知，我上有80岁老母亲，下有十几个孩子，中间还有好几个老婆，她们都要靠我养活，我要破产了，她们也没法活了。您大人不记小人过，高抬贵手，放我一马吧！"煤老板李大拿说得伤心，竟然痛哭起来。

鸥夷子皮示意西施递给李大拿一张纸巾，对他说道："你无须痛哭，我不会收你一分钱的。小赌怡情，赌球本为娱乐而已，你要有心，回头请我们喝顿酒就行。不过，年轻人，为人处世还是收敛谦和点好，不要动不动就自称'老子'，否则，以后还会有大教训。"

煤老板李大拿连连致谢，他生怕鸥夷子皮反悔，互留联系电话后，一溜烟就跑得没影了。

第六章

财富锦囊的三大窟窿之一：通货膨胀

西施也感慨道："现实就是这么残酷：只有极少数人能享受到财富复利增长的乐趣，而所有人却要共同承担财富流失的痛苦。到底是什么原因造成了这样的后果：辛苦积累的财富，会消逝，会随风而逝？"

第二天上课时，猗顿仍然为老师的大方深感遗憾："老师为什么不让这种暴发户出出血？他赌输了，我们天经地义赢钱，无论如何，赢个几百上千万元，他也无话可说。唉，真是错失了一次暴富机会了。"

鸱夷子皮看了他一眼，说道："偶然暴富能持续吗？根据一项针对中彩票大奖者的追踪调查所知，大部分中奖者的生活，在中奖5年后，基本恢复到中奖前的原样；也就是说，意外之财，一般会在5年内被花费殆尽。如果没有掌握财富的规律，即使是被天上掉下金子砸到，最终还是无法拥有，财富终究会流失。所以，最重要的是，要有创造财富的能力，而非仅仅拥有金钱。"

郑旦："今天，《齐国都市报》的头条就是，昔日齐国首富孟庆林，昨日冻死街头。报道说，此人10年前神秘发财，不经商，也不事生产，但却坐拥亿万资产，而当时，大部分人的年收入尚不过万元，因而被媒体称为齐国首富。此人喜欢大手笔捐款做慈善，好沽名钓誉；更喜好交往女明星，常和女明星产生绯闻，频上媒体娱乐版；此人生活极其奢华排场，劳斯莱斯就有几辆，没有任何商业经营活动，却喜欢雇有大量人员做保镖和随从，出则众人簇拥，住则五星酒店总统套房。此人风光了10年，亿万财富被挥霍一空，当他破落后，得过他金钱的女人们无一人理睬他，最后流落街头，乞讨为生，没想到竟然冻死了。”

猗顿说：“孟庆林是我朋友的一个远亲，我知道他的发迹秘史。10多年前，他年轻英俊，外形硬朗，其帅气模样被一个偶然相识的米国过气女明星花太看上，花太已是年过80的老妇人，但极其喜欢宠爱他，对他承诺，只要陪伴她几年，在她去世后所有的几千万米元资产，可以悉数归他所有。孟庆林于是毫不犹豫跟花太结了婚，没两年，老太太死了，孟庆林就带着几千万米元回到齐国。没想到现在竟是如此下场。”

鸱夷子皮道：“偶然的暴富，大都结局凄凉。所以，我们要掌握财富锦囊的秘密，而不是追求一夜暴富。虽然普罗大众都在为财富而奔忙，但财富锦囊的秘密，却只有少数人知晓，其中，极少数的人自觉或不自觉地遵循财富增长的规律，累积起可观财富。而芸芸众生，忙碌一生，辛苦一生，大都从未体会到财富复利增长的良好感觉，但却全部实实在在地经受了财富从手指缝中、从身边流走的痛苦。”

郑旦不解地问道：“为什么只有少数人可以实现财富的复利增长？为什么绝大多数人只能品尝财富流逝的痛苦呢？有的人辛苦半生，累积相当财富，以为可以晚年无忧，谁料年老退休之时，却发现积蓄远不够养老花费；有的人一生为钱劳累，不得半刻偷闲。为什么财富从不肯垂青这些普罗大众呢？财富难道长了眼睛，会认人吗？”

西施也感慨道：“现实就是这么残酷，只有极少数人能享受到财富复利增长的乐趣，而所有人却要共同承担财富流失的痛苦。到底是什么原因造成了这样的后果，辛苦积累的财富，会消逝，会随风而逝呢？”

鸱夷子皮笑着说：“你们的提问很好。财富的锦囊，不但藏有秘密，还会有窟窿。如果不懂得秘密，也不懂得修补财富锦囊的大窟窿，财富自然而然就会流失殆尽了。”

同学们都不得其解地问：“财富锦囊的大窟窿？”

鸱夷子皮说：“财富的流逝，源于三大罪魁祸首——通货膨胀、税收和浪费，它们就是财富锦囊的三大窟窿。其中，通货膨胀是一个国家货币政策的结果，是个人财富流逝最主要的外部因素；而税收则是一个国家的财政政策工具，是国家通过合法手段和民众分割财富，对于个人来说，也是财富流逝的一个重要的外部因素；而浪费，则是个人财富流逝的内在因素。”

道生插话问道：“到底什么是财富的流逝呢？”

鸥夷子皮：“财富的流逝，不仅是指财富在数量上的减少，更是指财富所代表的价值或购买力水平的减少。财富在数量的减少，是一种直观损失，例如，投资亏损、乱花钱浪费、投资被骗等，这种损失，可以具体量化，是一种可以看得见摸得着的财富流逝；还有一种财富流逝的方式，是隐蔽的、难以具体量化的、看不见摸不到但却能感受到的，那就是通货膨胀！”

一、偷走财富的隐形贼：通货膨胀

如果通货膨胀率为7.6%的话，历经30年的时间变迁，
货币的购买力水平甚至还不到原来价值1/10的程度！

郑旦说："前段时间，媒体报道过这么一则新闻，是不是就是通货膨胀惹的祸？"

郑旦讲起了新闻报道：

四川的一个老太太——汤婆婆，在银行里存下400元，一忘就是33年。33年后，当她的家人手持存单，前去银行兑付时，却发现，这400元存款总共产生438.18元的利息，扣除中间几年需要征收的利息税2.36元，汤婆婆连本带息可得到835.82元。此事在网上引起人们热议。

郑旦说："根据报道所说，30年前的400元，按当时的物价水平，猪肉1元/斤，电影0.1元/场，面粉0.2元/斤，茅台酒8元/瓶，这笔400元的财富总共可买猪肉400斤，看电影4000场，买面粉2000斤，买茅台酒50瓶。而这400元被储蓄到当前，连本带息总计不到840元，按照当前物价水平，猪肉20元/斤，电影50元/场，面粉3元/斤，茅台酒2500元/瓶，其购买力为，

买猪肉42斤，约等于30年前的1/10；看电影17场，相当于以前的4‰；买面粉280斤，约等于以前的1/10；买茅台酒1/3瓶，相当于原来的6‰！也就是说，经过30多年的储蓄，财富的金额看似增值1倍，但是其背后隐藏的实际价值却大为不同，代表的购买力水平大幅缩水，大致只相当于30多年前的1/10。这种金钱的金额在增加，实际价值却在减少的现象，就是财富的流逝吧？”

鸥夷子皮问：“到底是什么造成财富的流逝？到底谁是偷走财富的隐形贼呢？”

同学们齐声回答：“是通货膨胀！”

鸥夷子皮：“一笔金钱，经过30年的储蓄后，其价值却只相当于30年前价值的1/10，甚至4‰，到底是什么原因造成的？”

他自问自答：“按照货币的时间价值原理，当前的钱，要比以前的钱更不值钱；未来的钱，要比当前的钱更不值钱；财富的价值，会随着时间的推移而逐渐缩水，悄悄流逝。这其中的机缘就在于，如果按照负的收益率作为贴现率的话，随着时间流逝，未来钱的价值要低于当前钱的价值，钱就越来越不值钱。那么，是什么原因造成的负收益率呢？是通货膨胀！”

鸥夷子皮说：“正是因为通货膨胀的存在，使得贴现率为负，才使得未来钱的价值越来越缩水，这就是通货膨胀会使财富消逝的根本原因。为了弄清楚这个原因，我们就要弄清楚什么是通货膨胀？什么是CPI？名义利率和实际利率到底有什么区别呢？”

鸥夷子皮讲起了通货膨胀。

通货膨胀表现为在生活中商品和服务价格总体持续性上涨的现象，实质上是在纸币流通条件下，货币供应量大过货币实际需求量的一种货币现象，其本质则是货币所代表的购买力水平的下降，是货币在国内贬值的一种体现。

货币作为财富的符号，交换的媒介，是购买力价值的代表，和一定的实物相对应。货币凭借着购买力价值，和相应的实物等价值交换，实现货币作为交换媒介的功能。早期一般由金银等贵金属充当货币功能，贵金属的生产开发一般难度大，增长缓慢，所以货币的增长速度缓慢，其购买力价值相对恒定，在这种情况下通常难以出现通货膨胀。

随着金本位的崩溃，当货币纸币化后，货币的信用靠国家信用来保证，货币的供应量也由国家根据经济发展情况决定并直接印刷。当货币数量的增长与实物数量的增长情况一致时，就不会出现通货膨胀。而当货币数量的增长速度大于实物数量的增长速度时，就会出现通货膨胀。

影响货币供应量的因素多种多样，错综复杂。有一个著名的费雪公式，是关于如何计算货币供应量的。

$$MV=PT$$

在公式中，M是货币总量，V是货币流通速度，P是社会商品平均价格，T是社会总交易商品量。

根据费雪公式，货币供应量由货币流通速度、社会总商品平均价格和交易的社会商品总量决定，但这三个参数是无法准确度量的宏观参数，所以货币供应量M无法准确计算，所谓让货币供应量的供给，和国家经济的增长速度相适应，只能是一种理想而已，在现实经济生活中注定是无法实现的。现实的情况是，大部分国家为了刺激经济增长，大都倾向于采取从松的货币政策，乐意加大货币供应量的供给，从而人为制造出温和的通货膨胀。

鸱夷子皮为了论证其结论，以齐国的经济数据为例，举例说明。32年前，代表货币总量的M2为859亿元，当时的GNP总量为3645.2亿元；当前的货币总量M2为725851亿元，GNP总量为397983亿元。

通过计算，可以得出以下结论：

1. 32年间，GNP增长109倍，年均增长率为15.8%；而M2却增长了845倍，年均增长率为23.4%；

2. 32年前，M2/GDP为0.24；当前，M2/GDP为1.82；也就是说，当前推动每单位GNP增长所需的货币量，是32年前的7.6倍！

鸱夷子皮道：“通过以上两点结论，我们可以看出，实际上，货币供应量的增长率远远超过GNP总量的增长率，推动单位GNP增长所需的货币量增速很快，即便考虑货币流通速度降低的因素，当前的货币总量，也远远超过经济总量增长所需的实际货币数量。这种大幅度增加的货币总量，必然产生通货膨胀。”

那么，通货膨胀应如何计量？鸱夷子皮又讲起通货膨胀率来。

一般用通货膨胀率来表示通货膨胀的严重程度。通货膨胀率可以数量化显示物价平均水平的上升幅度，也就是货币购买力水平的下降程度。

如果将当期的物价水平记为P1，将要比较的作为参照的基期物价水平记为P0，那么当期相比基期的通货膨胀率就是：

通货膨胀率=当期物价水平P1−基期物价水平P0÷基期物价水平P0；

求出的数值，用百分率表示，就是通货膨胀率。物价水平一般用价格指数的增长率表示，如消费者价格指数(CPI)、生产者价格指数（PPI）、零售物价指数（RPI）等。消费者价格是商品经流通各环节而形成的最终价格，最能全面反映商品流通对货币的需求量，因而，CPI是最能充分全面地反映通货膨胀率的价格指数，通常都用CPI来计算通货膨胀率。

鸱夷子皮说：“在我刚才所举的例子中，32年间，齐国的GNP年均增长15.8%，M2年均却增长了23.4%，货币供应量的增长大大超过经济增长的实际需求，超出部分是7.6%，如果我们将问题简单化，忽略掉货币流通速度这个因素的话，那么，这个7.6%，就是32年的年均通货膨胀率。正是因为这个通货膨胀率的存在，使得货币贬值，使得以货币形式存在的财富逐年在流逝。”

郑旦大叫起来：“7.6%的通货膨胀率！老大，这也太夸张了吧？！新闻媒体报道所说的通胀率仅为4%，已经让民众感觉生活的压力之大，已经让人感觉极其严重了。你竟然算出的通胀率为7.6%，而且是32年年均通胀率！这也太让人吃惊，太动摇民心了吧？你可不要以危言耸听罪被抓走啊，老大！”

同学们都笑了起来。

鸱夷子皮也微笑起来，他说："我在后面会计算给你们看。按照7.6%的通胀率，30年后的货币贬值系数为0.093，这和我们以前根据物价水平估算的购买力水平缩水为32年前的1/10大致相当，所以，这个数据，并没有夸大，应该是靠近现实生活中的真实通货膨胀率水平的。"

道生一副大梦刚觉醒的样子："通货膨胀率到底是如何让财富消逝的呢？"

鸱夷子皮继续介绍通货膨胀率："假定，你准备在一年内买一套沙发，而当前沙发的价格是1万元，银行一年期存款利率为5%；如果你的购买决策是，当前不购买，将1万元储蓄在银行，一年以后再购买。你的如意算盘是，推迟一年享受新沙发，可以多得到500元的利息补偿。然而，不幸的是，这一年的通货膨胀率是5%，沙发涨价了，一年后的价格为10500元，也就是说，你得到的利息，被通货膨胀完全抵消。如果通货膨胀率为7.6%的话，沙发的价格将是10760元，利息已完全不够价格上涨，你还得多掏260元，才能将沙发搬回家。在这种存在通货膨胀的情况下，推迟消费的后果，就是看似得到利息收入，但物价的上涨却大过利息的收入，结果还要多花金钱，从而让财富的购买力价值逐渐下降，这就是通货膨胀让财富逐渐消逝的原理。"

道生问："为什么会这样呢？"

鸱夷子皮："我们之前一直在用银行利率作为贴现率来进行现值和终值计算，这个没有考虑通货膨胀影响的银行利率，就是名义利率，实际上，必须要考虑到通货膨胀率因素，将之剔除掉，才能得到真实的贴现率。剔除了通货膨胀率之后的贴现率才是实际利率，实际利率并不能通过银行公布而来，而是要通过对名义利率和通货膨胀率的计算，才能得出实际利率。"

鸱夷子皮讲起了实际利率的计算公式。

根据费雪效应，将R记为实际利率，将r记为名义利率，将i记为通货膨胀率，那么：

$$1+r=(1+R)(1+i)$$

$$R=r-i-R\cdot i$$

$R\cdot i$ 数值微小，忽略不计，从而得出：

$$R=r-i$$

也就是说：实际利率等于名义利率减去通货膨胀率。

鸱夷子皮道：“在理财投资应用中，要采用实际利率，而非名义利率来作为贴现率，才能正确进行关于复利的计算，从而不受误导。”

他归纳了在几种不同的情况下，财富受通货膨胀率的不同影响：

1. 当通货膨胀率小于名义利率时，实际利率为正，银行储蓄具有保值作用，以货币形式体现的财富会得以增值。

2. 当通货膨胀率大于名义利率时，实际利率为负，银行储蓄不具有保值功能，以货币形式体现的财富会贬值，这种财富会逐渐流逝。

3. 如果不进行投资，也就是名义利率为0，实际利率必然为负，等于通货膨胀率的负值，货币形式的财富，将会随着通货膨胀率的不同，从而会以不同程度复利的形式，慢慢流逝。

西施问道：“当实际利率为负时，随着时间的长短，通货膨胀率的不同，财富究竟减少多少了呢？可以具体量化吗？”

鸱夷子皮给出了通货膨胀率导致财富贬值的计算公式：

$$F=A(1+R)^t$$

其中，A为本金，R为实际利率，是负值，F为经过t年时间在R的贴现率水平下资金A的复利终值。

鸱夷子皮说：“因为R为负值，所以，随着时间的推移，F的数值越来越小，终值和本金的比值——$F/A=(1+R)^t$，我将这个比值称为贬值系数。”

鸱夷子皮将贬值系数制作成下表。

年期	-2%	-4%	-6%	-7.6%	-10%	-15%
1	0.9800	0.9600	0.9400	0.9240	0.9000	0.8500
2	0.9604	0.9216	0.8836	0.8538	0.8100	0.7225
3	0.9412	0.8847	0.8306	0.7889	0.7290	0.6141
4	0.9224	0.8493	0.7807	0.7289	0.6561	0.5220
5	0.9039	0.8154	0.7339	0.6735	0.5905	0.4437
10	0.8171	0.6648	0.5386	0.4536	0.3487	0.1969
15	0.7386	0.5421	0.3953	0.3055	0.2059	0.0874
20	0.6676	0.4420	0.2901	0.2058	0.1216	0.0388
30	0.5455	0.2939	0.1563	0.0934	0.0424	0.0076
40	0.4457	0.1954	0.0842	0.0424	0.0148	0.0015

他说：“从上表中可以直观看出，实际利率为负值时，随着时间期限和通货膨胀率的不同，贬值系数也不同。时间越久，贬值系数就越小，财富流逝就越严重；负利率程度越大，贬值系数也就越小，财富流逝也就越严重。”

他又制作了通货膨胀率和贬值系数、时间年限的柱状图。

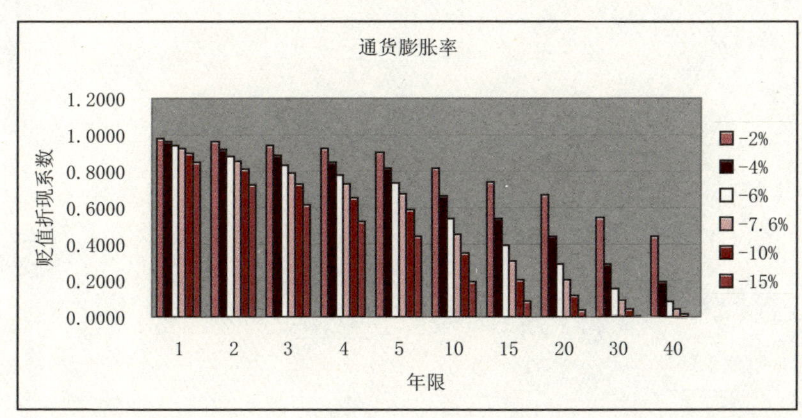

鸥夷子皮指着上表说：“通货膨胀越严重，时间越久，财富流逝就越厉害。即便通胀率仅为2%，属于最温和的通货膨胀，但在经过30年后，

财富同样会严重缩水，大幅贬值，仅相当于原来的一半；如果通货膨胀率为7.6%的话，历经30年的时间变迁，货币的购买力水平甚至还不到原来价值1/10的程度！如果长期恶性通货膨胀，通胀率均达到15%的话，那么，30年时光飞逝后，货币的购买力水平，将达不到原来价值的1%，在这种情况下，即使当初有千万资产，最后的购买力水平也仅相当于7.6万元，基本都损失殆尽了。”

郑旦吃惊地说：“通货膨胀这个隐形贼太可怕了！比强盗抢钱还黑啊！强盗抢钱，只敢晚上作案，通货膨胀，每分每秒，全天候抢钱；强盗抢钱，只会拿走钱包，通货膨胀，抢光所有积蓄；强盗抢钱，拿出刀枪威逼，通货膨胀，抢钱不见刀刃；强盗抢钱，损失明确，通货膨胀，损失无形；强盗抢钱，你还能认识其面目，通货膨胀，抢钱于无形，抢了你都不知是谁干的；强盗抢的钱，同样要被通货膨胀抢掉，通货膨胀抢的钱，只有这个隐形贼自己花。”

郑旦的总结，让同学们深以为然，都哈哈直乐。

二、通货膨胀是把双刃剑

通货膨胀会让财富流逝的准确含义应该是：通货膨胀，会让货币对内贬值，会让银行储蓄贬值，但是，这种贬值，实质上却是财富的一种转移。

西施问道："通货膨胀既然这么可恶，会让财富贬值，为什么国家不控制通货膨胀而任由其损害普通大众的辛苦积累呢？"

鸥夷子皮道："通货膨胀会让财富流逝的准确含义应该是，通货膨胀会让货币对内贬值，会让银行储蓄贬值，但是，这种贬值，实质上却是财富的一种转移。通货膨胀是把双刃剑，让一部分人群财富受损的同时，会让另一部分人受益。"

鸥夷子皮首先归纳出通货膨胀的受益群体：

1. 政府，是通货膨胀的最大受益者。通货膨胀，是一个国家的纸币供应超过市场实际需求的结果，实质就是政府通过增发货币而增加收入，相当于政府的一种隐性税收，可以称之为"通货膨胀税"。政府增发货币，也就是凭空发行钞票，用来支付政府所购商品和服务，超量的货币供应使得货币贬值，民众财富的购买力受损，受损的部分财富，却转移为政府的“通货膨胀税”收入。

2. 资产所有者。通货膨胀会导致商品物价的全面上涨，土地、房地产等不动产和企业股权等资产的价格也随之上涨。因此，不动产投资者、企业主和囤积货物的商人等资产所有者也是通货膨胀的受益者。

3. 债务人。通货膨胀会导致负利率，从而使得货币形式的财富贬值，金钱随着时间逐渐缩水，当前借债而在未来还款就会有利可图；通货膨胀率越高，负利率程度就越高；借债金额越大，借债时间越长，债务的收益性也就越高。所以，债务人是通货膨胀的受益者。

4. 银行、保险等金融机构。金融机构吸收客户资金，在未来时点给付，客户的资金，在银行和保险公司的资产负债表上表现为债务，银行和保险公司实质上就是客户的债务人。通货膨胀让债务人受益，同样适用于金融机构，金融机构也是通货膨胀的受益者。

西施感叹道：“通货膨胀原来有政府的利益呀！原来如此。”

鸱夷子皮又罗列出通货膨胀的受害者，也就是那些因通货膨胀而财富受损的人群，包括：

1. 银行储户和保险公司客户。银行储户和保险公司客户在当期将资金交付给这些金融机构，在未来某个时点收回本金、取得利息或保险收益时，通货膨胀的存在，导致实际利率为负值，因而所取得资金的购买力会缩水，从而受到损失；储蓄或投保的时间越长，通货膨胀率就越高；名义利率越低，财富损失也就越大。

2. 身处竞争行业的中产阶级。通货膨胀会导致人力成本上升，从而引发社会各行业工资水平进行不同程度的调整，但不同行业的工资调整幅度则差别很大。垄断行业具有转嫁成本的优势，可以较大幅度地提升工资水平来应对通货膨胀，而竞争性行业的产品定价权受制于市场，成本转嫁能力较差，工资的提升水平大都无法和通货膨胀保持同步，往往滞后于通货膨胀的发生，提升幅度一般也低过通胀率水平。身处这些行业的中产阶级，虽然工薪收入的数额相对较高，但却难以保持与通胀率一样的增长幅度，从而相对成为通货膨胀的财富受损人群。

3. 债权人。如果债务人是通货膨胀受益者的话，那么债权人就是通货膨胀的受害者；通常，债权时间越长，因通货膨胀受到的损失也就越大。

4. 社会底层人群。通货膨胀虽然可以迫使政府提高社会法定最低工资标准，使社会底层人群的名义收入得以提高，但这些普罗大众收入提高的部分，会被日常生活必需品的涨价幅度抵消，甚至弥补不了基本生活用品的价格上涨，通货膨胀会使社会底层人群的生活压力更大。

鸥夷子皮说："通货膨胀，本质上是一种财富转移，是一种政府、富人、债务者掠夺节俭的储蓄者、中产阶级和穷人的财富洗掠。通货膨胀，抢夺社会中低阶层的财富，却将财富向政府和社会顶层人群集中，使富有的资产所有者更富裕，却使缺乏财富的中低阶层更缺少财富。通货膨胀，惩罚节俭的储蓄者，却奖励大手大脚只会举债的债务人。"

他有点感慨地说："政府为了刺激经济增长，促进就业，稳定社会，通常会采取宽松的货币政策，货币供应量的过大必然导致通货膨胀的发生。通货膨胀从短期来看，确实有利于经济发展，有利于社会就业，有利于社会底层人群收入的提高，似乎有缩小社会贫富差距、实现整个社会共同富裕的作用，但这其实只是使经济呈现出一种非正常的虚假繁荣。从长期来看，通货膨胀会使币值不稳，货币的大幅贬值最终会使经济发展紊乱。对于国家的管理者来说，通货膨胀的作用正如吸食毒品，开始会让人兴奋，但越吸越难以摆脱，等到明白其毒害之深时，已经无法放弃，难以自拔了，到了彼时，后悔晚矣！"

三、如果通货膨胀，我们应该怎么办

在高通胀时代，贷款，是贷款者的通行证；储蓄，是储蓄者的墓志铭。

郑旦问：“如果发生严重通货膨胀的话，作为普通的中产阶级中的一员，应该怎么办呢？”

鸥夷子皮给出了应对通货膨胀的办法：

1. 拓展投资渠道，提高资金投资收益。中产阶级们理财时，要降低资产组合中银行储蓄的比例，提高收益较高品种的占比，通过拓展投资渠道，相对提高投资收益。投资渠道包括，实业投资、购买理财产品、直接投资股票、借款给他人收取利息等。但这种方式的风险很高，对大部分中产阶级而言，本身不具备正确的投资思想和投资技能，盲目追求高收益的结果是大都亏损累累，不但跑不赢通胀，反而让本金遭受很大损失。

2. 借债也是一种策略。通货膨胀惩罚节俭者，奖赏借债者，所以，成为借债者，也不失为一种应对通货膨胀的消极策略。“无债务一身轻”的不负债策略，一直被国人视为传统美德而代代传承，中产阶级在进行购房买车等家庭大宗消费时，虽然大都采取按揭方式——向银行贷款，但只要一有积蓄，基本上都会尽早还款，减少负债，债务越早清偿越好。实际上，通货膨胀既能让财富像冰一样消融变小，也能让看似天文数字一样庞大的负债消融变小，成为一个不那么吓人的普通财务负担。所以，已为房奴和车奴的白领们，在高通胀时，借债就是一种有压力的理财策略。争取多贷款，贷款金额越大，贷款期限越长，通胀带来的收益就越高。而那些提前还款者，看似减少了利息支出，其实，通货膨胀的侵蚀导致的财富损失更大！

3. 被动策略——维持现状，等待机会。通胀无牛市，通货膨胀严重，投资风险也大。在高通货膨胀率环境下，普通投资品种的收益大都难以弥补通胀的损失，为了跑赢通胀而仓促胡乱投资，投资亏损的可能性很大，损失会更大。所以，与其在高通胀的混乱经济环境中乱投资、遭受更大损失，还不如被动等待，去承受通货膨胀的侵蚀。等待，也是一种投资策略，虽然是一种无奈的消极策略，无法让人获利，但却能回避更大的损失。

鸱夷子皮叹息道："在高通胀时代，贷款，是贷款者的通行证；储蓄，是储蓄者的墓志铭。这个社会就是这么疯狂，高通胀让那些老实本分的储蓄者遭受损失，却让那些胆大妄为、大笔借债的胡作非为者大发其财。如果说，复利式的财富增长只有极个别的人能实现，但复利式的财富损失却是每个人都在承担，这就是通货膨胀。在高通货膨胀率时代，任何投资都无济于事，除了炒作物质、囤积资产，理性的投资都无法抵抗高通胀。所以，学会放弃吧。"

在结束这堂课之前，鸱夷子皮提了两个关于通货膨胀的问题：

1. 当前的汽油价格，相比20年前，哪个时间段的油价更便宜？

2. 米国人一生的医疗花费中，活着的最后半年的支出，占了一生医疗支出的多大比率？

鸱夷子皮说："这两个问题看似简单，却容易让人迷惑，正好考察一下大家对于通货膨胀知识的掌握程度。"

西施答道："97号汽油的当前价格大约是8元/升，20年前的价格是2元

/升左右，20年的时间有4倍涨幅，如果只孤立看绝对价格的话，当前价格看似贵过20年前的4倍，但实际上，当前价格是包含通胀因素的价格，考虑到7.6%的通货膨胀率条件下20年的贬值系数是0.2，当前的8元的价值实际相当于20年前的1.6元，要是剔除掉这种通货膨胀影响的话，反而当前油价更便宜，20年前油价其实更贵。”

郑旦答道：“前段时间，我看过一本介绍米国人卫生医疗情况的书。米国人活着的最后半年医疗支出，占其整个一生医疗支出的80%，我当时很吃惊，以为数据搞错了，对数据的真实性深感怀疑。听完老师所讲的通货膨胀后，我才深深体会到，大部分人都会严重低估通货膨胀的复利侵蚀力量，也会对退休后临终前医疗保健支出的沉重负担远远准备不足。我恍然大悟，疾病对人体的损害，不也正如通货膨胀对财富的侵蚀一样吗？同样也以复利形式累积发展，人的不良生活习惯，正如负利率一样，一点点侵蚀损害人体健康。随着时间的推移，这种损害以复利形式飞速发展，最终小疾成为大病，大多数人身患癌症等不治之症，正是年轻时不良生活方式复利发展的结果。所以，防微杜渐，保持健康生活习惯，才有利于身心健康。”

郑旦说完，鸱夷子皮点头称是：“见微知著，你们是才智型美女。”

第七章

财富锦囊的三大窟窿之二：浪费

财富复利的威力无穷，小额的资金，在经过数十年后，就能获得几倍、几十倍甚至上百倍的增长，如果不节俭，任意浪费，那么，财富就会一点一滴损失，就会这样在不经意间流逝掉。

中午，师生们在一间餐厅吃午饭，听到一对男女间的对话。

女："我们吃顿便餐，你点四个菜，吃两个，剩两个，太浪费了！"

男："我小时候穷的时候，理想就是，等咱有钱了，喝豆浆买两份，喝一份，倒一份！现在有钱了，吃一份，扔一份！"

女："你现在有钱了吗？咱们连房租都交不起了！"

郑旦看不惯了，说："没钱还浪费，越浪费越没钱！"

鸱夷子皮说："奢侈浪费是国人的本性。不管有钱没钱，人们大都喜欢只买贵的，不买对的；喜欢铺张浪费讲排场；喜欢豪华奢侈品；把挥霍浪费当做慷慨大方；把追求吃喝玩乐的顶级享受作为人生乐趣；喜欢斗富斗贵，斗大斗好，以豪为荣，以奢为荣，把勤俭朴素当寒酸低贱；喜欢追求一切和'皇''豪''帝'等皇室有关的高档物质，甚至喜欢'黄''红'等和富贵有关的色彩。"

道生不解地问："勤俭节约不是我们的美德吗？为什么浪费反而成了我们的本性呢？"

鸱夷子皮叹了口气，说道："我们的文化，是一种很奇怪的文化，充斥着阴谋和虚伪。在和他人交往时，大都偏好以阴谋论来认定他人的心理，以利益作为一切行为模式的出发点和落脚点，虽然不惮以最坏的恶意去揣测他人，表面上，相互间却极尽赞美之词；背地里，阴谋诡计则层出不穷。节俭和浪费，这两种完全冲突的行为，就是这种文化的集中反映。数千年来，战乱频仍，在漫长的历史长河中，食物、金钱等长期属于稀缺资源，人们在对待这些稀缺资源的行为上，所表现出来的节俭和浪费相矛盾、口是心非、言行不一，正是阴谋和虚伪为主导的文化淋漓尽致的反映。所谓'勤俭节约光荣，奢侈浪费可耻'，要求他人具有节俭的美德，正是为了自己的浪费。所以，只要具备浪费的能力，即便是穷人，都可能会喝豆浆，买两份，倒一份。浪费，其实已经深入我们的骨髓。"

鸥夷子皮讲道："勤俭节约，只是国人身处贫穷环境时的遮羞布。国人崇尚富贵，挥霍、铺张和浪费是炫耀富贵的最好方式。所以，炫富文化是国人的真正文化，炫富心态是社会主流人群的真实心态，浪费是社会的通病。挥霍和浪费，甚至荒唐地成为促进经济、刺激消费、拉动内需的有效经济工具，勤俭节约，则成为穷困和低贱的代名词。"

猗顿点头："确实如此。"

鸥夷子皮接着说道："在这种怪诞的社会风气影响下，中产阶级们也随波逐流，大都丧失了独立思想，随社会大流而铺张浪费，追求奢华。中产阶级一面在感慨生活压力大，财富难以积累，卖力工作只为多赚点，另一方面，却又在大肆浪费。或许，大部分中产阶级的精英们，根本没有意识到铺张浪费，才是财富流逝的最重要原因！所以，命苦不要怨政府，自己不能聚财的根本原因，是来自个人自身的浪费！"

郑旦插话说："老师讲到浪费，我想起了一个小故事，比较夸张地描述不合理的浪费是如何步步扩大，直到最后成为中产阶级精英不堪承受的重负。"

郑旦于是就讲起了这个关于浪费的小故事：

有一位生活优越的中产阶级的妻子，在逛街时经不住销售员的推销，买下一套漂亮的沙发。沙发确实太美了！摆在客厅后，使得其他的家具和它不相匹配，于是这个女人又去购买了全套家具。当新家具在房间里绽放绚烂光芒时，这位追求完美型的妻子却发现房子是如此的陈旧，无法和漂亮家具融为一体，她于是又做出了装修房子的决策。

这个勤劳的女人忙碌了半年，房子装修效果很好，让她很满意，当她即将开始自己设计的美好生活之时，中产阶级老公告诉她一个不好的消息——他失业了！他们再没有能力住这套房子，买家具和装修房子已经耗费全部家庭积蓄，为了节省开支，他们只能卖掉装修一新的房子，包括全新的家具。

鸥夷子皮说："为新沙发配新家具，为新家具配新房子，这样一步一步走向破产，这个故事，听起来很荒诞，不过在现实生活中，以这种观念生活的人却比比皆是。有人为买名牌包而节衣缩食几个月；有人为参加一次上流社会晚宴而花光半年收入去购买奢侈品牌服装；有人为面子购买豪华汽车，凡此种种。为了腔调、品位、时尚，还有面子，中产阶级精英们将辛苦所得又大手大脚浪费掉，财富被以这样那样的方式挥霍一空。白领，成为名副其实的薪水'白领'。"

郑旦问："作为一个女富婆，我就喜欢买名牌衣服、名牌包包和名牌化妆品，这些名牌，是我生活中必不可缺少的东西。我有很强的消费能力，难道奢侈的生活就是浪费吗？"

鸥夷子皮："所谓浪费，包括那些超出自己消费能力的花费，以及缺乏合理使用价值的不合理消费。富人一掷千金，买跑车、买游艇、买飞机，消费数额虽然很高，但相比其资产和收入，所占比重却很低，这种奢侈生活，在其消费能力内，符合他们的财富能力，算不上浪费。相反的，很多女白领，大量狂购衣服鞋帽，无论价格高低，如果大都被深藏于衣柜中，而不具有实际使用价值的话，就是浪费。"

郑旦不以为然说："购物能浪费多少钱？女人多买几件衣服，无非多花几千上万元而已，男人多赚点，不就可以弥补了吗？"

鸥夷子皮摇摇头道："你错了。你以为浪费1万元，就真的只是1万元的损失吗？我们以前讲过机会成本，投资是消费的机会成本，一笔钱，如果不被用作消费，可以用作投资，投资收益就是对放弃消费乐趣的补偿。一笔钱，如果不被浪费，完全可以用来长期投资，假定投资稳健，按照货币的时间价值原理，投资将以复利形式增长，根据贴现率的不同，这笔钱未来的价值，将完全不同于被浪费时的价值！也就是说当前的浪费，是以损失未来潜在的昂贵价值为代价的！”

西施问：“能不能用具体的数据，将当前的浪费，和未来某个时期，比如30年后的价值，进行直观比较？通过数据，让我们有一个深刻了解。了解当前浪费，历经30年时光穿梭后，将会达到一个多么严重的程度？”

鸱夷子皮点头：“我们可以假定几种不同的消费行为，导致不同程度的浪费。假定被浪费的钱，存在两种不同的贴现率。一种是稳健投资的收益率，投资于国债、银行长期储蓄、货币型基金等，年均贴现率5%；另一种是较激进的投资收益率，投资于股票型基金，年均贴现率为10%。根据我们前面所学财富增长系数，我们知道历经30年之后，按照5%的贴现率计算，金钱将增长为原来价值的4.32倍；按照10%的贴现率计算，被浪费的金钱，将增长为原来价值的17.45倍！据此，我们就可以分别计算出被浪费的钱，在不同的贴现率下，在30年后的价值。”

于是，鸱夷子皮对不同消费行为所浪费的钱、在不同贴现率水平下30年后的价值，进行了量化计算：

1. 第一种浪费——冲动的代价。你经不住街头推销健身会员卡的帅哥靓妹热情鼓动，头脑发热，花费8000元办理一张年卡，一年之内你只去过几次的事实，证明了这是一次冲动消费。你以为你只是浪费了8000元？30年后，这笔数额不大的金钱，到底价值几何？按照5%的贴现率计算，价值是3.4576万元；如果按照10%的贴现率来算，其价值将是近14万元。

2. 第二种浪费——时尚的代价。奢侈品风靡，为了紧跟时尚，你花费1.2万元购买LV包，使用几次之后你束之高阁，你以为无非浪费1.2万元而已。实际上，如果这笔钱不被浪费，而用作投资的话，按照5%的贴现率，30年后价值为5.2万元；按10%的贴现率计算的话，30年后将等值于

20.9万元。

3. 第三种浪费——大手大脚的代价。有人喜欢疯狂购物，有人喜欢天天在外吃饭的感觉，总有这么一些“白领”，月收入无论多少，总会被花个精光，工资等于白领。这些月光族也会反思这种浪费的生活方式，她们是这样算账的，假如不大手大脚的话，每个月可以节省1000元，一年就节省1.2万元，30年就能节省36万元。36万元确实是一笔不小数目的财富，但是，每个月积蓄1000元，如果能用来进行基金定投的话，30年后的价值何止36万元！我们可以通过计算得到，每月用1000元来定投基金，贴现率如果为年均5%的，30年的年金终值系数是66.44，每年投入的1.2万元将增值为79.73万元；如果贴现率达到年均10%，那么，30年的年金终值系数是164.5，每年投入的1.2万元将增值为197.4万元！也就是说：如果每月浪费1000元，坚持浪费30年，相当于在年老退休之时，一次性损失一笔大财富，这笔财富，少则79.73万元，多则197.4万元！看到这个数字，你还能对每月浪费1000元感觉无动于衷吗?

4. 第四种浪费——面子的代价。你的朋友买了高尚社区的住宅，向你炫耀，你在决定购房时，原本想买120平方米的房子，但为了不丢面子，最后，你购买的是170平方米的大房子，为了豪华，你多买50平方米，你以为面子的代价就是多花了100万元的买房资金，但是，浪费的岂止是这100万元？如果这100万元被用以投资，按5%的贴现率计算，30年后的价值是432.2万元；如果收益达到10%，100万元在30年后将增值为1744.9万元！也就是说，为了面子，你浪费的是30年后少则400多万元，多则1000多万元的代价。

5. 第五种浪费——奢侈的代价。你本来只需花费20万元买辆中档车来代步，可为了实现拥有豪华汽车的梦想，最终花费60万元买了高档豪华大排量汽车。汽油费、保险费、保养费等养护费用，也由每月的2000元增加到5000元。那么，拥有豪华汽车30年的代价到底有多大？假定车辆使用寿命为15年，30年里需要换2次车，那么，仅仅是多花了80万元的车辆购置费和每月增加3000元的养车费吗？通过查阅复利终值系数和年金终值系数，可以清楚计算出，按5%的贴现率计算，第一辆车多花的40万元在30年后的价值为172.88万元，第二辆车多花的40万元在15年后的价值为83.16万元，每年3.6万元的年金，30年后的价值为239.2万元，汇总起来，就要多花495.2万元！如果按10%的贴现率计算，第一辆车多花的40万元在30年后的价值为697.98万元，第二辆车多花的40万元在15年后的价值为167.09万元，每年3.6万元的年金，在30年后的价值为592.2万元，汇总起来，就是1457.27万元！也就是说，为了满足你拥有豪车的愿望，你奢华的代价，不仅是表面的80万元和每月3000元的费用，而是30年后少则495万元、多则1457万元的损失！

鸱夷子皮算完明细账，还制作了一张表，方便同学们更直观地了解。

浪费的代价：浪费金钱30年后的价值（单位：元）

	浪费的当前损失	5%贴现率下30年后的价值	10%贴现率下30年后的价值
	1倍	4.32倍	17.45倍
冲动购买	8000	34576	139595
为时尚买单	12000	51863	209393
生活浪费	120000	518633	2093928
面子的代价	1000000	4321942	17449402
奢华的代价	400000	4952000	14572700

郑旦看完上表，惊叫道："额滴神啊！这些数字真是让人触目惊心啊！不算不知道，算了才知道浪费是如此的可怕。看来，以后我也要精打细算过日子了。"

鸱夷子皮说："有人年轻时身无分文，历经30年的艰苦奋斗，却成为财富的巨人，这是财富复利增长的榜样；而有人年轻时坐拥巨额祖宗遗产，同样经过30年时间之后，却变得穷困潦倒，一贫如洗，这就是浪费的代价！”

道生说：“这种变化，差别也太大了！”

鸥夷子皮：“有人习惯大手大脚，以为无非多浪费几百、几千元，殊不知，这就是几十年后财富的种子。财富复利的威力无穷，小额的资金，在经过数十年后，就能获得几倍、几十倍甚至上百倍的增长，如果不节俭，任意浪费，那么，财富就会一点一滴损失，就会这样在不经意间流逝掉。实际上，通过以上图表我们可以直观看出，每月浪费一点小钱，日积月累，按年金复利终值来算的话，小浪费最后的价值，甚至要大过一次性浪费一大笔钱。在现实生活中，越是懂得财富增长奥秘的财富大家，越具有节俭美德。这些投资大师，将节俭的资金用以投资，随着时间累积，财富就能以复利方式成百上千倍地增长，巴菲特就是这类米国大富翁的典型代表。他坐拥巨额财富，却非常节俭，住几十年一直住的旧房子，开几十年一直开的旧车，对每1元都不浪费。有一个小故事，讲的是他的节俭。”

鸥夷子皮讲起了巴菲特的小故事：

巴菲特和一群人一起乘坐电梯。低着头的人们都注意到地上有一枚2米元硬币，但没人肯弯腰去捡，电梯门开了，人们都往外走，只有巴菲特站着没动，他弯下腰，捡起硬币，狡黠地眨着眼，自言自语地说，这可是40年后1万米元的种子啊！

鸥夷子皮开始训导学生：“普罗大众在有钱后总喜欢挥霍，以炫耀财富来证明自我的成功。人们大都有这样的思维定式——人生苦短，享乐为先。所以要在有限的人生中，追求吃喝玩乐的极致享受，追求物质的享乐。但是，不管当前多么美好，总有曲终人散时。在收入状况良好时未作绸缪，不进行合理的理财规划，而是大手大脚，浪费无度，必将在未来遭遇财务危机。收入虽高，却因浪费而陷入人生困境的例子比比皆是，米国拳王泰森就是一个因挥霍而破产的典型事例。”

鸥夷子皮讲起了泰森：

泰森是全世界最有名的拳王，20岁时就获得了世界重量级冠军。泰森被称为“世界上最棒的印钞机”，他能在3场比赛加起来仅有10分41秒的时间里，用快速组合拳挣到几千万美元，比印钞机印刷钞票的速度还快。在20多年的拳击生涯中，泰森总共挣了4亿多米元，但是，他却过着挥金如土的生活。他有过6幢豪宅，其中一幢豪宅有108个房间、38个卫生间，还有一个影院和豪华夜总会；他曾买过110辆名贵汽车，其中有1/3都送给了朋友；他养白虎当宠物，最多的时候养了5只老虎，付给驯兽师的钱高达12万米元；在拉斯维加斯最豪华的酒店——恺撒皇宫赌场酒店，他包下带游泳池的套房，一晚房租达15000米元，点一杯鸡尾酒要1000米元，而泰森每次给的小费都不少于2000米元，他甚至带着一大群叫不出名字的朋友走进商场，1个小时内刷卡50万米元，自己却什么都没有买。由于其挥霍无度，泰森最终破产，靠在电影中演小角色跑龙套谋生度日。

道生有点羡慕地说：“泰森对朋友很够意思啊！我要是他的朋友就好了。”

鸱夷子皮：“作为‘印钞机‘的泰森也都会因浪费而破产，那么，对普通大众来说，同样会因浪费而入不敷出。如果随大流而浪费，或许，晚年穷困潦倒时，就要后悔地号啕大哭。对于大富翁来说，即便戴300元的电子表，他仍然是个大富翁，而戴价值30万元的白领，除了炫耀之外，并不能证明什么，但却白白损失一大笔财富的种子。所以，在日常生活中，除了开源，更要节流，要合理地使用金钱，合理地消费，杜绝浪费，才能为财富积累增长的种子。对中产阶级来说，最重要的不是要赚越来越多的钱，而是过和自己收入和能力相般配的舒适生活。”

郑旦点头：“我明白了。不浪费，才能减少财富的流逝，才能为财富积聚增长的种子。我知道该怎么做了。”

第八章

财富锦囊的三大窟窿之三：税收

富人们难以将财富代代传承的根本原因，就是因为大多数人完全不懂财富的规律，虽然因某种机缘巧合而暴富，但却不懂如何采取措施去保护财富，去抵御财富流逝，去增长财富，所以才形成了绝大部分人最终老来穷困的宿命轮回。

道生感慨地说：“人生中，唯有赚钱和花钱是不可避免的。”

猗顿说：“你错了。有一句名人名言——人生中，唯有死亡和税收是公众不可避免的。”

鸱夷子皮点头说：“说到税收，税收是国家分享公众所创造国民财富的一种制度。税收的作用，可以保障国民基本社会福利，维持国家正常运作。税收，是国家财政收入的最重要部分，是国家的经济基础，也是国民的基本义务。”

猗顿问：“既然如此，为什么老师要说税收是财富锦囊中造成财富流逝的三大方式之一呢？”

鸱夷子皮：“税收，在本质上相当国家和公众直接分蛋糕，国家税收越高，相当于国家分割蛋糕的比例越大，那么，公众分得的蛋糕就越小，公众所得到的财富就越少。所以，从公众财富的角度来看，税收的合理与否，直接影响到公众的财富。”

道生：“我又不开公司，税收高不高，关我毛事？”

鸱夷子皮摇头：“你完全不了解税收。有人认为自己不开公司，税收与己无关；有人认为自己收入不高，无须交纳个人所得税，交税这种事儿，与己无关，这其实完全是对税收的误解。税收，不仅包括个人所得税和企业所得税等直接税，更包括增值税、消费税、营业税、关税等间接税，间接税名义上是企业缴纳，但其实却隐藏在商品或劳务价格中，所有商品的标价其实都是包含间接税的税内价格，所以，间接税是税负转嫁，实际上最后由消费者买单，大众每购买任一件商品，都要交税。例如，花费100元购买一瓶化妆品，其中，除了14.53元的增值税外，还包含25.64元的消费税，还有4.02元的城建税，总共需要缴纳44.19元的间接税。”

西施瞪大眼睛问：“我用一瓶化妆品，原来要缴纳这么高比例的税收？”

鸥夷子皮：“在生活中，税收无时无处不在。早上起床的第一件事，是打开水龙头，洗脸之时，增值税的纳税行为就已经发生。用水洗脸，是自来水公司在销售水，水价里包含增值税，自来水公司需要向税务局交纳所得税和增值税，增值税表面虽然由自来水公司交纳，其实却由每一个消费者共同负担；乘地铁上班，地铁票价里包含着地铁公司要交纳的营业税和增值税，这也是地铁公司向乘车人收取后再交纳给税局的间接税；同理，进商场购物，或者点煤气，烧水做饭，都要交税。也就是说所有的消费，只要是付费接受商品或劳务，就一定产生税收。”

西施：“看来，税收确实弥漫到生活的每个角落了。”

鸥夷子皮道：“此外，交易行为不同，税收种类也不同。例如，工资收入超出一定标准的话，就要交个人所得税；买车，要交车辆购置税、车船税；买卖房子，要交契税、印花税，以及营业税、个人所得税和土地增值税；开办企业、从事生产经营活动，涉及的税种就更多，包括增值税、消费税、营业税、资源税、城建税、房产税、城镇土地使用税等。”

他继续畅谈税收：“增值税、消费税、营业税、关税等间接税，可达到国家总税收的60%以上。但因间接税具有可转嫁性，从而导致其具有隐蔽性。间接税是在每个交易环节中间接交税，大众甚至不知自己已为所购商品交过税，更不知自己为所购商品交过多少税。”

猗顿总结道：“正因为商品价格中包含一定比例的间接税，所以，商品价格越高，购买所要缴纳的税收也越高；通货膨胀越严重，大众购买同样商品的价格也越高，要缴纳的税收也就越多；商品流通环节越多，商品价格也越高，大众所承担的税收负担也会越重。”

鸥夷子皮说：“是这样的。税收对大众财富的直接影响，除了和税收种类、税率有关外，还与税收交纳时间有很大关系。所得税会因交纳时间不同，而对财富积累的影响巨大，巴菲特对此很有研究，在他写给股东的信中，他专门谈到这一点。”

鸥夷子皮讲了巴菲特对所得税的计算：

如果我们将1米元投入到一种证券中，到年末时，该证券价格翻倍，我们就抛售获利；假设我们在接下来的19年中，每年都用税后收益重复这个过程，每次都获取1倍的利润，那么，到第20年后，在34%的所得税率下，我们向政府支付13004米元，自己留下25244米元，应该还算不错吧？

但是，如果我们只做一次投资——在20年中，市值翻倍20次的一次投资，我们的资产将增加到1048576米元；然后我们发现，同样按照34%的所得税率向政府缴纳，这时，我们缴纳所得税为356516米元，而我们则会留下692060米元。

鸥夷子皮道：“巴菲特的计算，可以直观地看出税收交纳时间的不同，而对财富积累的巨大影响。同样的所得税率，同样的收益率，只是交税时间不同，一种是按年交税，另一种是递延交税——一直持有投资，直到最后再一次性交税，仅仅是交税时间不同，却导致税收缴纳的数额和财富积累的数额都会产生惊人的差别——相差二三十倍！所以，巴菲特在数十年的投资生涯中，严格按照这种税收理论操作，从不分红，递延交税，从而使得公司股价高达10多万米元，财富在数十年间获得惊人的增长，而当他分红时，向政府缴纳的税收也会比每年分红缴税的数额要高出数十倍。”

猗顿说：“在我们的证券市场上，更倾向于追求每年进行分红派息，那些从不派息的上市公司，被讥讽为铁公鸡一毛不拔。那么，按照老师的理论，每年的分红，其实就是折断复利增长的翅膀？”

鸥夷子皮："我们的股市，和规范的市场有所不同。我们的上市公司，大都为圈钱，而非为股东利益去追求成长。在这种情况下，强制分红要比不分红好得多。只有在企业高成长的情况下，通过递延纳税，可以让财富和政府税收双双大幅增长，资本市场如此，实业投资更是如此，大部分人却不懂这个道理，不但公众不懂，很多所谓的专家也不懂，而偏好于每年分红交税。我们可以通过数据分析来了解两者之间的重大差别。"

他说："假定有人在30年前投资1万元开办企业……"

道生打岔："1万元能办企业吗？"

鸥夷子皮："1万元在30年前当属于巨款。我们假定这个企业一直高成长，连续30年高速发展，每年利润总额保持在50%以上的增速，企业所得税为33%；当然，连续30年维持50%以上成长速度的企业很稀有，因为巴菲特的长期年收益率也不超过30%，但为了让大家印象深刻，我以高的增长率来进行计算和比较。"

鸥夷子皮对递延纳税进行数据分析：

按每年分红纳税这种方式，可以计算出当前企业的净资产为：

$$1\times(1+0.5\times67\%)^{30}=5813\text{（万元）}$$

30年间，按照33%的所得税率，企业上缴税收为2863万元；

而按照税收能递延30年、当前一次性交纳的方式，企业当前净资产将为：

$$1\times(1+0.5)^{30}\times0.67=128473\text{（万元）}$$

按照33%的所得税率，企业上缴国家税收也将是63278万元！

道生惊叹道："企业财富为12.8亿元，是前一种方式的22倍！税收63278万元，也是前一种方式的22倍之多，差距简直太大了！"

鸥夷子皮："通过以上计算，我们可以看出，同样的收益率水平，仅仅因为交税方式不同，财富创造者和国家税收收入却有巨大差别。递延交税所创造财富和税收是按年缴纳这种方式的数十倍！故此，米国一些对冲基金，如索罗斯基金，普遍注册在那些税率低、交税方式灵活的税收天堂国家，其最大目的，就是要避免税收对财富复利增长的巨大冲击。"

鸱夷子皮道："以上数据分析告诉我们，税收可以急剧减缓财富增长的速度，于是，就产生了税收悖论。企业按年照章纳税，利润增长幅度会大为减缓；政府按年依法收税，相比递延纳税方式，税收总额也会大为减少，按年收税，相比递延纳税而言，企业和政府的收益都会少得多。在税收制度缺乏递延纳税这种方式的情况下，有些企业为追求快速成长而采取措施偷漏税，表面看来让国家税收受到损失，但实际上，当这些企业做大规模成为大中企业以后，纳税行为规范，纳税基数以复利形式增加，其实际税收要远远大于按年缴纳税收的数额，国家其实得到更多的收益！"

猗顿道："我将老师关于税收的分析总结一下。一个国家的财政政策，如果执行高税率的税收政策的话，所得税的高税率不但不能收缴更多的税收，反而压制企业财富的增长，从根本上抑制税收的增长；如果实行低税率的税收政策，合理降低所得税率，或者采取税收递延纳税的交税方式，企业财富增速加快，政府的税收反而更多。"

鸱夷子皮点头认可："所谓肉食者鄙，机构如此，民众也是如此。经济繁荣时会大量产生富裕民众，其中，也包括大量的中产阶级人群。这些富裕的国人，大都像索罗斯一样看重财富。生来贫困，死时不能一贫如洗，但肉吃多了，脑子可能就不够用，这些富裕阶层根本没有意识到，大部分人的人生结局或许会很残酷。终其一生，为财富忙忙碌碌，财富却如空气一样，曾经拥有，但难以守住，只如白驹过隙般，从手指缝中流过。"

猗顿道："大部分人的父辈基本一生贫困。很多先富起来的人，以为从此可以改变父辈命运，将财富世代传承，根本不曾料到，绝大多数人的财富，将如同过眼云烟，他们也将如同父辈一样，累积不到多少财富，所谓财富的传承，更像一场痴梦。"

鸱夷子皮深以为然，他说："富人们难以将财富代代传承的根本原因，就是因为大多数人完全不懂财富的规律，虽然因某种机缘巧合而暴富，但却不懂如何采取措施去保护财富，去抵御财富流逝，去增长财富，所以才形成了绝大部分人最终老来穷困的宿命轮回。在我所讲财富流逝的三大原因中，通货膨胀是一个国家的货币政策，税收是一个国家的财政政策，此两者作为国家的宏观经济政策，作为个体的大众，无力改变，只能适应。但是，浪费则纯属个人生活方式，和个人的欲望息息相关，如果能约束贪欲，少点虚荣，减少浪费，就能多些节俭，多些积累。”

西施说：“你的道理极不现实，因为对绝大多数国人而言，财富本来就是用来满足物质欲望的，如果为财富而清心寡欲的话，那么毋宁得到财富，何况浪费正是欲望满足的体现。或许，这就是绝大部分人终生难以富裕的根本原因吧？”

第九章

白毛女的悲剧：高利贷背后的计息问题

高利贷行业是冒险家的乐园：老实的债务人会最终因偿还不起利息而承受巨大损失；老实的债权人并不一定能获利，最终也会因资金链的断裂而承担本金损失。真正获利的，唯有那些狡猾而冒险的债务人，借债之后，就根本没打算偿还，随时准备逃跑；还有那些狡猾而冒险的债权人，吸收普通民众存款之后，随时准备卷款逃跑的放贷人。

煤老板李大拿倒是个爽快人，没几天，就来电强烈要请客。鸱夷子皮抵不住李大拿的盛情相邀，带着几位学生，来到李大拿做东的一家米其林三星餐馆里。

酒，是迷惑药；酒场，是男人们戒心的消磁场。觥筹交错间，李大拿就和大家混成了好朋友。他向鸱夷子皮请教："现在银行利息太低，钱放在银行不划算，我有不少煤老板朋友，有的开办担保公司，有的开办典当行，有的直接将钱借给熟人，都在大放高利贷。他们都让我将闲散资金放高利贷，不知老师了解高利贷吗？"

鸱夷子皮："你听说过白毛女的故事吗?"

李大拿同志哈哈大笑道："我虽然文化程度不高，但我们这个年代的人，恐怕没人不知道白毛女吧？我当年攻读小学毕业文凭时，数学课本里有关的指数运算，用的就是万恶地主黄世仁如何逼死贫下中农杨白劳的事例。"

李大拿讲起了白毛女的故事：

杨白劳是个贫农。贫农的女儿同样有爱美的天性，有化妆和打扮的需求。为了欢欢喜喜过个大年，杨白劳的女儿喜儿准备花费100元购买红头绳，以满足最基本的装饰需求，但这个贫农连一毛钱都掏不出来，他就去找历史名人——地主黄世仁借高利贷，高利贷的核心条款为：日息二分，一年后还本付息。

杨白劳的算盘是这样打的：日息2%，年息就是360×2%=720%，利息720元，连本带息820元，高是高点，但一年后麦子熟了，卖掉小麦的收入有几千元，偿还820元没有任何困难。于是，双方握手成交，相互道贺合作愉快，杨白劳龙飞凤舞地在合同上签完字，然后拿钱，去商场购物，给喜儿买了国际名牌的红头绳，一家人过了一个欢乐祥和的春节。

一年后，黄世仁来找杨白劳，杨白劳掏出820元，准备还钱，黄世仁却让他连本带利，总共需偿还近14万元！杨白劳惊呆了，怀疑数目的真实性，黄世仁拿出计算器，认认真真算账给杨白劳看：$100\times(1+2\%)^{365}+100=137840$（元），账目清楚，数目没有丝毫差错。

杨白劳当然不可能有这么多的钱来还债，于是，黄世仁得以施展其蓄谋已久的阴谋：让喜儿抵债，金钱债，人肉偿，将用红头绳打扮得漂亮标致的美女喜儿据为己有以清偿高利贷利息。杨白劳没想到，一根红头绳的利息，竟然要卖掉女儿才能偿还得清，被逼之下，无奈选择自杀而亡，而喜儿为了躲避黄世仁的债务，逃进深山老林，由此成为人间白发魔女。

郑旦听完后，愤愤不平："世界如此险恶，这黄世仁比黄鼠狼还坏啊！一出悲剧，演绎了旧社会的罪恶啊！"

猗顿却不认同："黄世仁确实阴险，但坏人的可恶却是建立在穷人可怜又可悲的人生行为模式上的。白毛女的故事，起码证明了先消费再偿债的消费型生活方式是有巨大风险的，因此，重大债务问题演化为人生悲剧也不足为奇。这出悲剧的起因，就是因为杨白劳的消费观存在重大缺陷，他的可怜之处，是他严重欠缺理财投资基本知识，才给黄世仁造成了可乘之机。"

鸱夷子皮认同猗顿的说法，他说："杨白劳和黄世仁之所以关于利息计算存在如此巨大的差别，完全在于他们选择了不同的计息周期。杨白劳只知道单利，而黄世仁却利用了复利的概念，偷偷转换了计息周期，这差之毫厘的区别，就会导致谬以千里的差距。按杨白劳的计算方式，年息是本金的7倍，而按黄世仁的计算方式，年息却是本金的1377倍！黄世仁挖的是一个陷阱，但杨白劳却也奋不顾身地跳下去。只能说黄世仁很阴险，杨白劳很勇敢。”

道生听明白了：“杨白劳的悲剧，就是喜儿盲目追求不切实际的高消费观和杨白劳理财知识匮乏共同作用的结果。喜儿真是坑爹啊！”

鸱夷子皮：“不要以为白毛女的故事只是一个时代久远的传说，杨白劳其实从没有消失。一个杨白劳倒下去，千千万万个杨白劳又站起来。杨白劳们在现实中普遍存在，他们仍然犯着同样的错误，同样借高利贷，同样缺乏理财知识，对利息结算同样迷茫，同样被债权人追债而陷入困境。”

他举了一个高利贷的案例：

某企业主借高利贷，双方约定：本金1000万元，月息四分，为期三年，三年后还本付息，若按单利计算：月息四分，也即年息48%，三年利率总计为144%，三年利息总和是1440万元；但在最后结算时，债权人按复利计息：月息4%，为期36个月，利息总额为：$1000\times(1+4\%)^{36}=4104$（万元），最后的利息总额与按单利计息的方式相差近3倍！

白圭问道：“为什么债权人和债务人会在利息的计算方式上产生如此之大的歧义？到底是什么原因使得借债成为高利贷债务人的陷阱？”

鸱夷子皮讲解起了借债：“债权人和债务人在发生借债行为时，一般要约定四个要素：本金、利率、期限和付息方式，如果对付息方式的理解出现歧义，套用不同计息周期，通过不同计息方法，就会导致利息差别巨大，从而让债务人产生噩梦。在前面我们所举的案例中，同样是月息四分，债权人将其理解为以月为计息周期，每月复利计息4%，债务人则将其理解为按年为计息周期，每年单利计息48%，正是这种理解上的歧义，才导致利息计算差别巨大。”

西施疑惑不解：“看似同样的利率，仅仅因为计息周期的不同，就会导致如此巨大的利息差别？是什么原因造成的呢？”

鸱夷子皮道：“在日常生活中，人们大都习惯于按年来计算利率或收益率，如果将利率的计息周期由按年计息折算为按日、按月计息后，利息的差距就会被拉开了。”

他找来一张纸，在纸片上开始写公式：

如果将年利率记为AR，月利率记为MR，日利率记为DR，按年的计息周期为t期，总利率为r，那么，对于这些不同计息周期的利率，传统计算方式就是：

$$AR=12MR=365DR$$

总的利息率：

$$r=AR\times t=12MR\times t=365DR\times t$$

他说：“普通大众通常将计息方式理解为单利法，那么，总利率也就是各计息周期的利率与相应计息周期的总数算术相乘。”

西施有点茫然：“难道不是这样的吗？”

鸱夷子皮呵呵一笑：“与普通大众的传统看法大相径庭，在银行、典当行或放贷公司等金融行业中，除了对储户的利息支出是按单利法方式外，行业的惯例大都是按复利方式计息，例如，银行的房贷借款合同中列明，以年利率为基准利率，根据情况上浮或下浮一定比例，作为实际贷款年利率，按月计息，按月还款；银行信用卡使用章程规定，持卡人如果在到期还款日前未全额还款，应支付透支款自银行记账日起至还款到账日的透支利息，日利率为万分之五，透支利息按月复利计收……”

西施问道：“这种标明年利率为AR，但却按月或按日复利计息后的实际年利率，到底会和AR有多大差别？”

鸱夷子皮又开始在纸上写公式：

如果将AR记为名义年利率，将实际年利率记为EAR，将一年内的计息周期记为m，R_m是每个计息周期的利率，那么，根据复利的定义，可以得出以下计算公式：

$$EAR=(1+R_m)^m-1$$

他说：“如果月利率为4%，AR就是48%，实际年利率EAR则为，

(1+4%)12－1＝0.60，也就是60%，可见，实际年利率并不等于名义年利率，EAR要比AR大，通常，一年内的计息周期越多，m越大，EAR要比AR越大。”

白圭说：“我在报纸上看过这样一则报道，某老翁用信用卡消费2万元，逾期未还；两年半后，银行向其追收20多万元的本息。2万元借款，经过两年半，本息高达20多万元！不但让老翁难以接受，也让普通大众难以接受，那么，银行到底是如何计算利息的？”

鸱夷子皮道：“按照银行信用卡章程规定，持卡人在到期还款日前未全额还款，应支付透支款自银行记账日起至还款到账日的透支利息，日利率为万分之五，透支利息按月计收复利；此外，持卡人未还最低还款额时，对最低还款额未还部分，还应按月支付5%的滞纳金；持卡人超过信用额度使用时，对超过信用额度部分，应按月支付5%的超限费，且不享受最低还款额待遇。根据以上条款，就可以清楚计算出在两年半，也即30个月的计息周期里，2万元的透支款应偿还的利息、滞纳金和超限费。”

鸱夷子皮计算了这个信用卡透支者所欠的利息、滞纳金和超限费，分别为：

所欠利息为：$2\times(1+0.015)^{30}=3.1261$万元；

滞纳金为：$2\times(1+0.05)^{30}=8.6439$万元；

超限费为：$1.5\times(1+0.05)^{30}=6.4829$万元；

再加上2万元欠款本金；

该透支者总共欠银行款：20.2529万元！

郑旦大叫道：“信用卡的欠款一定要及时结清啊！利息太惊人了！拖延不还信用卡的代价太大了！”

鸱夷子皮说：“大众普遍养成了消费时刷信用卡的习惯，没有掏现金的肉疼感觉，只需轻轻一刷，潇洒签字，感觉很好，但是，信用卡的卡奴一定要牢记，如果不能按时结清欠款，那么，按复利方式计算的各种利息费用，将会达到欠款本金的惊人比例！如果恶意透支、过期后完全未还款，利息、滞纳金和超限费这三项费用汇总起来，每月仅此三项费用就高达欠款本金的11.5%！并且，每月产生的费用会继续复利计息，‘利滚利’的结果，如果达到两年半，那么，连本带利，就会达到欠款总额的10倍以上！当前，刷卡消费已成主要支付方式，年轻的时尚达人们，在享受刷卡愉悦的同时，一定要按时还款；如果超出自身财务能力去过度消费，恶意刷卡，最后的利息费用将会高得吓人，信用卡也将成为一把宰人不见血的软刀子。”

李大拿同学满头大汗，也不知道是喝酒喝的，还是给高利贷的高利息吓的，他一边用手捋汗一边说：“信用卡没还款的费用高达欠款的10倍之多，银行和黄世仁有得一比啊！真是吓得俺老人家浑身冒汗啊！幸好俺们煤老板付款时，不刷卡，不点现金，只丈量百元大钞的厚度，多实在呀！”

同学们都乐。

鸱夷子皮接着讲：“理解了信用卡的计息方式，也就不难理解白毛女悲剧产生的根源。将年利率折算成月利率，甚至折成日利率，然后再按复利方式计算利息，这并不是简单的数学算术题，这种计息方式，称为‘驴打滚’或‘利滚利’，按这种方式计算的利息，时间越久，增长越惊人。如果对此一无所知，不懂得规避高利贷利息增长的时间风险，任由利息跟随时间复利增长，利息最终将成为债务人无法承受的沉重枷锁。”

西施点头：“这种利息增长方式，确实太吓人了！”

鸱夷子皮：“贷款行业按照这种复利方式计算利息的话，日息1分，并非是指月息30%或年息365%，而是月息34.8%或年息36.8倍，年息将是按单利方式计息的10倍多！月息30%，也并非指年息3.6倍，而是年息22倍，按复利计算的年息是按单利计算年息的6倍之多！如此，我们就不难理解杨白劳仅仅借贷100元，一年后的利息就能达本金的1377倍，所以，白毛女的悲剧，从杨白劳借款的那一刻起就已注定。”

天色已晚。师徒几人说话之间，不知不觉已酒空杯尽，酒足饭饱。李大拿一边打着饱嗝，一边问："现在实业赚钱不易，煤老板手中的闲钱，都放了高利贷，收益很高，还很省心。我有一个朋友，就是专门搞高利贷的，他从不同渠道高息弄来资金，再以更高利息，放给急需资金的企业，他最近一直在找我借款，关于这个问题，老师能给我一点理财建议吗？"

鸱夷子皮道："高利贷盛行，是金融业不发达的体现。大众在银行融资渠道不畅，迫于生产生活上的资金需求，只好求助于当铺、担保公司、高利贷公司或放贷人，以高昂利息取得短期融资，以解燃眉之急。在正常经济环境下，高利贷不会成为借贷主流方式，只会是走投无路时的一种备用选择。但在通货膨胀高企的经济环境下，物价上涨幅度大，商人们囤积物资或者炒作商品，通过投机可以赚取暴利，资金越大，获利也越多，因而对资金需求也越旺盛；同时，通胀造成物价在各行业间上涨不平衡，物价上涨传导渠道不畅，容易造成生产和流通企业资金链断裂，为了应对经营困境，经营困难的企业对资金有需求饥渴；如果这些投机商和经营困难者无法从银行取得正常贷款，急需资金时只能向民间借贷；通货膨胀会使实际利率为负，资金富余者担心其财富被通胀稀释，高利贷的利息收入更具吸引力，从而也会产生贷款的资金供给。所以，在通货膨胀严重时，民间借贷的资金供需都会旺盛，民间高利贷生意会红火一段时期。"

鸱夷子皮总结了高通胀经济环境下，民间高利贷的三个特点：

1. 普遍参与性。不管是在经济发达地区，还是在经济落后地区，不管是达官贵人还是普通民众，不管是生产制造企业、商贸流通公司还是一般家庭，各地区、各行业、各色人等，都具有普遍参与高利贷的特点。

2. 高利率性。实际贷款利率普遍高于银行贷款利率数倍、数十倍，甚至达数百倍。月息高者达四分、五分，甚至高达八分、十分。

3. 形成产业链。有的高利贷公司或高利贷者，以较高利率从普通民众手中大量融资，再以更高利率贷给其他高利贷公司或个人，经过多次中介传导，资金到达最终实际需求者手中时，利率会很高，中间不同等级的高利贷参与者形成了贷款产业链。

西施问：“高利贷的利息如此之高，作为债权人，当然是一件美事，但债务人能承受得起这么高的利息吗？高利贷生意，不是一门能长期持续稳定经营下去的生意吧？”

鸥夷子皮道：“你讲得一点没错，高利贷确实是一门不能持续稳定经营的生意。以月息五分为例，年息相当于79.6%，借债两年，利率高达222.5%，如果算三年的利率，将达到479%！试想，有什么行业的利润能达到这样——年收益率80%、两年2倍多的收益、三年5倍的收益率？如果债务人以月息五分以上的利率借贷，短期之内或许有清偿能力，如借贷为期半年，需偿还利息为34%，这个利率水平尚能被债务人有能力清偿，债权人也有很大概率收回本息，借贷双方各取所需，皆大欢喜。但是，如果借贷期为期一年以上，债务人将无法承担得起利息负担，他只有三条出路，放弃家庭逃跑，通过逃跑逃废债务；被告上法庭而坐牢；自杀，一了百了，走杨白劳的老路来逃废债务。债权人同样也会损失惨重，不但得不到利息收入，还要损失本金。”

郑旦说：“高利贷业务原来对借贷双方都有很高的风险啊！”

鸥夷子皮：“利息过高的高利贷，注定是无法持续连续稳定经营的生意。高利贷利率过高，债务人的借债期限过长，必将无法正常清偿债务，债权人的利益最终也会严重受损。大量的高利贷公司或者放贷者，处于高利贷链条的中游，既是一些债务人的债权人，又是一些普通民众的债务人，如果业务不能持续，下游债务人因无法承受高利息而逃跑，就会引起整个高利贷资金链条的断裂，链条中间的高利贷公司和放贷人不能收回资金，也会选择逃跑而逃废债务，最终的结果就是，那些图谋高利率的普通民众，将会丧失本金，为整个高利贷产业链的雪崩而埋单。”

李大拿：“从长期看，高利贷损人又害己！”

鸥夷子皮总结高利贷：“高利贷在初始之时，或许能让债权人收获高额利息收入，但最终债务人是无力负担如此高昂的复利利息的，高利贷的资金链最终会断，债权人如果没能及时退出，必将遭受损失，当初获得的利息收入不足达到本金金额的情况下，就是净损失。债务人则会背上沉重的利息负担，在无力清偿时，抵押的财产会被剥夺，家庭生活也会受到严重影响。所以，高利贷，是一种疯狂而危险的游戏。

“高利贷行业是冒险家的乐园，老实的债务人会最终因偿还不起利息而承受巨大损失，老实的债权人也并不一定能获利，最终也会因资金链的断裂而承担本金损失，真正获利的，唯有那些狡猾而冒险的债务人。借债之后，他们就根本没打算偿还，随时准备逃跑；还有那些狡猾而冒险的债权人，吸收普通民众存款之后，随时准备卷款逃跑的放贷人。”

鸱夷子皮讲得很透彻，李大拿恍然大悟。他说：“我明白了。高利贷生意是一项无法持久经营下去的投机生意。俺不够狡猾，也不够冒险，看来还是老老实实做煤老板踏实呀！”

第十章 房子！房子！

有产者就是有房阶级，就是富人，收入再高，没有房子，属于无房阶级，也是穷人。

这天，鸱夷子皮听到同学们在讨论有关房子的问题。

郑旦："现在的房子呀，简直被国人当成金饽饽，套套房子都像用金子打造似的，一有新房推出就马上被人疯抢，以前地主家的土地也不过如此吧？"

西施："我看这房子，简直比地主的地还稀罕，地主的地恐怕也是有涨有跌的吧？房子的价格，像海鲜价，而且是只涨不跌的海鲜，一天贵过一天。"

猗顿："现在区分有钱人和穷人，不看收入，只看是不是有产者——有没有房子，有多少套房子。有产者就是有房阶级，就是富人，收入再高，没有房子，属于无房阶级，也是穷人。"

鸱夷子皮说："房子，因其属性的多样性，而让人一言难尽。于大众而言，房子，本是遮风挡雨之地，是家的象征。从其能满足人类居住需求的属性来说，它只是一件耐用消费品。房子可大可小，可高档，可低廉，有人需要豪宅来衬托其身份地位，从社会属性来说，豪华的房子，又是奢侈品。房子的价格会波动，可升可降，从价格波动的角度来说，房子又成了金融工具，是交易品种。现在，因为房子的问题，又演变出多少光怪陆离的生活荒诞剧，房子，又成为了社会的照妖镜。"

猗顿点头称是："是啊！现在不但丈母娘找女婿的风向变了，连女孩择偶的标准也完全改变了，感情不是问题，职业不是问题，收入不是问题，只要有房子，一切的问题，都不是问题。"

猗顿讲了一个女孩找对象的小笑话给大家听：

蜜蜂狂追蝴蝶，蝴蝶却嫁给了蜗牛。蜜蜂不解："他哪里比我强？"蝴蝶回答："人家好歹有自己的房子，你看你，一辈子只能住在集体宿舍里。"

大家都笑了。

郑旦："现在的社会真是奇怪，何止女孩子人找对象看重房子，连老头对房子都是多多益善，流连往返。我有个叔叔，已经75岁了，偏偏还要贷款500万元住豪宅。我还劝说过他，人生苦短，何必用有限的人生去拼无限的空间？我建议他把当前住的房子卖掉，然后买成国债，每年的利息收入足够他租住在任何心仪之地，本金还可以用来逍遥畅游世界，但他偏不听，就是要住豪宅才爽，这不，贷款买了豪宅，还款压力太大，还没住满一年，就心脏病发作，挂了。"

西施说："人们为了房子，什么稀奇古怪的事情都能干出来。现在不是房子的交易税费太高嘛，有人为买房免税，竟然想出这样的秘诀，先和老公离婚，让卖房人也和老婆离婚，房子归卖房人，然后再和卖房人结婚，将房子当做共有房免税过户后，再和卖房人离婚，离婚协议中将房子归于她名下。最后，房子确实免税了，也到手了，但老公却不愿意和她复婚了。"

郑旦笑道："这算什么呀，还有更离奇的呢！有松江人，想换套大房子，就要把小房子送给父母，可是，过户费太高，为了免税，她的怪招是这样的，与老公离婚，房给老公，房产证去掉自己的名字；让父母离婚，然后，让老公和老妈结婚，房产证加老妈的名字，再让老公与老妈离婚，房子给老妈，房产证去掉老公名字，然后各自复婚，房子加老爸的名，省了过户费，并且，获得了首套房优惠政策。如此，离三次，结三次，共花费6次工本费54元，以最小的代价实现了自己对房子的想法。”

众人都笑了，鸥夷子皮笑着说：“世界之大，无奇不有。房子本来只是生活所需的耐用消费品，但却能让你见识尽人间的荒诞。但房子也是一种特殊的生活耐用消费品，因为，它的花费最高，它花费的是普通大众一生财富的相当部分。购房费用、房屋贷款所要支付的利息费用、房子的装修花费、没买房时的租房费用、日常使用中的物业管理费等，这些派生于房子的刚性支出，都不是一笔小数目。所以，大众在心理上，对房子产生一种特殊的依恋情节，也是自然的，这也构成房子金融属性的心理基础，我们今天主要谈谈房子的投资属性。”

一、房子作为投资品种长期升值的特殊性

通常，经济增长持续有多久，房价的上涨也会持续有多久。

鸱夷子皮认为，房子是一种投资品种，因为房子具有投资品种的所有特性：

1. 收益性。房子可出租，租金就是其收益；房子增值后卖出也能获取收益。

2. 流动性。房子可转让，可交易，具有投资品种的流动性。

他说："作为不动产，房子是一种特殊的投资品种。在经济增长时期，房子具有稳定增值的特征。通常，经济增长持续有多久，房价的上涨也会持续有多久。房子的这种特点，给人一种印象，投资房地产是最好的投资；房地产的投资收益最稳定；房价每年都会稳定增长10%左右，投资收益要远远高过银行储蓄和国债；房价只涨不跌，不像股票大涨大跌；房地产是跑赢通货膨胀的最好品种，等等。"

西施问："难道不是这样的吗？你的意思是关于房子的这些经验都不一定是正确的？"

鸥夷子皮道："我随后分析这些经验之谈的谬误之处。现在，我先讲房子长期稳定升值的原因。"

鸥夷子皮将房子长期升值的特点，归根于以下几点：

1. 房子作为投资品种的价值发现。房子作为单价最高的大众投资品种，和经济景气度高度正相关。经济繁荣期，房价大都上涨；经济萧条期，房价大都回落。经济的增长，通常呈现周期性发展的规律，经济周期，又有不同的级别。一个长期周期，蕴含着几个短期和中期周期：短期周期会持续数年，中期周期会持续数十年，而长期经济周期可能会持续数十年。经济发展会出现这样一个阶段：在整个长期周期里，总体呈现上涨态势。长达数十年的经济长期上涨的周期里，各行业兴衰变幻会很大，但作为经济增长灵敏指标的长期利率却会总体走低，资产价格也会随着利率的长期走低而总体向上，房子作为资产的一种，同样会随着利率走低而走出长线上涨的牛市行情。房子不像股票那样在交易所集中交易，大众更看重房子的中长期价格趋势，房价的短期波动，难以引发人们的心理恐慌，从而导致房价比交易所挂牌交易的金融品种波动更小、收益更稳定。因此，房价的长期上涨，是国民经济长期增长的体现和价值发现。

2. 房子作为财富象征的收藏偏好。亚洲人对房地产有特殊的心理偏好，普遍信奉有恒产者有恒心，将房子视为财富的象征，在心理上，房子，具有客观实在的厚重感，而这种充实感，是其他金融资产无法比拟的，所以，只要有能力，就愿意购买房子。在这种房子收藏偏好的心理作用下，随着经济的增长，大众收入的提高，对房子的购买需求会持续旺盛，房子的供给总是有限，需求却近乎无限，在经济繁荣期，房子总体供不应求，房价也长线持续上涨。

3. 城市化的结果。随着国民经济持续发展，由农业为主的传统乡村社会，逐渐转向由工业和服务业为主的城市社会，导致农村人口向城市集中，城市人口的过度膨胀，使城市住房供不应求，房价的上涨也成为必然。

4. 人口红利的结果。在一个中长期经济周期里，历尽战争、自然灾害等天灾人祸，进入经济复苏期后，随着生活水平提高，出生率大幅上升，从而出现生育高峰，会涌现婴儿潮现象，随着这批婴儿长大成人、进入工作期，就会使整个国家的工作人口在总人口中占据较大比例，从而使整个社会抚养率较低，整个国家的经济出现高储蓄、高投资和高增长的良好局面，这就是经济增长的人口红利。人口红利导致社会消费旺盛，对房子的需求同样也会增加，从而带动房价上涨。

5. 通货膨胀的影响。经济增长的过程，必然也是通货膨胀的过程，必然导致房价的长期上涨。

6. 疯狂投机所致的资产泡沫。以上几种因素的合力，促使房价长期上涨。房价的持续上涨，又强化大众对房子作为投资工具只涨不跌的迷信，养成买房保值的固定思维，从而使整个社会疯狂买房，形成羊群效应，房价越涨，抢购就越厉害。房价实际包含更多的投机心理因素，是疯狂炒作的泡沫化的体现。

二、房地产投资的杠杆效应

同样房价上涨4倍，在杠杆分别为5、3.3和2倍的情况下，投资收益率就高达15、10和6.7倍，杠杆大大放大了投资收益！

鸥夷子皮说："房价的持续上涨，使得投资房地产获利可观，投资收益也高到惊人，房价或许涨了3倍、5倍，但房地产的投资收益可能高达10倍、20多倍！"

道生惊奇地问："房地产的投资收益怎么会有如此之高？"

"秘密就在于房地产投资应用了杠杆。"

道生追问："什么是房地产投资的杠杆？"

鸥夷子皮作出解释：

买房子时，可采取银行贷款方式：先支付一定比例的首期房款，然后以房子作抵押，向银行贷款再支付剩余房款，然后在约定还款期限内按月偿还银行贷款。根据支付首期房款比例的不同，投资收益相对房价涨幅就具有了不同的杠杆：

1. 如果支付20%的首期房款，杠杆是5倍。

2. 如果支付30%的首期房款，杠杆是3.3倍。

3. 如果支付50%的首期房款，杠杆是2倍。

假设在某一段时间里，房价上涨了一倍，为方便计算，忽略不计每年的利息支出和物业费支出等小额花费的话，那么，投资房子，在不同的杠杆下，具有不同的收益率：

1. 支付20%首期房款，杠杆为5倍，收益率是5倍。

2. 支付30%首期房款，杠杆为3.3倍，收益率是3.3倍。

3. 支付50%首期房款，杠杆为2倍，收益率是2倍。

鸱夷子皮说："首期房款支付比例不同，杠杆不同。同样的房价涨幅，如果是全额付款，没有杠杆，那么，投资收益率就等于房价涨幅；如果有杠杆，杠杆不同，投资收益也就各有不同，杠杆会将房价涨幅放大数倍不等。"

为了让大家更清楚了解房地产投资的杠杆，他又进行实例分析：

某人购买100平方米房子用来投资，购房后出租。假定：此人购买房子的价格是5000元/平方米，买房后房价大涨，3年后房价升为2万元/平方米，5年后房价升为3万元/平方米，设定年贷款利率5%，平均租金为3000元/月，如果房子分别在3年后和5年后被卖出的话，在首期房款支付不同比例的情况下，这项房地产的投资，就会具有不同收益率，那么，投资收益率到底有多高？

鸱夷子皮说："房子3年后被卖出，房价的涨幅是4倍，如果是全额付款方式买房，投资收益率就是3倍。"

道生："3年赚3倍，是我就会笑得合不拢嘴。"

鸱夷子皮："如果动用了杠杆，收益率何止这些。根据首期比例的不同，收益率就大不相同。"

他分别进行计算：

1. 首期房款为20%时：

首期支付10万元，购房契税支付0.75万元，银行贷款40万元，每年利息支出约为：40万×5%=2万元，每年房租收入为：3000×11=3.3万元（按照理财常规，假定每年有一个月为出租期），3年房租收入9.9万元，房子售价200万元，中介费按1%计为2万元，卖房所得税按1%计为2万元，营业税按差价的5.5%计是8.25万元，教育和城建附加按营业税的9%计约为0.74万元，3年利息支出6万元，期间售房收入和租金收入扣除银行贷款、利息支出以及税费支出后的净额为：150.16万元。相比较首期投资的10万元，增长15倍。

2. 首期房款为30%时：

首期支付15万元，购房契税支付0.75万元，银行贷款35万元，每年利息支出约为：35万×5%=1.75万元，每年房租收入3.3万元，3年房租收入为9.9万元，房子售价200万元，卖方税费为：12.99万元，3年利息支出为：5.25万元，期间售房收入和租金收入扣除银行贷款、利息支出以及税费支出后的净额为：155.91万元。相比首期投资的15万元，增长10倍多。

3. 首期房款为50%时：

首期支付25万元，购房契税支付0.75万元，银行贷款25万元，每年利息支出约为：25万×5%=1.25万元，3年房租收入为9.9万元，房子售价200万元，中介费2万元，卖房税费12.99万元，3年的利息支出3.75万元，期间售房收入和租金收入扣除银行贷款、利息支出以及税费支出后的净额为：167.41万元。相比首期投入的25万元，增长了6.7倍。

鸥夷子皮计算完，顺手又做了个表，将不同的收益率进行对比：

首付比例	首期支付	卖房收入	收益率
20%	10万元	150.16万元	15倍
30%	15万元	155.9万元	10倍
50%	25万元	167.4万元	6.7倍

鸥夷子皮说："在上面的数据分析里，我们根据实际情况，合理扣除掉相应的花费，同样房价上涨4倍，在杠杆分别为5倍、3.3倍和2倍的情况

下，投资收益率就高达15倍、10倍和6.7倍，杠杆大大放大了投资收益！”

猗顿叹息道：“房地产投资的收益是如此之高，真是让人瞠目结舌。政府应该反复宣传，抢银行、贩毒品，不如直接去炒房子！宣传如果到位了，犯罪率一定会大大降低！”

鸱夷子皮笑道：“如果5年后卖房子，房价的涨幅会更大，达到6倍，投资房子的收益率会更加惊人！让我们再用数据说话吧！”

1. 首期房款为20%时：

首期支付10万元，购房契税为0.75万元，银行贷款40万元，每年利息支出为2万元，5年的利息支出为10万元，每年房租收入3.3万元，5年房租收入16.5万元，房子售价300万元，卖房税费分别包括：中介费1%为3万元，所得税1%为3万元，营业税按买卖差价的5.5%计为13.75万元，城建和教育附加为：1.24万元，卖房税费总计为：20.99万元，期间售房收入和租金扣除银行贷款、利息支出以及税费支出后的净额为：244.76万元。相比初期投入的10万元，增长近25倍！

2. 首期房款为30%时：

首期支付15万元，购房契税0.75万元，银行贷款35万元，每年利息支出为35×5%=1.75万元，5年利息支出8.75万元，5年房租收入16.5万元，房子售价300万元，卖房总税费20.99万元，期间售房收入和租金扣除银行贷款、利息支出以及税费支出后的净额为：251万元。相比初期投入的15万元，增长16.7倍！

3. 首期房款为50%时：

首期支付25万元，购房契税0.75万元，银行贷款25万元，每年利息支出为25×5%=1.25万元，5年利息支出6.25万元，5年房租收入16.5万元，房子售价300万元，卖房总税费20.99万元，期间售房收入和租金扣除银行贷款、利息支出以及税费支出后的净额为：263.5万元。相比初期投入的25万元，也增长近10倍！

鸱夷子皮作完数据分析，同样作了一个收益率对比表：

首付比例	首期支付	卖房收入	收益率
20%	10万元	244.76万元	25倍
30%	15万元	251万元	16.7倍
50%	25万元	263.5万元	10倍

道生惊叫起来："暴利啊暴利！区区10万元，竟然可以赚到两百多万元！看来要赚钱，只有炒房了，炒过房暴富过的人，再去干任何事，怕是都提不起精神了！"

白圭也感慨道："炒房的收益确实太吓人！有眼光、有胆识炒房的话，只需投入三五十万元，动用杠杆，买上三五套房，几年后获利就能达千万以上！难怪当前个个人都急红眼要买房，连企业家也不愿再做实业，纷纷加入抢房子的阵营中去。"

郑旦撇了一下嘴，有点藐视地说："三五十万元投资房子？本金太少了！只不过是小孩过家家玩的小游戏罢了，有关系有实力的大鳄是不屑做如此宵小生意的。房地产大鳄们动辄上亿投资，不是买整栋大厦就是当开发商，如先生刚才所讲，同样动用银行贷款形成高杠杆，同样获利几倍、几十倍，但是，因为投入了巨额本金，收益就是几亿几十亿了。我这次来齐国，就是因为我老公准备在齐国大规模进行房地产开发，让我先期过来筹备的。"

猗顿用有点嫉妒的口吻说："吃不到葡萄的，只能说葡萄酸了。我等小民的钱，就这样被你等牛人席卷而空了。不要说当了房奴累，现在能做个房奴，已经是一种幸福了。"

三、对房子估值

房子的合理价值等于其年租金除以年利率。

白圭说："房价暴涨，确实让房地产产业上下游行业的各色人等，大都获得不同程度的暴利，但也加重了普通大众的生活负担。并且，炒房子让不务正业的人暴富，会让人不再专注于实业，只想炒房牟取暴利。"

鸱夷子皮摇头："房子既然是投资品种，能让人暴利，也就会让人巨亏，完全视乎买房人对于房价的判断，以及是否能合理把握房子的价值，如同股票一样，如果以远远超出其合理价值以外的价格接手，就存在巨亏的可能。"

西施问："房价会如同股票般涨跌吗？人们不都是理性买房吗？"

鸱夷子皮道："人们在初始进行房地产投资时，大都要分析房子的投资价值。通常要考察房子的地段、环境，要了解户型、楼层，要结合房子的功能属性——住宅、商铺、写字楼、厂房等，以及付款方式，制订不同的投资方案。或长线投资，或短期转手买卖，或是"炒楼花"——开盘时只交定金再转给他人的短炒。如果人们都是严格按此操作的话，房地产的投资就应该是理性的。

“但现实情况并非如此。随着房事的逐渐炽热，房价的涨速加快，房地产暴利的示范效应逐渐扩展开来，不计价格、不管价值，只求抢到房子的人越来越多， 疯狂的人只求一房在手，别无所求，根本不在乎价值几何，房子就意味着暴利，房子就意味着财富。如此一来，购房的人越疯狂，房价的上涨也越疯狂；房价上涨的越疯狂，又让更多的人购房越疯狂，疯狂的人和疯狂的房价相互刺激，此刻，房子已不再是投资品种，而成为炒作工具，成为击鼓传花的道具。大众的抢购，只是为以更高的价格向下家转让，买房完全成为博傻游戏。”

西施问：“既然房子很容易成为炒作工具，那么，到底应该怎么判断房子的合理价值？应该怎样给房子估值？”

关于对房子的估值问题，鸥夷子皮给出以下分析：

我们知道，房子每年会产生租金收入，按照财富管理的现金流理论，房子的价值V，就是其使用年限内的年租金和最终残值的现金流贴现。假定第t年的年租金收入为R^t，贴现率为i，其最后的最终残值为a，其最后使用年限为n，那么房子的价值V：

$$V=\sum_{t=1}^{n}\frac{R_t}{(1+i)^t}+\frac{a}{(1+i)^n}$$

根据这个公式，房子的价值是其实际使用年限内的年租金、按贴现率i进行贴现的年金数列，再加最后处置价残值的贴现值的总和。但房子的使用年限一般较长，长达数十年，甚至上百年，在漫长的时间里，受通货膨胀影响，房子的年租金会有很大幅度变动，难以精确确定，因此，这个公式无法准确计算房子的价值，只是一个理论性公式。在实际分析时，可以参照股票估值的市盈率公式，用下面这个简单公式来计算房子的价值：

$$V=R/i$$

按照此公式，房子的合理价值等于其年租金除以年利率。也就是说，在房子的价格不高于其合理价值的情况下，其租金收入，不应该少于同等全额的资金从银行所获取的利息收入。如果房价高过这个合理价值，与其买房子收租，还不如直接将资金存银行收取利息更简便，因此，房价超出这个合理价值的话，房子就失去投资的意义。

鸱夷子皮讲完，西施说道："按照这个公式，刚才所举案例中的100平方米的房子，年租金为3.3万元，如果按一年期定期存款利率为3.5%计算的话，其合理价值仅为3.3÷0.035=94.3万元，而其价格却达到了300万元，看来已经丧失投资价值，只能是炒作的道具。"

鸱夷子皮点头认可，他说："实际上，当资产泡沫化严重时，疯狂的投机者根本不会理会投资价值的高低，只会博取差价，不管价格多高，只要确定有傻瓜会以更高价格接手，就毫不犹豫抢购。买房，由投资成为击鼓传花的博傻游戏，只要鼓声不停，房子有下家接手，就会获利。在这种群体非理性疯狂炒房的热潮下，房价，永远没有最高，只有更高；房价，和投资价值无关，和群体心理相连。买房，是一种赤裸裸的炒作游戏，只看概念，只凭个人喜好。只要有稀缺的概念，只要能让人喜欢，只要能满足大众的收藏心理，不管价格多高，都有人敢接盘。只要是名人住过的别墅，只要是曾经的王府，不管是深藏在风景旖旎的深山，还是坐落于蔚蓝海岸的海边，都会被各色富豪以惊人天价延揽在怀。"

西施说："只涨不跌的房子很容易给人这种错觉——买房能保值，房子是最好的投资品种。但是，房子就真的是能保值的最好投资品种？"

猗顿笑着说："二八韶华少女的美貌让人迷恋，也让为其动心的男人欲长相守而终生相伴，但青春少女总有年老色衰之时，只因美貌而动心，终归也会因美色不再而绝情。同样，上涨的房价，对买房人来说，就如少女一样迷人，可是，这世界上真有永恒的爱情吗？真有永远上涨的房价吗？不管你们信不信，我是不信的。相信房子会保值，就像相信姑娘越老越美一样幼稚而可笑。"

鸱夷子皮说："正如一棵树永远不可能一直高到天堂里，高度膨胀的资产泡泡，最终也会破裂。我们知道房价之所以长期上涨，是城市化、人口红利、通货膨胀、收藏偏好和投资投机等因素的综合作用，如果这些因素消失，甚至转成相反的作用后，房价的走势就会大逆转。

“我们前面讲过，房价会跟随经济增长的长期周期，呈现出总体上涨的趋势，但是，无论经济增长的周期多么漫长，有高潮，就会有衰退，随着生育高峰期出生人口的逐渐衰老，人口红利会消失，城市化进程也会消失，经济的增长会放缓，对房子的需求会减少，房子的供给反而在老龄化社会会大为增加，在这些因素的共同作用下，无论房价上涨得如何离谱，最终都要放低疯狂的牛头，掉头向下调整，到了那时，大众的心理又将转变为极度恐惧下跌，就会不择价格卖出，房价会在短期之内，回归投资价值。”

鸱夷子皮继续说：“房价，或许在经济发展的某个阶段，会出现比较剧烈的涨幅，但如果按长期经济周期的时间计算复利的话，其年均涨幅并不会太高，或许都不一定能跑得过通胀。所以，在一个正常发展的经济体系中，房地产投资的收益率并不会很高；房地产投资，也不是人们首选的投资品种，所以，说房地产会保值，一定要给它一个期限，在某个时期，可能具有保值功能，但从长期来看，房地产并非只涨不跌的保值工具。”

四、高通胀环境下的住房策略

房子向左，生活向右。

白圭问老师：“在高通货膨胀环境下，买房的话，房价却远远超过其投资价值，让人难以下手；但是不买房的话，居住问题又会成现实问题。这种情况下，人们应如何应对？”

鸱夷子皮说：“房子的本质，就是耐用消费品。在收入可以承受的前提下，如果为了追求人生的生活享受，就应将房子视为价格昂贵的生活奢侈品——购买而后消费，享受消费的乐趣。无论房价的泡泡有多大，生活总得继续，拥有房子的所有权而给人带来的安全感，是其他方式无法取代的，何况，在生活中，和房子捆绑在一起的子女教育问题、身份问题等现实问题，都是只有拥有了房子才能解决的。所以，为了生活，为了解决现实问题，无论房价的泡沫多么离谱，拥有一套自己的房子，成为大众的不二选择。”

西施问：“那么，普通大众应选择购买多贵的房子才合适？”

普通大众应该买多贵的房子？

鸥夷子皮的建议如下：

首先，要看他的积蓄是否足够支付所选择房子的首期；其次，要看他每月偿还银行的还款金额占其收入的多大比例。普通大众买房，通常都是采用支付首期款，然后向银行抵押贷款，再在一定期限内按月还款的房屋抵押贷款方式。根据还款方式的不同，分为：

1. 等额本息法。这种还款方式是指在还款期内，每月还款额固定，包括本金和利息，偿还同等数额的贷款。等额本息法每月还款金额固定，但在还款期前期是本金少而利息多，在后期是本金增加而利息减少，复利累积下来，利息要比等额本金法多一些，看似要多付银行利息，但在高通货膨胀环境下，多借款晚还款是有利于债务人的，所以可采取这种还款方式。

2. 等额本金法。这种还款方式是将本金每月等额偿还，然后根据剩余本金计算利息的还款方式。初期由于本金较多，支付的利息较多，从而使还款额在初期较多；随着还款时间越来越久，还款额会每月递减。等额本金法的好处是，总的利息支出会比等额本息法少，因此，对于不愿意承担债务负担的人来说，感觉利息负担更轻。

每月偿还银行贷款的金额是判断应该买多贵房子的重要指标，房贷收入比是判断买房负担的最主要参考数据。一般来说，在支付首付款后，偿还银行贷款的支出应占到家庭总收入40%以下才可以考虑买房，控制在30%以下的话，偿债的负担就在合理范围内。所以，在进行买房决策时，要估算好偿还贷款能力，除掉每月必须偿还的银行贷款之外，还要有足够的剩余收入保障日常生活开支，不能让买房成为压力山大的经济负担。

鸥夷子皮接着讲道："在房价泡沫严重、远远超过其实际投资价值的经济环境下，对于年轻男女来说，如果不涉及子女教育问题的话，租房，就是最稳妥的应对之策。大部分人不愿租房的最大理由是，每月支付租金，最后什么都得不到；每月要是支付房屋贷款呢，最后会得到房子。这种看法，看似有道理，实际上是似是而非。当房价值被低估、投资房子的收益大过银行利率时，确实如此，租房不如买房；但当房价高企、租金收益率远低于银行利率时，买房就不如租房。在房子的投资收益远低于银行利率的情况下，房子下跌的风险可能远大于房子升值所得到的收益。如果这时候选择租房的话，成本会更低，经济负担更小，对于工作变动较多、尚无孩子拖累的年轻男女来说，租房就是一种更为灵活机动的生活良策。”

关于房子问题，鸱夷子皮做最后的总结：“房子，让无数的普通人成为成功人士，也让无数不成功的普通人背负沉重压力。无论如何，生活会继续。时间是还原剂，会让一切扭曲变形的东西回复本来价值。或许，经过漫长的时间洗礼后，尘归尘，土归土，为房子背负重担者终将得以解脱，我们的孩子也将不再会为房子的花费穷尽一生。”

西施点头：“房价向上，房价向下；房子向左，生活向右。但愿以后的人们不再体会房子所带给人的悲催。”

我的未来是不是梦？关于养老问题

不提早进行养老准备，人生最大的风险，就不是死得太早，而是活得太长。

下午上课前，同学们漫无边际地在聊天。

郑旦有些幽怨地说："本宫方才看到一对老翁老妪牵手而来，携手而去，恩爱之情，溢于牵手间，甚是让人羡慕。私心想着若是年老时若能如这老夫妇般漫步于世界各地，却不必为盘缠忧愁，未来养老想必是极好地，倘若退休生活能过成如此这般，虽会开销不小，但荷包肥腴的话，倒也不负恩泽。"

西施笑道："拉倒吧你，不知道的还真当你是林黛玉转世的深宫嫔妃了！你这个卖木材的柴火妹，别净整这些文绉绉的话，欺负我这个洗衣工听不懂。快说人话！"

郑旦哈哈大笑："老娘退休以后要是能有爱人陪着周游列国、环游世界，那该多好！"

道生说："养老，对我是个遥远的问题。对于你这样的富婆来说，钱的问题，就不是问题。只要有足够的钱，你想怎么养老就怎么养老。"

猗顿道："这个世界太残酷。对于某些人的养老来说，是钱还在，人没了的问题；而对于另外一些人来说，却是人还在，钱没了！今天我看到一则报道，一名60多岁的老人贩毒被抓，其贩毒的理由则很让人震惊——为了养老！按照这个贩毒老人的说法，如果被抓，就进监狱养老；如果不被抓，就靠贩毒养老。”

道生感慨道：“世界之大，无奇不有。这也太匪夷所思了吧？进监狱的目的竟然是为了养老？”

鸥夷子皮听到了这段对话，他长叹道：“长太息以掩涕兮，哀生活之多艰。如果不提早进行养老准备的话，那么，人生最大的风险，就不是死得太早，而是活得太长。”

一、1000万元，不足以养老吗

通货膨胀长期恶性、达到了10%的话，即便当前储蓄有1000万元，在未来的退休养老中，甚至不足以维持相当于当前每月2000元的最基本生活水平！

白圭问老师："人们到底需要为晚年的退休生活准备多少养老金才算够？"

道生说："我认为1000万元就足够了。我要是有1000万元的话，做梦都能笑出来，我就什么都不用干，准备养老退休了。"

猗顿摇头："1000万元？这个数字看似惊人，但或许未必足够未来养老。有一著名经济学家专门对此有过研究，他认为如果经济增长、居民货币收入增长以及官方发钞节奏不做根本性改变的话，20年之后的退休者或许需要一笔约为300万~500万元的积蓄，才能安度余生，而这还只是普通小城市民众的较低水准，如果在大城市，预备1000万元，未必够养老。"

郑旦叫起来："1000万元竟然不够养老？！这也太夸张了吧？ 1000万元虽然对我等女富婆不算什么，但对普通人来说简直就是天文数字，未来养老花费再高，也不可能需要1000万元的吧？这听起来就像天方夜谭！这是什么专家教授，完全是哗众取宠、危言耸听！”

鸥夷子皮：“未来养老1000万元也未必够，大众之所以普遍排斥这个推断，最直接的理由恐怕就是，大部分人穷其一生，不吃不喝，不花一文，所有的工作收入汇总起来，恐怕也无法达到1000万，又怎么可能会为养老、花费超过一生收入的金钱？所以，会感觉这个判断很荒谬、很不可思议。”

猗顿说：“我的感觉告诉我，这位教授是位有良心的学者，他用心良苦，希望开启大众在经济领域的民智，但大众却难以领悟他的苦衷。他之所以会对大众未来的养老前景忧心忡忡，认为无1000万元不足以养老，其先决条件是，钱是纸，币值不稳定，恶性的通货膨胀会使得民众终生劳碌，晚年也未必安然。大众丝毫不理解教授对通货膨胀的担忧，却宁愿以当前现状、站在各自立场、凭借自己想当然的判断、以刻舟求剑的思维做以判断。”

鸥夷子皮点头：“在很多情况下，真理总是被误解的，智者也总是得不到庸人认同的。所以，真理是要被放逐的，智者也注定是寂寞孤独的。”

西施说：“一个人，无论是成就丰功伟业，还是平平凡凡；无论是荣耀一生，还是卑微一世；无论是如意，还是坎坷；无论是辛劳一生，还是浑噩一世。在历经几十年风雨之后，人生生命的曲线都会接近生命的尽头，都面临年老退休问题。养老，也成为必须要考虑的一大问题。”

鸥夷子皮：“人无远虑，必有近忧。养老，如果是远虑的话，就是个可以解决的大问题；如果成为近忧，恐怕问题就会很严重了。要考虑养老问题，其核心就是要提早做好养老金的准备，早规划早安排。”

道生有点疑惑鸥夷子皮的忧虑：“当前老年人的退休生活不是一片祥和吗？简直可以说得上是丰富多彩。有人在做自己有兴趣的事情，学习着年轻时想学未学的东西，写字画画，陶冶情操；有人将昂贵的CANON无敌兔当成傻瓜机，携带其游览大好河山，足迹遍及世界各地；也有人在含饴弄孙，享受天伦之乐。这些人，应该不会有几人进行过养老规划的吧？也没见天塌下来？不也一样晚年无忧？”

鸥夷子皮：“当前老人养老的安逸，无法消除未来养老的风险。甚至可以这样说，当前老人的祥和养老，正是建立在未来养老大窟窿的基础之上的。这是当前养老制度的一大缺陷，我们后面会有所分析。你只需明白，安享晚年的前提，是要有足够的养老金。当前退休老人的养老金，正是来源于对未来人们养老的严重透支。如果当期的人，不对未来的养老问题进行充分准备的话，未来必然不够钱养老，那就只能一生辛劳，退休也无法休息，只好为谋生而劳碌工作到死了。”

道生对此不以为然：“总要相信政府的制度安排吧？当前每月按时缴纳社会养老保险，退休后领取的社保养老金应该就足够了吧？当期绝大部分人不都是这样计划养老的吗？”

郑旦说：“我认为养老问题不必刻意考虑，以前的人从不曾进行过养老规划，不也照样过完一生嘛！何况，要是晚年真得没钱养老的话，还可以找子女去要，所以，要我说，多生孩子好，养儿养女就是最好的防老，儿女就是最好的养老金。”

猗顿说：“你是富人，想生几个生几个，没人管你们，我们这些普罗大众就要忧心忡忡了。你们不必为养老制度存在的问题犯愁，我们就要为准备未来的养老花费担忧了。”

鸥夷子皮点头称是：“不管是为未来担忧，还是随遇而安，养老，这个问题，都在这里，不弃不舍。所以，作为中产阶级的精英，在进入中年时期、经济状况良好之时，未雨绸缪，提早进行养老规划，为未来的养老花费提早积蓄，就是智者所为。为未来的风险早做打算，早做保障，就可以消除或大大减少人生中的不确定性风险，从而避免危机来临时的手足无措，也就不会徒发老大徒伤悲的哀叹。”

白圭问：“早做储蓄准备就可以晚年无忧了吗？”

鸥夷子皮叹了口气：“我们无法低估这种风险——如果处于一种严重

通货膨胀的经济环境下，或许再怎么努力积蓄养老金，恐怕也远远弥补不了这些资金所代表的财富流逝。未来的养老花费，或许真得要远远超出大众工作一生的总收入，也就是说在恶性通胀的情况下，即便把所有的收入积蓄起来，恐怕也不够未来的养老费用！”

道生疑惑地问：“这种情况，有可能发生吗？”

鸱夷子皮道：“当前领取社保养老金的退休老人们，或许就是证明这个论断的最佳事例。当前，退休老人的社保养老金普遍在2000元上下，按年算就是2.4万元左右，这笔钱，对于退休者来说，恐怕只能够维持日常基本生活之用，可视为养老花费，假定忽略未来通货膨胀而导致的养老金上涨情况，从静态角度计算，退休者生存20年的养老花费总计为48万元。但实际上，这些老人们退休之前，整个一生的工作时间里，大部分时间维持较低的工作收入，工资在每月几十元到几百元之间，30多年的工作收入汇总起来，也就为十几万元到二十多万元。将这些退休者的养老总花费和其工作期间总收入做以比较，我们就会惊奇地发现，退休者的养老总花费，会远远超过其工作一生创造的总收入！”

猗顿说：“通货膨胀严重的话，币值就会长期不稳定，那么，大众一生工作的总收入，即便一文不花，全部被积蓄下来，也无法保证未来的养老花费！这其中的奥妙，老师已经在前面讲得很透彻，居高不下的通货膨胀是罪魁祸首，正是它让货币贬值，让财富流逝，才会出现这种退休养老花费高于工作总收入的滑稽现象。”

郑旦说：“那么，未来到底需要多少养老金，才足够晚年无忧？不会真的需要上千万吧？虽然我贵为女富豪，也听得心跳跳，不淡定了。看来，我需要向超级女富豪的行列迈进了。哎哟，我的钱包听到后都吓晕过去了，钱包，钱包，你快醒醒了！”

郑旦表演得很搞笑，动作又夸张，大家都大笑。

鸱夷子皮说：“未来到底需要多少养老金？这视乎退休以后的存活寿命、未来的通货膨胀率水平，以及个人所追求的生活水平，而会有所不同。虽然难以准确计算，但我们仍然可以尝试进行以下数据分析，从而合理推算出在不同经济环境下，大众大致所需的养老金水平。”

鸱夷子皮开始进行数据分析：

首先，大众退休后会存活多少年？

根据当前相关数据：男性60岁退休，平均生存年龄为72岁；女性55岁退休，平均生存年龄为74岁，也就是说，当前男女退休后的生存年限分别是12年、19年；考虑到未来医疗科技的发展，人均寿命会再延长，并且，个体寿命不等于平均寿命，为了避免出现钱没了人还在的悲惨状况，以20年为合理生存年限来准备养老金是必需的。我们就以20年为退休后的合理生存年限，据此估算未来养老金的情况。

我们假定，中产阶级人士在40岁左右时开始进行养老规划，设定开始养老规划的时点为T，那么，60岁退休的时点则为T20，我们以下估算中产阶级人士在退休之时的T20时点、应该为未来20年的退休养老总花费，做多少养老准备。

其次，退休后应维持什么样的生活水平才合适？我们以当前生活水平为参照，设定两种不同的生活水平：

1. 基本生活水平：以当前普通退休者的养老金水平为基准，作为维持最基本生活水平的标准。当前退休者的养老金标准大致为2000元/每月，2.4万/每年。

2. 中等生活水平：以当前白领的日常生活费用5000元/每月、6万/每年为基准，作为养老的中等生活水平标准。

再次，根据通货膨胀率的不同，我们可以将未来的经济情况，分为以下三种：

1. 经济增长有所放缓的情况，通货膨胀率为4%的温和水平。

2. 经济增速仍然较快，通货膨胀保持在7.6%的较高水平。

3. 经济出现滞涨，通货膨胀严重，达到10%的水平。

以上三种不同的通货膨胀率，查阅财富贬值系数表得知：20年后的财富贬值系数分别为：0.442、0.2058和0.1216。

根据这种可以量化的假定，就可以计算出在不同通货膨胀率水平下，中产阶级在20年后的T20时点，为维持当前两种不同的生活水平，所需的年生活花费。

鸱夷子皮将根据假定计算出来的20年后的生活花费制作成下表：

20年后在不同通货膨胀率和生活水平下的年生活花费

通胀水平	20年贬值系数	20年后基本生活水平下的年花费（万元）	20年后中等生活水平下的年花费（万元）
0%	0%	2.4	6
4.00%	44.20%	5.43	13.57
7.60%	20.58%	11.66	29.15
10.00%	12.16%	19.74	49.34

他说："从表中，我们可以看出，如果通胀率一直持续为4%的话，那么，20年后，维持当前最基本生活水平的年花费就需要5.43万元，维持当前中等生活水平的年花费是13.57万元，都比当前的花费，提高了整整一倍多；如果通胀率一直维持在7.6%的话，那么，20年后，即使只维持最基本的生活水平，每年也需花费11.66万元；而要达到当前中等生活水平的话，每年的花费就是29.15万元；要是通胀是恶性的，不幸为10%的话，那么，未来维持最基本的生活花费，则每年最少需要接近20万元；即使仅仅达到当前每月花费5000元的中等生活水平，每年的花费也需要49万元多！"

猗顿惊叹道："每年49万元！仅仅只够当前6万元的中等生活水平！这真是花钱如流水呀！按此标准，20年的花费不就是差不多1000万元了？"

鸱夷子皮摇头："不是20年和每年花费的相乘这么简单，还要考虑货币的时间价值原理。我们假定，从T20时点开始，连续20年的退休生涯中，每年养老花费的实际购买力价值维持不变，都相当于当前的基本生活水平或中等生活水平，那么，每年的养老花费，就构成一个连续20年的年金序列，将各年金对应的通膨率作为贴现率，求解此20年年金序列的终值，我们可以查表求得不同通胀率水平下的年金终值系数分别为29.78、43.78和57.27，就此，可以得到在不同通胀率水平下，当前40岁的中产阶级人士，为未来的20年退休生活，所需花费的养老金总额。”

鸱夷子皮将计算出的数据，制作成下表：

不同通胀率水平和生活水平下的养老花费总额

通胀水平	20年期年金系数	基本生活水平下养老总费用（万元）	中等生活水平下养老总费用（万元）
4.0%	30	162	404
7.6%	44	511	1276
10.0%	57	1130	2826

郑旦看完数据，说：“我简直不敢相信自己的眼睛，这个数据，太出乎人的意料之外了，太让人吃惊了！通货膨胀长期恶性，达到了10%的话，即便当前储蓄有1000万元，在未来的退休养老中，甚至不足以维持相当于当前每月2000元的最基本生活水平！钱真成了纸了！这也说明那个名教授说的是对的——1000万元，竟然不足以养老！”

鸱夷子皮说：“当然，恶性通胀的概率还是很低的。但是，即便通膨率维持在7.6%的现有水平下，要维持当前的基本生活水平，所需的养老费用也高达510万元；如果将生活质量提升到中等水平，20年的养老总费用则需要1276万元！”

郑旦叹息说：“想想老娘的一生，就是卖身卖艺卖青春的一生，用欢笑泪水，挣了七八吊养老钱，辛苦积蓄下1000万元，以为晚年好风光，谁能料到，这通胀比无牙老虎还厉害，大笔金钱会这样零落成泥，随风散去，连保持中等水平的生活都勉为其难！”

鸱夷子皮道：“即使通货膨胀温和，仅为4%，维持基本生活水平的养老总花费也须161.7万元，要达到中等质量的生活标准，就需要404万元。实际上，这种通货膨胀率是个大概率事件，未来出现这种经济情况的可能性很大，因此，将未来的养老问题当成一件大事，在40岁时，做好未来的养老规划，并非杞人忧天，而是当务之急。”

二、几种养老安排

如果不为未来打算，未来必然要继续辛劳，为口粮而劳累至死。

白圭问："当前的退休者可以依赖社会保险养老，为什么当前的年轻人就不能寄希望于社会保险养老呢？当前社保养老制度，对年轻人未来的养老，又有多大程度的保障呢？"

猗顿："基本的社会养老保险制度我有一些大致了解，我来讲讲吧。"

猗顿讲起当前的社保养老制度：

根据关于社会基本养老保险的相关规定，社会基本养老保险实行社会统筹与个人账户相结合的方式，由雇主和雇员共同缴纳基本养老保险费，雇主按企业雇员月均工资总额的20%缴纳基本养老保险费，记入基本养老保险统筹基金；雇员按月工资收入的8%缴纳基本养老保险费，记入雇员个人账户。退休时领取的社保养老金，由基础养老金和个人账户养老金两部分构成，也就是：

社保养老金＝基础养老金＋个人账户养老金

其中：

基础养老金＝（上年度本地职工月平均工资＋本人指数化月平均缴费工资）÷2×缴费年限×1%

个人账户养老金＝雇员个人账户储存额÷139

鸥夷子皮说："假设这个社会基本养老保险制度一直维持，持续数十年，未作大的调整。我们就根据社会基本养老保险制度的相关规定，可以进行关于养老问题的数据分析。"

鸥夷子皮对社会基本养老保险进行了数据分析：

假定某人25岁开始工作，60岁退休，工作35年，缴纳社会保险35年。为方便计算，假定此人工作初始时的工资水平为当年社会平均工资，将此月工资设为a；假定通货膨胀率维持在4%的温和水平，此人工资年均增长率为6%，工资增长率大过通胀率，当属好工作好收入。

那么，此人开始工作时，月缴纳基本养老保险费为0.08a，年缴保险费为0.96a，也就是说，每年个人养老账户缴纳的基本保险费相当于近一个月的工资收入。并且，此人在连续35年中，每年所缴纳的保险费构成一个比例系数为1.06的等比系列，35年的总和为：

$$\sum_{i=0}^{34} 0.96(1+0.06)^{i} \cong 107a$$

也就是说，35年间，此人缴纳到个人账户的基本社会保险费总额为工作初始月工资的107倍；而按照4%的通胀率水平，此人退休时的社会月平均工资将为3.95a，是工作初始社会平均工资的近4倍。那么：

此人退休时的基础养老金将为3.95a×35%，也就是1.38a；个人账户养老金将为107a÷139，也就是0.77a；

总的养老金则为：2.15a。

这个数值，相当于退休时社会平均工资的0.54倍，这种养老金与社会平均工资的比例，被称为退休金替代率，也就是说，此人的退休金替代率为0.54。

鸱夷子皮说："我们通过这个数据分析可以看出，一个人即使从工作开始就按社会平均工资缴纳基本养老保险，整个工作时期连续缴纳，从不间断，在4%的温和通货膨胀率水平下，退休时所能领取的养老金，也就仅仅相当于当时社会平均工资的0.54倍。退休金替代率太低，退休后的生活质量会受到严重影响。况且，这个4%的通胀率，是最温和的通胀，如果通胀再严重点，退休金替代率将更低，退休后的生活更难以维持。因此，社会养老保险制度，最多提供一种最低生存水平的保障，却无法提供退休后维持正常生活所需的资金安排，如果想要提高养老的生活质量，就必须进行养老规划，寻求其他途径的养老模式，才能做足养老准备。"

西施问："还有其他的养老安排吗？"

鸱夷子皮说："购买商业养老保险，是一种最常用的养老规划安排。商业养老保险包括传统型养老险、分红型养老险、万能型养老险和投资连接险，收益各有不同，特点也各有不同。"

他分析了商业养老保险不同险种之间的不同：

1. 传统型养老险的预定利率是确定的，当前一般在2.4%左右。传统型养老险从何时开始领养老金，到时领多少钱，都在投保时可以明确选择和预知。

2. 分红型养老险通常有保底的预定利率，但这个利率比传统养老险稍低，当前只有2.0%左右。分红险除了固定生存利益外，每年还有不确定的红利可得。但分红的不确定，也就意味着难以得到分红。

3. 万能型寿险在扣除初始费用和成本后，保费进入个人投资账户，有保证的最低收益，当前在2%左右。除此之外，还有不确定的"额外收益"。

4. 投资联结保险设置不同风险类型的账户，与不同的投资品种挂钩，不设保底收益，保险公司收取账户管理费，盈亏由客户全部自负，以投资为主，兼顾保障，由保险公司投资人员选择投资品种，不同账户之间可灵活转换，以适应资本市场的不同形势，有可能收益很高，但如果资本市场波动大，损失也可能会很大。

鸥夷子皮说："养老保险安排，本质上是一种强制储蓄，强制个人在工作期间，要为未来的养老，做好资金安排。社会基本养老保险制度是以国家法律的形式，强制雇员和雇主每月扣缴收入的一定比例作为养老储蓄；相比而言，商业养老保险则是个人自愿交保险费给保险公司，为养老进行商业性的强制储蓄。但是，无论商业养老保险的种类多么多样，但无法解决同样一个问题——预期收益率太低。我们在讲解财富流逝的秘密时，已经讲过，通货膨胀会使保险公司的长期养老资金大幅贬值，从而使财富流逝，因此，在币值稳定的环境下，商业养老保险可以作为一种补充的养老准备；但在高通胀的环境下，商业养老的长期低收益率，恐怕难以满足未来养老的需要。"

白圭说："我知道还有另外一种养老规划，就是企业年金。"

鸥夷子皮说："企业年金，是由企业为员工建立个人年金账户，企业和个人每月按收入的一定比例共同缴费，由企业或第三方专业机构进行投资运作，账户的本金和投资收益在退休时可以取出，用做养老准备。企业年金通常是大企业给员工的一种福利，是大企业员工养老的一种补充，但不具有普遍性。"

鸥夷子皮继续说："在纸币条件下，通货膨胀不可避免，即便通货膨胀表现温和，仅为4%，时隔20年后，以货币形式表现的财富，也会贬值为当初购买力的44%；30年后，仅相当于最初购买力的29%。所以，无论是基本社保、商业养老保险，还是企业年金，投资收益都普遍低下，甚至低过银行名义利率，从长期来看，这些养老规划都不可避免地会大幅贬值，大众的养老规划也将陷入一种囚徒式困境。如果在年轻时抑制消费，而为未来积蓄，积蓄在未来会大幅缩水，未来养老前景不可知，晚年仍无法避免要为生存而退而不休；但是，如果不为未来打算，未来必然要继续辛劳，为口粮而劳累至死。"

鸥夷子皮说："或许，几十年后，当前的中产阶级面临养老困境时，会大发感慨，虽然具有良好的教育，但年轻时要为谋生而辛勤工作，年老后却仍然要为谋生而辛勤工作，和民工并无任何本质不同，都要勤劳一生。看似生活水平在提高，但却是不劳动就不得食，手停口就停，生活，为什么会如此拧巴呢？”

遥想到中产阶级未来的凄凉晚景，鸱夷子皮不禁一声叹息。

郑旦说：“中产阶级的养老问题，未必会如此惨淡吧？我去米国之前，一直以为米国人民生活在水深火热中，但长期居留后才知道，米国人民虽然储蓄率很低，但退休者的养老花费并不少，普通民众的养老金来源，除了政府的养老金制度，更主要是来源于一个401（K）计划。那么，什么是401（K）计划？我们可不可以借鉴这个401（K）计划呢？”

鸱夷子皮点头，对这个问题表示认可，他说：“所谓401(K)计划，是米国雇主为雇员设立专门的401(K)个人账户，雇员每月从工资中拿出一定比例的资金存入该账户，大部分雇主也会按照一定比例往这一账户存入相应资金，雇主的缴费能获得税前扣除，雇员的缴费也能获得个人所得税税前扣除，这些计入雇员个人退休账户的资金，在雇员退休前，除非有重大原因，一般不得领取，只有当个人账户资金被取现或退休领取时，雇员才需缴费税款。因此，401(K)账户对雇员来说，具有税收递延的效果。

“401（K）账户通过政府递延纳税、雇主和雇员共同出资，账户资金被投资于股票、基金、年金保险、债券、专项定期存款等金融产品，由雇员自主选择账户的投资方式，投资收益完全归属于401(K)账户，投资风险也由该账户承担。雇员退休后领取的养老金多少，既取决于缴费额的高低，也取决于投资收益的状况。”

鸱夷子皮说：“401（K）账户，本质上是政府、雇主和雇佣共同出资，为解决雇员未来养老金缺口而设立的个人投资账户，政府通过抵押纳税的方式参与。这个养老制度，让米国民众在退休后大都安享晚年，虽然在个别时期内，因资本市场的大幅波动，造成了少部分人账户的严重缩水，但从长期来看，401（K）账户通过让个人账户参与投资，让每年的定投以复利形式增长，从而基本解决了米国民众晚年的养老之忧。因此，米国的个人储蓄率看似很低，但其养老金资产却很高，高达其GDP比重的120%以上，类似这种依靠企业和个人设立的个人退休账户的资产，更是高达政府养老金的5倍以上，完全可以让米国人晚年无忧。”

鸥夷子皮接着说道：“反观我们：储蓄率看似较米国高出很多，但我们缺乏米国人的个人退休养老账户，储蓄率虽高，除了大量的企业存款也个人的名义储蓄，实则隐含很大比重的个人养老积蓄，但这种不能被用作投资的储蓄，长期来看，存在着大幅贬值的风险；另外，90%以上民众的养老金，都依赖于政府社保，只有极少数人有商业保险或企业年金，自我设立个人退休账户的人，更是寥寥。无论是养老金结构还是规模，都不能提供足够的养老保障，中产阶级以后的养老生活，真是堪忧啊！”

鸥夷子皮感慨地说：“如果缺乏强大完善的社会福利保障系统；如果缺乏币值稳定的金融体系，那么，穷人没有安全感，富人也同样没有安全感。当前积蓄的千万资产，看似有一定经济实力，但是，养老问题仍然会让这些千万富翁滑向穷人阶层这边。更何况，养老问题，并不仅仅是金钱问题，如果未来人口红利消失、人口老龄化严重，进入老年社会，退休老人比例过重，工作人群比重小，养老设施严重不足，养老医护人员严重不够，用血量加大而供血量不足，医疗费用昂贵，那么，未来真的是不堪想象啊！”

他说到这里，窗外，一个年老的流浪汉在用沙哑的嗓子吼着一首歌：

忆往昔

哥也是个总经理

要风得风 要雨有雨

开车只开法拉利

而如今

美好只在回忆里

如果哪一天

我老无所依

请把我留在

留在这玫瑰花丛里

如果那一天

我溘然而去

请把我埋在

埋在这春天里

歌词有些凄惨，声音有些凄凉，慢慢由近而远。众人皆默然。

第十二章

人生财富的生命周期

人生有限，应追求有限的财富，通过学习，掌握财富的变化规律，学会在有限人生中利用适合的财富，而非追求无限的财富。

西施开口，打破了沉默："米国人的401（K）账户，通过设立个人退休账户，来解决养老问题，其实质，就是通过投资，让资本增值，从而化解未来的资金压力，我们是否也可以通过投资来解决现实生活中的诸多问题？"

鸱夷子皮点头称是，他说："对于中产阶级而言，养老问题，其实是未来将背负于身的最大大山，只不过，这座大山，当前还隐藏在远处，若隐若现，尚未构成直接负担，中产阶级们还能以鸵鸟心态，视而不见，见而不虑，过一天算一天。但是，子女教育、住房、医疗问题，则是当前就背负于身的三座大山，让人压力山大；再加上新三座大山——养车子而成为车奴、养孩子而成为孩奴、追求高档奢侈物质的消费而成物奴，这些新旧大山，让当代人疲惫不已，烦不胜烦，却也只能无奈适应。无尽的经济压力，让大众以为，足够的财富才能解决这些经济问题，这也成为社会上下普遍追求财富、信奉金钱的主要动力。"

鸱夷子皮话锋一转："生活中的绝大多数压力，确实是来自经济方面的压力，追逐财富成为大众解决经济问题的唯一办法。但是，人生也有涯，而钱也无涯，以有涯随无涯，殆已，呆已。也就是说，人的生命有限，而财富无限，以有限的人生中去追求无限的财富，必然要失败，其实是一种傻瓜行为。”

他说：“一个人无论如何能力超凡，如果生命不复存在，财富就是虚无；财富于人，是一个从无到有、从有到多再到无的过程，如果生命消亡，一切财富都将归于尘埃。”

西施问：“现在是开讲关于财富的哲学吗？”

鸱夷子皮：“我并不是要探讨财富的哲学意义，我是在提醒大家，人生有限，应追求有限的财富，通过学习，掌握财富的变化规律，学会在有限人生中利用适合的财富，而非追求无限的财富。”

他接着说道：“每个人，都是一个微型经济体，都是财富的创造者——我这里所指的财富——不是宗教、精神、艺术意义上的精神财富，而是金钱。人的一生之中， 存在着不同的阶段，每个阶段有不同的人生需求目标，每个阶段的金钱收入与支出变化有一定的规律性，这种人生中金钱收支情况不同的时期，我称之为人生财富的生命周期。”

西施：“人生财富的生命周期？”

鸱夷子皮在黑板上画了下图：

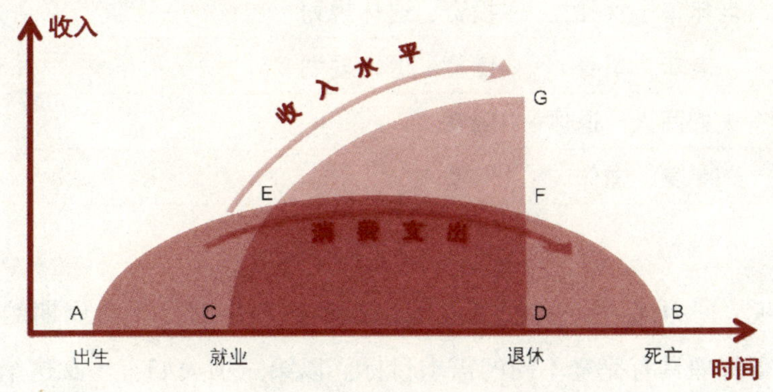

人生财富的生命周期图

他说：“图中，A、B、C、D表示出生、死亡、就业和退休的时点，AB表示人的一生中由出生到死亡的过程，CD表示人的职业生涯时期，弧线AEFB代表人生中的支出曲线，支出是一个由低到高再到低的过程；弧线CEG代表收入曲线，人生中的收入一般呈现稳定增长；阴影ACE部分代表有收入之前依赖父母抚养的净支出部分，阴影EFG代表工作时期的储蓄，阴影DFB代表退休支出。”

他继续讲道：“人生财富生命周期的不同阶段，对财富的需求目标也各有不同。根据年龄、就业情况、婚姻状况和家庭成员的情况，可以对人生生命周期进行了细分，细分为不同阶段。每个阶段，对财富也有不同的需求目标。”

鸱夷子皮将各个阶段对财富的需求目标制成下表：

人生生命周期不同阶段财富管理需求目标表

类别	特征	财富管理的需求目标
1	青年，单身	人生规划，为投资或创业储备资金
2	青年夫妇，无子女	理财规划、储蓄、投资
3	夫妇两人，有子女	买房规划，买车规划，子女教育规划，偿还银行债务、购买人寿保险
4	单身，有子女	子女教育资金规划、储蓄
5	老年，子女独立	投资、退休规划
6	老年，单身	储蓄、退休规划
7	夫妇两人，退休	储蓄
8	单身，退休	储蓄

他说：“从表中，我们可以清楚看到，人生财富生命周期的不同阶段，财富管理具有完全不同的需求目标。以第三项夫妇有子女这个阶段为例，年轻夫妇在生孩子前后，通常要买房，出现大额支出，在积蓄不够的情况下，就会产生银行信贷的需求。这个阶段的理财需求，就涉及贷款、投资、风险管理等，如何管理这些不同的理财需求？如何制定信贷规划才能减少家庭的经济压力？如何制定风险管理规划？如何制定子女教育规划？如何进行投资来实现这个阶段的理财需求？这些都是理财所要解决的

具体问题。”

鸥夷子皮：“在人生财富的生命周期中，各个阶段的收入不一定就合理匹配符合人生需求目标的费用支出。大众如果善于理财，通过在人生财富生命周期的不同阶段，对收入和支出进行规划，合理安排贷款、储蓄和投资，为养老、教育、住房和医疗等人生重大问题建立相应的投资账户，通过投资，让资本复利增长，就能弥补收入与支出的差额，就能减轻、化解这些经济难题，实现人生需求的目标，从而让人生少点压力，少点忧愁，多点轻松，多点幸福。”

第十三章

人人都是财富的蓄水池：人生的收入与支出

有人为住城里的公寓还是郊区的别墅而犹豫，有人却在为医疗费该向哪个亲戚朋友借而犯愁；有人为度假是去马尔代夫还是毛里求斯而难于抉择，有人却在为未来的养老前景而迷茫；有人为降低高尔夫杆数花费万金，有人却在为减少生活开支十元而奔波于几个农贸市场。

郑旦一副大梦初觉醒的样子，迷糊地说："财富是有限的吗？为何很多女人进了服装店、珠宝店，或者化妆品店，见了喜欢的款式，就会签单扫货，无论价格多贵，眼睛都不眨一下。个个却都是支出无限的样子？"

猗顿笑着说："姐姐，你知道女人最喜欢哪两种花吗？"

郑旦疑惑地答道："玫瑰花？百合花？"

猗顿："女人最爱两种花，一是有钱花，二是尽量花。"

郑旦严肃地点头，她说："这两种花，确实是花中奇葩。女人真能得到的话，个个都会爱死它。可惜啊，此花只应天上有，人间能有几人得？"

众人都大笑不已。

鸱夷子皮继续讲课。他说："人生财富的生命周期，类似于企业的生命周期，都有一个成长、成熟、衰退的过程。人生经营财富，也类似于企业经营财富——有收入，也有支出。在人生财富生命周期的不同阶段，收入与支出的变化也不同。某个阶段，收入会远大于支出，产生盈余，可以储蓄或者投资；某个阶段，收入会小于支出，入不敷出，就要动用储蓄或借债。人生，就像一个财富的蓄水池。这个蓄水池都有两根水管——收入，代表的是进水管；支出，代表的是出水管。在整个人生财富的生命周期中，进水管进的水，总是远远大于出水管出的水的。从这点来说，人本身，并非消耗品，而是能产生财富的资产。”

猗顿点头说：“人是固定资产，年龄就是累计折旧。”

郑旦说：“我做过会计，照这么来说，暗恋是收不回的呆账，思念是日记账，爱情是无形资产，缘分是营业外收入，结婚是合并报表，爱人是应付账款，孩子是其他应付款，生活是持续经营，吵架是坏账准备，打架是营业损失，眼泪是所有者权益，看病是维修费，买衣服是包装费，回忆是财务分析，旧情难忘是递延资产，情人是营业外支出，错爱是高估利润，离婚是破产清算，反思是内部盘点，再婚是资产重组。”

鸥夷子皮笑着说：“你们越扯越远了！我们回到正题上来吧。”

他将人生的收入和支出来源做以下归纳：

收入主要来自以下几方面：

1. 工作的工薪收入。
2. 工作外的劳务所得。
3. 投资经营企业所得。
4. 房地产、股票等投资所得。
5. 父母亲戚的遗产或者馈赠。

支出主要分为以下几方面：

1. 维持家庭基本生存所需的花费，如日常的衣食住行费用。
2. 维持生活舒适的支出，如买车、装修费用、娱乐休闲旅游费用。
3. 奢侈生活支出，如购买奢侈品牌、艺术品等。
4. 购买房屋的大额支出。
5. 子女教育支出。
6. 大额医疗支出。
7. 养老支出。

他说：“在人生财富生命周期的不同阶段，收入与支出的变化也呈现一定的周期性规律。”

鸥夷子皮将中产阶级的收入情况绘制成以下周期图：

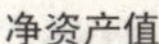

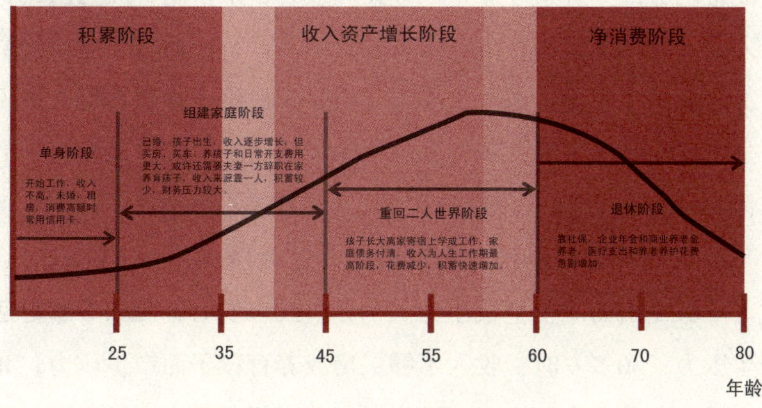

中产阶级收入周期图

鸥夷子皮对这张收入周期图做以阐述：

1. 就业前：收入普遍为零，父母是收入的全部来源，通常自身无须考虑金钱花费问题，生活费用、教育费用、医疗费用、娱乐健身开支等由父母承担。

2. 就业之后，单身之时：开始工作时收入较低，一般只能维持日常生活费用；随着工作经验的增长，职位的提升，收入大幅增长，开始有了积蓄。

3. 结婚成家之后到退休之前；这期间收入会有大幅增长，生活支出同样也大幅增长，储蓄大都被用于大额消费支出，如汽车、房子、子女留学教育费用等，可能还会产生债务，随着子女长大成人、离巢独立生活，债务被逐渐清偿，积蓄稳定增长，为未来进行养老金准备。

4. 退休之后死亡之前：退休后收入大幅减少，除了日常生活支出，其他娱乐开支会明显减少，医疗开支会大幅度提高，积蓄会随之减少，去世前大都会花费大部分积蓄。

鸥夷子皮说：“人生每年的收入支出情况，可以像企业一样，编制成损益表；同样，资产状况可以编制成资产负债表，资金收付状况可以编制现金流量表。”

他接着说道：“有人好命，依赖父母或者祖宗余荫，成为富二代，一生财富无尽，花钱无节制；也有人善投资、会经营，通过经商或投资，取得财富上的成功，不再多虑人生支出。但是，对绝大多数普通人来说，工资薪水是主要的收入来源，工资薪水无论如何之高，领取高薪收入的时期总是有限，因而工资收入总是有限的；人生的支出，除了一些奢侈性花费，大部分支出却都是刚性需求的支出。这就造成在人生的不同阶段，会因收入不够支出而产生金钱压力。例如，20多岁时，收入不够舒适性花费而产生压力；30多岁时，收入不够买房或养育孩子而产生压力；40多岁时，子女教育花费产生压力；50多岁时，养老问题而产生压力；60岁后，大额医疗开支而产生压力。”

西施感慨：“人啊人！有人为住城里的公寓还是郊区的别墅而犹豫，有人却在为医疗费该向哪个亲戚朋友借而犯愁；有人为度假是去马尔代夫还是毛里求斯而难于抉择，有人却在为未来的养老前景而迷茫；有人为降低高尔夫杆数花费万金，有人却在为减少生活开支十元而奔波于几个农贸市场。人和人的差距，咋就这么大咧！”

鸱夷子皮：“不同阶层的人，收入不同，对金钱的感受不同，因金钱而产生的选择不同，因金钱所导致的痛苦也就不同。”

鸱夷子皮提醒同学们：无论当前收入高低，都应该对未来前景有一个清醒认识，要认识到以下几大影响未来收入和支出的重要因素：

1. 经济周期变化的影响。经济发展呈现周期性，扩张与紧缩交替更迭、循环往复，呈现复苏、繁荣、衰退和萧条的周期性规律，这是一个自然规律，政府的货币财政政策可以拉长或延缓整个经济发展中的某个阶段，却无法烫平整个经济周期波动的波浪。在经济扩张繁荣期，企业主赚钱容易，普通大众就业容易，各行各业发展迅速，各行各业增长良好。但是，如果总是迷恋这种繁华幻象，永远憧憬未来，总是按照经济繁荣期的收入来安排未来支出的话，那么，当盛宴结束、午夜的钟声敲响之际，美好状况如同灰姑娘的水晶鞋一样，忽然消失之时，盲目乐观者将不仅仅是措手不及，更要遭受重挫。实际上，当经济迈入衰退期时，企业会因经营困难而破产倒闭，普通大众会遭遇裁员，工作者收入会降低，个人的财富会大幅缩水。当高收入状况遭受重大逆转时，日常的生活开支、房屋贷款、子女教育、医疗和养老等支出却是刚性的。所以，要对经济紧缩一定有思想和资金上的准备。

2. 通货膨胀的影响。通货膨胀就像吹泡泡，会使资产大幅膨胀从而放射出漂亮光芒。同样，各项花费支出也会严重膨胀，使得当前看似不高的花费支出，在未来会演变为一笔天文数字。30年前，1万元可以很安逸地养老；当前，养老需要100万元；如果通货膨胀一直持续下去的话，30年后，1000万元养老或许还不一定够！所以，在通货膨胀环境下，未来的支出可能会演变成一笔大额数字，在评估未来时，一定要考虑通货膨胀的严重性。

3. 环境变化所导致的政策调整可能性。大众普遍认为，只要按时缴纳社会保险，未来的养老问题政府必然会有考虑，养老会由社会承担的。人们看到当前的退休者依靠社会基本养老金维持着日常生活，想当然地认为，未来必然和当前一样，不太好但也不会太差。但是，人们或许没有意识到，未来的经济环境或许会有很多变化。在繁荣景气和人口红利的经济环境下，社会保险制度是当前这样子的；当未来人口红利消失、社会老龄化后，当前七八个工作人口对应一个退休者的情况，演变为两三个工作人口对应一个退休者的情况时，社会保险制度会不会出现重大调整呢？以后的事，谁又能肯定就如同当前呢？

鸱夷子皮最后说道：“人们总是喜欢关注自己收入多少钱，却不重视合理规划收入，从而使收入和支出保持科学匹配，所以，当前社会，人们为收入增长而忙忙碌碌，疲惫不堪，却总感觉收入赶不上支出增长。实际上，合理安排收入与支出，善于理财，用适当的积蓄来投资，让投资保持增长，比盲目追求收入的增长更实际、更有操作性。”

第十四章

明星的身家：人的估值与定价

但从能创造收益的经济角度来看，人，这项经营性资产，相比房地产、债券、商铺、股权等资产来说，并无任何区别。既然资产可以估值，可以评估，那么，作为创造收益的人，同样也可以进行定价和估值。

这天上课前，鸱夷子皮发现同学们又在热烈地讨论什么。

道生说："冰冰真是个大明星啊！她的项链是纯钻石的，听说花了100万元。这些大明星，个个都是大富翁呀！冰冰的身家应该早过亿了吧？"道生一脸的艳羡。

郑旦用鄙视的口气说："明星能有多少钱？看似赚得多，花的更多吧。身家过亿？过亿的话还用演戏？"

猗顿同意郑旦的讲法，他说："不能只看明星赚多少，还要看他们到底剩下多少。明星的收入是很高，但却是青春饭，高薪收入只有几年工夫。这个行业的消费很病态，不管有钱没钱，赚多少钱，都需要高档次的消费，需要靠名牌服饰和化妆打扮提升形象，装点门面。明星花100万元买钻石项链，更多的是形象宣传，通过吸引粉丝眼球，抬高广告身价，最后通过广告收费，获得超过百万以上的收入。所以，同样是花高价买钻石项链，对于明星来说，是一种精明的宣传营销包装；对于富豪来说，是一种奢侈的生活方式；对于普罗大众来说，要是也去跟风这些大头虾，省吃俭用，省下几十万，却去买了钻石项链，那么，如果不能将这种行为和猪发生某种联系的话，我只能无话可说。"

猗顿说得大家都大笑。

道生说："我也曾经阔过。"

众人都好奇："哦？有这回事？"

道生叹气道："我也曾经身价千万，豪车无数，私家豪华餐厅几间，现代化农牧场一个。可是，自从我的QQ号丢了以后，我就一无所有了。"同学们都笑了。

白圭说："说到身家资产，我想起了一位教授的奇谈怪论。他这样教导学生，当你们年满40岁时，一定要有4000万元的身家资产，否则就别说是我的学生！"

郑旦叫道："这个教授也太缺师德了！误导学生追求金钱，简直是误人子弟！"

白圭说："此教授强调自己传授的是房地产的专业课程，他认定优秀的学生必然会在房地产行业获得成功，而40岁时拥有4000万元身家，就是学业优秀的最好证明。"

鸱夷子皮说："这位教授身处房地产业前沿，应该是房价暴涨的直接受益者，所以，如果用财富论成功的话，此教授一定是成功者。教授也应该是好教授，不但自己取得财富上的成功，还如此要求学生，希望他们继续成为这个暴利行业的受益者，教授爱学生之心拳拳，恰如爱子之心。但是，教授忽略了普通大众的感受，普通大众大都是房地产暴涨的受害者，故此要对其口诛笔伐。"

西施说："老师教学生去追求财富总是不好的吧？40岁拥有4000万元？太高难度了吧？实现这个目标的可能性到底有多大？"

鸱夷子皮："我们已经谙熟财富管理的计算方法了。其实，可以这样考虑这个问题，教授面对20岁的年轻大学生提出这种奋斗目标，那么，当学生40岁时，如果能实现4000万元的身家，就需要历经20年时间，如果未来20年的通货膨胀率继续维持在年7.6%水平的话，20年后的贬值系数为0.2058，4000万元的实际购买力水平，也就相当于当前的823万元，也就是大城市一两套房子的价值而已。拥有这个资产值，对于当前40岁的人来说，并非一件多么值得炫耀的成功。所以，20年后，40岁的人拥有4000万元的身家，并非那么遥不可及，更不见得就一定是杰出的商业成功者，如果通货膨胀严重的话。”

西施道：“那么，应该如何评估人的身家？”

鸱夷子皮答道：“我们前面讲过，每个人都像是资产，会产生收入，也会有支出，收入扣除支出之后，如果还有盈余，这盈余就是财富的积累，正如物质资产也会带来财富一样。虽然，每个人产生财富的方式不同，有人向他人提供知识、劳务、技能等来产生财富，有人通过实业经营产生财富，还有人购买能带来收入的资产、靠资产的收益来产生财富，**但从能创造收益的经济角度来看，人，这项经营性资产，相比房地产、债券、商铺、股权等资产来说，并无任何区别。既然资产可以估值，可以评估，那么，作为创造收益的人，同样也可以进行定价和估值。**估值越高，我称之为价值越高，此类人，称之为高价值者；估值低者，价值也低，称之为低价值者。”

郑旦说：“对人进行定价和估值？我头一次听说，太新鲜了。老师没准开创了一门新学科，或许在财富管理领域开创了新纪元。”

鸱夷子皮说：“你别开玩笑了。人，本身就有不同的价值，只是没人这么说而已。我现在只不过要通过数据分析，将不同人的价值显性化。”

他接着说：“要对某个人进行估值，就要确定这个人的年收入扣除支出之后的盈余情况。高收入者，不一定就是高价值者；高价值者，只与人每年的盈余数额正相关，所以，每年盈余额或积蓄高的人，才有可能获得高的估值。”

鸱夷子皮根据人的收入与支出情况，将所有人分为四类：

1. 高收入高支出者：有些高收入者必须要维持豪华的生活水准，必然也是高支出者；如一些娱乐明星，虽然广告收入、表演收入很高，但为维持良好形象，各方面支出也很大，盈余不一定很多；还有一些企业主或企业高级管理人员，收入很高，但生活奢华，支出很高，年盈余也不一定就高；这些高收入高支出者，并一定就是高价值者。

2. 高收入低支出者：如果高收入者的生活支出合理，年盈余客观，积蓄很高，那就是高价值者。

3. 低收入高支出者：此类人收入不高，却喜欢高端享受，花销很大，不高的收入去追求高支出的生活，必然会负债累累，入不敷出。此类人属于低价值者。

4. 低收入低支出者：将支出维持在比收入更低的合理状态，让支出与收入水平相符，是普通老百姓的生活方式。虽然收入不高，但通过控制支出，从而产生净盈余，通过合适的投资方式，让积蓄复利增长，也有机会成长为高价值者。

鸱夷子皮将以上的收入支出情况，绘制成如下图：

收入支出图

他说："从图中可以看到，位于第一、第二象限的都是高支出者，无论收入高低，如果不能产生太多盈余、积蓄不多的话，就难以成为高价值者；位于第三、第四象限的都是低支出者，但是，即使收入很低，如果能维持更低支出的话，就能产生盈余，就会有所积蓄，也就有了创造财富的机会，同样能成为高价值者。所以，在理财时，不仅要看重收入的高低，更要看重积蓄和净盈余。只有更高的盈余，才能为资产的增长，储蓄更多的种子。"

他接着说道："有些职业、有些行业，收入看似很高，但高收入的持续时间不会长久，风光时间只不过‘各领风骚五八年’而已，如一些体育明星、娱乐明星等，虽然奖金、出场费和广告收入等收入惊人，但高收入的时间无非其名声斐然的几年。而各行各业中小企业主的收入，也难言能长久乐观，据统计，中小企业平均寿命不到7年，大企业平均寿命不到40年，真正基业长青的企业，就像彩票大奖获得者一样稀罕，所以，中小企业主或大公司高管的收入，并不像大众想象的那样可以一直持续。这些收入看似很高，但持续时间并不长久的人士，其身家资产，可能并不一定像大家想得那么雄厚。”

猗顿说：“有一些职业，看似收入并不顶尖，但却能长久持续，而且从业时间越久，收入越高，例如一些名医、名律师或者名会计师等专业人士，对这些人给的估值，应该不同于那些明星吧？”

鸱夷子皮：“一个年收入1000万元但只能盈余100万元的明星，和一个年收入150万元但同样每年盈余100万元的专业人士，估值是一样的吗？我们下面就会计算不同种类人群的估值。”

鸱夷子皮给出了对人估值的理论和公式：

根据财富管理理论，资产的价值，是其每年现金流贴现的总和。对资产进行估值，最精准的方法，就是计算其每年现金流的贴现值，以及其最后清算价格的贴现值，加以汇总，求得其价值。对人进行估值，与此类似，也可以套用这种现金流贴现估值法。但与对资产估值不同的是，人的收入产生时间是有限的，大部分人从22岁开始工作，到60岁退休，产生现金流的期限，最长也就38年，而工作开始的前几年，收入普遍较低，收支基本相抵，产生净盈余的时间，一般也就30年。

假定估值时的贴现率为r，每年净盈余为ARi，按照现金流贴现法，可以对人的身家V列出以下计算公式：

$$V=\sum_{t=1}^{30}\frac{AR_t}{(1+r)^t}$$

也就是说，人的身家V，实际上是一个由每年净盈余构成的为期30多

财富教育首选用书

年的年金系列的年金现值。

鸱夷子皮说："根据这个公式，就可以对各阶层各收入的人士进行量化估值。例如，假定贴现率为银行定期储蓄利率，例如为5%，为方便计算，假定年收入为稳定收入，每年净盈余也为固定数值。"

以下为鸱夷子皮针对不同种类的人群，进行的估值计算：

1. 年盈余达1000万元的大企业高管。按照正常职业生涯的升迁时间计算，达到大企业高管的级别，一般在40岁以后，如果忽略以前较低收入的年限，年盈余1000万元的期限就是20年，如果对这个年金系列求现值的话，5%的贴现率、20年期的年金现值系数是12.46，1000万元年积蓄的大企业高管的身家就是1.246亿元，此类人士是名副其实的亿万富翁。

2. 年盈余达1000万元的中型企业主、明星演员或运动员。明星的收入或许远高于1000万元，但花费巨大，为方便计算，将其年盈余简化为1000万元。我们在前面讲过，明星和企业主的收入黄金期不一定很长，企业平均存活寿命为7年，明星当红时间一般也不超过7年，因此，高收入时间一般不超过7年，我们假定此类人高收入的期限为7年，5%的贴现率、7年期的年金现值系数为5.78，年盈余1000万元的企业主或明星的实际身家就是5780万元，属于千万级别。这个数额，远远低过大众对明星或企业老板的预期，实际上，此类人虽然生活光鲜，却并非大众心目中的高价值者。

3. 年盈余到100万元的医生、建筑设计师、律师等专业人士和中小型企业主。假定其工作年限为30年，5%的贴现率、30年期的年金现值系数为15.37，他们的身家就是1537万元，属于千万富翁级别。

4. 年收入达到50万元、年盈余为30万元的中产阶级。设定工作年限为30年，5%的贴现率、30年期的年金现值系数为15.37，中产阶级的身家就是461万元，是百万级别。

5. 年盈余为5万元的普通大众。我这里所说的普通大众，是指那些年收入在百万以下，但积蓄却只有5万元左右的最普遍的大众，工作年限为30年，其年金现值系数同样为15.37，他们的身家就是76.85万元，不足百万。

鸱夷子皮将各阶层人士的身家分别计算清楚后，又制成了下表：

各阶层人士身家价值表　　　　单位：万元

阶层	年净积蓄	年金现值系数	身家价值
大公司高管	1000	12.46	12460
中型企业主、明星	1000	5.78	5780
专业人士	100	15.37	1537
中产阶级	30	15.37	461
普罗大众	5	15.37	76.9

鸱夷子皮说："我们可以通过上表看出，各阶层人士的身家，与其年盈余有关。不同收入，不同年盈余，身家也就完全不同；年盈余越高，身价越高；也与年盈余持续的时间有关，持续时间越久，身价越高；还与社会平均利率所代表的贴现率有关，贴现率越低，身价越高。"

道生说："企业老板、体育明星、影视娱乐明星虽然收入不菲，原来并不像我等普通大众想象的那样身家雄厚。"

白圭说："各阶层人士的身家价值完全不同，每年产生的净收益也差别很大。当前，在实际处理交通等意外死亡时，只是根据意外死亡者是城镇还是农村户口，而给予几十万不等的死亡赔偿，这种做法，完全无视人的价值的不同，应该是一种严重荒谬。"

郑旦说："太悲哀了！普通人的身家价值还不到80万元，甚至还不如大中城市一套小房子的价格贵，也不知是普通人太廉价了？还是房子太贵了？"

猗顿接着郑旦的话说："如果从这个角度来看，大众热衷于抢购房子看来又是理性的。因为，从普通男人的身家来看，对于女人来说，拥有一个普通男人，甚至不如拥有一套房子更实在更有价值；实际上，从功利的角度来看，男女之间的感情和性如果被忽略不计的话，男人之于女人的价值，恐怕仅仅就是每月能产生现金流的金融资产价值，以及换灯泡、修水管的维修工的使用价值。对于那些被男人伤透心的女人来说，与其为了钱和一个不爱的男人在一起痛苦生活，还不如多买一套房子，再养一条狗，家里常备维修工电话，更能让自己愉快和幸福。”

西施白了猗顿一眼：“你什么时候成了电视台点评情感的专家了？”

鸱夷子皮说：“人们通常更看重收入，而不太注重盈余。收入代表的是当前的现金流，但是，即便当前的收入预期很好，未来的收入状况又会如何？这就不是高收入所能解决了的，就要看盈余了。盈余如果能通过投资，转化为可以持续带来收入的资产，人生就会更轻松自如。”

第十五章

保险：是降落伞，不是法拉利

保险就像降落伞，在面临人生风险时，可以提高财务安全保障。有了保险，当人生出现重大的经济风险时，就像有降落伞一样，一定程度上可以实现软着陆的保障。

鸱夷子皮讲到了保险问题。

他说："我们讲理财，就不能不提到保险。我们知道，投资是理财的核心，投资让财富增长。如果说投资就像法拉利，可以提升财富增长的速度；那么，保险就像降落伞，在面临人生风险时，可以提高财务安全保障。有了保险，当人生出现重大的经济风险时，就像有降落伞一样，一定程度上可以实现软着陆的保障。"

道生问："人生能有什么风险？"

鸱夷子皮道："人的一生中，会出现意想不到的风险，有人意外身患重病，有人意外伤残，有人意外死亡等。为了减少意外风险所造成的重大经济损失，有聪明人发明了'保险'这种金融工具。利用保险对风险进行管理，就可以降低风险可能导致的重大损失，从对未来做出保障。"

西施问："什么是保险？"

鸱夷子皮："保险，是作为客户的投保人和作为保险人的保险公司之间，通过法律契约的形式，由保险公司通过精算设计产品、进行风险管理，投保人通过支付保险费用、保险公司通过收取保险费用和支付风险发生后的约定赔款的方式，将投保人的巨额损失转移给保险公司，从而由保险公司对投保人指定的受益人或被保险人进行经济补偿的一种财务安排。”

西施说：“这个解释有点绕口，听得不是太明白。”

鸱夷子皮：“简单地说，保险是一种金融工具，它转移了投保人的风险。保险，通过将极少数遭遇意外的投保人的巨额损失，均摊给众多的其他投保人，实质上就是把损失分摊给其他具备相同风险可能性的投保人。因此，保险并不是减少风险，更不是减少风险所导致的损失，而是转移了风险。”

鸱夷子皮说：“最初的保险产品，是只具备风险保障功能的意外险。意外险是消费型的保险产品，它只有在被保险人发生意外保险事故的情况下，才会发挥保障赔偿功能。如果保险期满，被保险人没有发生任何保险事故的话，意外险的保险功能就失效，投保人所缴纳的保险费用，就像消耗品一样，被完全消费掉。随着保险公司产品线的逐渐丰富，保险公司又开发出很多具备储蓄功能和投资功能的保险产品，例如，具有储蓄功能的保险产品，包括人寿养老保险、两全保险、教育金保险等，不仅具备基本的意外保障功能，还具备储蓄功能，也就是说，被保险人在保险期内不发生保险事故的话，受益人还可以从保险公司拿到一笔钱；还有的保险产品如投资连接险、万能寿险和分红险等，这些品种具有投资功能，可能还会取得投资收益。”

郑旦说：“最近，有一个保险经纪人老来找我推销保险，说他销售的这个保险产品收益率很高，买这个保险是笔很好的投资。我差不多已经被他说服了，过两天就准备去签单。”

鸱夷子皮：“保险产品种类繁多，法律条文复杂，但在保险营销人员的强力营销下，保险深度和保险密度都很高，普通大众无人没接受过保险推销，大部分人都购买过各种类型的保险，但是，大部分人所购的保险，其实并非符合自己意愿和需求的保险产品。大部分人误解保险的功能，忽视保险的保障功能，却高估保险的储蓄功能和投资功能，将保险产品当成高收益的投资产品。

“实际上，保险是降落伞，不是法拉利，不能让股票那样让人获得很高的投资收益。保险的投资收益率，普遍和银行定期存款的收益率接近，远远低于人们心目中的预期收益率。”

鸱夷子皮以某一保险产品为例，通过对其实际收益率进行数据分析，以便同学们了解保险产品的长期收益率水平。

示例：白圭先生，35周岁，投保某保险公司成长型年金养老计划，相关保险数据为，

年交保费17200元，交费年限：20年

基本保额：400000元

年金领取方式：年领

首个年金领取日：60周岁后的首个保单周年日

年金领取结束年龄：100周岁

累计交费344000元

年金领取日前身故：返还所交保费+2.5%单利+当时累积增额红利对应的返还额+终了红利

年金领取期：60周岁开始年金领取至100周岁（含100周岁祝寿金），累计领取889814.1元（按低档红利假设）、1109876.4元（按中档红利假设）、1414730.9元（按高档红利假）

年金领取日后，假设身故年龄70周岁，则已领取年金总额与身故保险金之和为481546.8元（按低档红利假设）、586598.5元（按中档红利假设）、1306107.2元（按高档红利假设）

年金领取日后，假设身故年龄88周岁，则已领取年金总额与身故保险金之和为650447元（按低档红利假设）、805038.3元（按中档红利假设）、1010213.4元（按高档红利假设）

100周岁年金领取结束，领取祝寿金，保险合同终止。

鸱夷子皮说：“根据这些保险数据，谁能计算出白圭先生购买的这个

年金养老保险的实际收益率到底是多少？”

白圭站起来，答道：“这个年金养老保险，实际上是一个每年17200元、持续20年的年金序列，我们可以对这个年金进行大致计算。”

以下为白圭的计算过程：

通过查询，在2.5%的年利率下，20年的年金终值系数为25.59，那么，白先生在35岁时每年缴费17200元，按2.5%的贴现率连续缴纳20年后，在其55岁时的终值价值就是44万元，继续按照2.5%的贴现率，对这个数值计算5年的复利终值，就是49.8万元，这个数字已经大大超过白先生60岁时从保险公司领到的40万元保额；49.8万元在扣除40万元后，剩余的9.8万元在以后10年继续按2.5%进行复利增值，白先生在70岁会就能得到12.54万元，加上之前的40万元，郭先生总计得到52.54万元，已经高过了70岁时从保险公司按低档红利所得的481546.8元；

鸱夷子皮总结说：“根据白圭的计算，我们可以看到，如果我们将此保险产品的保障功能忽略不计的话，白先生仅仅按2.5%的复利增长方式所得的数额，已经不少于保险公司按低档水平给出的收益，这就意味着白先生只要将缴纳的保费存银行，每年存取钱一次，将银行的单利通过这种操作，变成复利，就能取得大过保险产品的收益。”

他接着说：“保险，因其法律条款的繁文缛节、收益精算的高深复杂，给普通大众一种神秘复杂的感觉。普通大众大都凭借一些琐碎的信息，想当然的判断，去认识保险，因而对保险存在种种误解。有人认为保险是骗人的，保险是用纸换钱——用一叠写着高深莫测法律条文的纸张去换取大众手中的金钱；有人对保险的投资收益期望过高，以为买够保险就可以保障人生的美好；也有人在认识到保险的预期效用与实际功能存在巨大差距后，就认为保险是骗人的玩意儿。实际上，这些都是大众对保险的误解。”

鸱夷子皮综合大众对保险的认识，针对几种典型误解，给予了详细说明：

误解一：买了保险后就不会有风险

有人不了解保险的转移风险、均摊损失和经济补偿的功能，将保险看做消除风险的方式，以为花钱买了保险后就不再会有风险。保险实质上是一种对风险进行经济补偿的财务安排，不是一种破财消灾的护身符。如果将保险当成花钱消灾的工具，不对作为家庭经济支柱的成年人购买保险、进行意外风险保障，只因过分宠爱孩子的原因，过多购买少儿险，那么，当意外的风险不幸发生之时，少儿险的经济补偿对于父母的作用并不大，反而是作为家庭支柱的大人出现意外后，如果缺乏保险的经济赔偿，更容易让家庭陷入财务困境。

误解二：将保险当成投资产品

有人不了解保险的保障功能，将保险当做一种储蓄或者投资产品。虽然确实有很多保险产品具有储蓄或者投资功能，但一般都要在剔除保险营销费用等经营费用和管理成本后，剩余的部分保险才会被用作投资，而这些经营费用和管理成本并不低廉，相比将资金直接储蓄或投资，保险产品用以投资的本金明显要大打折扣，将保险当成投资产品，期冀获取高的投资收益，是不明智的。

误解三：认为保险的收益率很高

大部分人不懂复利的威力，往往将保费支出和从保险公司取得的保险金进行直观比较，以为增长了好几倍，从而将保险当做高收益的投资产品，殊不知，几十年增长几倍，复合收益率不过百分之几而已。实际上，传统寿险在很长时间里，其真实收益率不过2.5%左右。如果对保险存在这种误解，对收益率的期望越高，最后失望也越大。

误解四：将保险认同于完美保障

有人以为购买了人寿养老保险后，未来养老就安枕无忧。实际上，在通胀环境下，养老保险的年限越长，保险的现金价值缩水越厉害。

鸱夷子皮说："保障的归保障，投资的归投资，只有清楚保险的功能，才能买对合适的保险产品。在稳定的经济环境下，保险公司的专业投资人员通过配置不同的投资产品，可以取得超过银行储蓄率的投资收益率，从而让受益人有更好的保障，保险的各项功能可以充分发挥；但在不稳定的经济环境下，通货膨胀会抵消保险产品的投资收益率，购买保险的期限越长，数额越大，损失反而越严重。所以，当通货膨胀严重时，购买储蓄型和投资型的保险，财富其实都是要缩水的。”

猗顿说：“我注意到：保险公司对于保险理赔，存在惜赔现象，可能会对一些保险赔偿采取拖赔、少赔，甚至对不规范的投保采取拒赔的措施，从而让大众对保险心怀失望。这是为什么呢？”

鸱夷子皮说：“某种程度上，投保人和保险公司的利益是有冲突的，投保人得到的保费越多，保险公司的相对利益就会受损；反之，通货膨胀虽然让投保人的利益受损，却让保险公司直接受益。所以，保险公司对于保险理赔的惜赔现象，是有其利益原因的。”

猗顿：“原来如此。”

鸱夷子皮继续讲道：“对于普通大众来说，不合理地购买保险，同样是一种浪费。如果通过学习保险，掌握保险相关知识，购买与自身的年龄、职业、实际情况相符的保险，才能把保险的效用最大化。”

西施问：“普通人应如何购买保险，才能将保险的效用最大化？”

鸱夷子皮：“人们在青年时期，通常收入偏低，这个时期的保险规划就是，重点购买防范意外风险的意外险，将有限的资金用于知识积累和投资；进入中老年期后，就要进行子女教育规划、自身的养老规划，可以通过配置保险产品和投资理财产品，对未来保障，让财富稳定增值。但在严重通货膨胀下，如何不让辛苦积累的财富被洗掠，不让财富严重缩水，就成为当务之急。通过学习，掌握投资理财技能，自己管理财富，配置财富，就成为最务实的选择。”

第十六章

把球打上果岭去：如何管理你的财富

理财，很像打高尔夫球，不是要把球打多远，而是要把球打进果岭上的洞里；果岭上的球洞，就像人生目标，是理财需要完成的需求。

西施问道："既然现实生活中的养老、住房、医疗和教育问题，归根结底都是财务问题，人们提高了自己的理财能力，具有了投资技能，学会了创造财富，这些问题岂不是就可以迎刃而解？"

猗顿笑道："哪有那么容易。大部分人为得到财富，不惜身体健康，无法陪伴子女成长，不惜骨肉分离，甚至不惜出卖人性、出卖良心，就是无法获得财富。财富管理，知难，行更难啊！"

西施疑惑地问："既然财富可以靠复利形式增长，积累而成，为什么大多数人穷其一生追逐财富却不得？"

鸱夷子皮说："绝大多数人根本不懂财富增长的规律，不知复利增长的威力，所以，一生为财忙碌，却一无所获。财富源于哪里？不是源自父母的传承，更不是源自掠夺他人，而是源自思想和理念。在理财投资领域，思想就是财富，理念就是生产力，思想正确，理念正确，自然而然就能掌握良好的投资技能，从而能以正确的方式，取得财富上的成功，实现人生的财务自由。"

西施叹息说："财务自由？所有人都在为金钱而奔波，而忙碌，金钱的魔力之下，人性扭曲，不知演绎出多少无奈、卑鄙的悲剧，有几人能实现财务自由？”

鸥夷子皮：“人们创造财富的目的，本是为了让财富为我所用，让人们的生活轻松，让人生自由、幸福。但是，在追逐财富的过程中，人们大都迷失了方向。财富，就像蒙住眼睛的黑布，挡住了人们的视野，更禁锢了人们的思想；财富，像吊在毛驴嘴巴前的胡萝卜，永远看得见，却够不着，让人一直劳累，却停不下脚步。追逐财富，成为人生的终极目的，让人不知疲倦，不择手段，也不堪重负。”

他继续说：“在这种蒙昧的财富心态下，一夜暴富，成为人们的理财理念，理财，就是要追求暴利。在这种错误理财观的指引下，无论是二三十岁的年轻人，还是五六十岁的中老年人，无论本金是5万元，还是几亿，无论身家雄厚，还是经济窘迫亟待用钱之人，都在追求投资的暴利，年收益率百分之五十不算多，百分之二十只嫌少，人人为暴利而疯狂，人人因巨亏而痛苦。”

郑旦连连点头：“年老的，年轻的，都想发财；有钱的，没钱的，都想暴富。”

鸥夷子皮道：“中国人崇尚更高、更快、更强。行为做事，普遍追求在最短的时间里，实现最大的效益。从启蒙教育之初，父母、老师都在努力让孩子飞得更高、更远，却很少关心孩子飞得累不累，这种急功近利，表现在理财的观念上，就是典型的暴利心态。但是，要成功理财，就一定要摒弃暴利心态。巴菲特说过，不要用属于你、并且你也需要的钱，去挣那些不属于你、你也不需要的钱，这种行为简直太愚蠢了！他还说，用对你重要的东西，去冒险赢得对你并不重要的东西，简直是无可理喻的愚蠢行为，即使你成功和失败的比率是100比1。”

他接着说：“实际上，存在这样的理财规律，越追逐暴利，风险越大，损失越大；越控制风险，盈利越稳定，越持续。理财，并非要追逐暴利，而是要让财富满足人的需求。当所有人在关心你飞得高不高时，你要关心你飞得累不累；理财，并非是让你背负黄金的负担，飞得多高多远，而是要让你飞得不累。”

西施问：“理财，是为了让生活更轻松？”

鸱夷子皮：“我们讲过，在人生在不同阶段，有不同的理财需求。理财，就是要通过适合的资产配置，实现这个需求，从而让财富满足人生各阶段的需求，从而让人自由和幸福。理财，很像打高尔夫球，不是要把球打多远，而是要把球打进果岭上的洞里；果岭上的球洞，就像人生目标，是理财需要完成的需求。实际上，理财就是通过制定和实施资产配置规划，从而实现人生目标的一个过程。”

猗顿问：“应该如何理财？”

鸱夷子皮：“首先，要将头脑用正确的财富理念武装起来。只有理念正确，才能拥有和守护财富；缺乏正确的财富理念，即使因某种运气而偶然获得巨额财富，最终也会守不住财富，任其流失殆尽；财富的流逝方式，不是被别人骗走，也不是被别人抢走，而可能是巨额亏损，或是被通货膨胀悄悄地、一点点地侵蚀。

“理财，要认清人生目的，不能被财富羁绊住心灵和头脑。应该放慢追逐财富追逐名利的脚步，多闻闻野外小草生长的气息，多看看孩子在草地上奔跑欢跳时绽放的笑容，多听听鸟儿在山谷中鸣叫的欢欣，多感触人生，让财富回归到给人带来快乐和自由的本源，让人生回归到快乐和幸福的本源，带给孩子和家人以幸福，这才是应该追求的财富目标。”

鸱夷子皮分别讲解了理财的几个重要事项：

1. 理财的目的，是满足各阶段的人生需求。例如，在年轻时期，大部分人的收入较低，积蓄较少，但年轻本身就是财富，此阶段应该从事激进的投资，敢于承担高风险去追逐高收益，即便失败，还有机会从头再来；如果这个阶段过于保守，过多考虑未来养老和医疗问题，为未来开支过早准备，将有限资金投资于债券、养老保险等品种上，重未来保障而轻发展，这种保守策略就像带锁链去跨栏，会错失很多机遇，是不可取的理财策略。

当到了中年时期后，收入稳定，积蓄良好，但子女教育支出、偿还银行贷款支出等开支巨大，并且，未来的养老支出、医疗支出也成隐忧，必然要纳入考虑范围。这个阶段的理财规划，就既要考虑当前的教育支出、购房支出，还要考虑未来的医疗支出和养老支出，更要考虑防范人生意外导致的家庭风险。这个阶段的理财策略，既要考虑投资的收益性，又要谨慎应对人生的各项大额支出，难以承担较大风险，因此，投资策略要偏保守，要合理理财，做到攻守平衡。

当进入老年时期后，子女长大成人，离家工作，房屋贷款大都偿还完毕，中年时代的各项负担减轻消除，人生的开支，基本就是养老支出：高昂的医疗费用、身体保健的支出、日常生活费用、一定的旅游、娱乐、休闲费用。这个阶段，依靠固定的养老金和积蓄，收入相对固定，开支却可能很大。特别是医疗开支，人生80%以上的医疗费用都在这个时期开支，所以，这阶段的理财策略就要保守，不宜追求投资增值，只求保证财富的保值。在年过50以后，如果还拿着全部身家博取暴利，投资股票或其他高风险品种，无异于在悬崖边滑旱冰，一旦失误就会造成悲惨的老年生活。

2. 理财，是一种资产配置的过程。理财不等于买股票发财，也不等于买保险而万事大吉，更不等于买房子保值增值。理财，通过在人生的不同阶段、进行不同的资产配置，来满足人生各阶段的需求、实现人生目的的一种行为方式；理财，通过将财富在不同的资产如现金、储蓄、债券、股票、保险、房地产、信托等工具上，进行不同比例、不同期限的配置，从而获取收益，对冲经济风险。因此对当前和未来做好规划，让人生得到足够的经济保障。

3. 理财，是消费、保障和投资协调统筹的一个过程。理财，既要考虑当前的消费支出，也要为未来的消费进行规划，未雨绸缪；理财，通过合理规划当前和未来的收支，进行金钱安排，让当前开支得以保证；通过投资，让未来支出也得到预先规划，从而降低漫长人生道路上的经济风险。

4. 理财的核心，是投资。只有让财富得到连续稳定的增长，才能满足未来增长的消费需求，理财才真正实用而有意义。

道生困惑地问："不少中产阶级人士，也明白投资是理财的核心，也投身到股市之中，但是，财富不但没有增长，反而亏损累累？复利增长的财富确实很诱人，可是，为什么现实中真正达成投资目标的人却不多见？"

鸥夷子皮答道："现实生活中的情况是，大部分人在浑浑噩噩生活，辛辛苦苦赚钱，完全不懂财富增长的奥秘。这些人一直在苦苦寻觅财富，却丝毫不懂得实现财富增长的方式，不掌握实现财富增长的技能；剩下的少部分人中，有些人虽然懂得复利增长的秘密，却根本不愿相信，他们不愿意稳定盈利，复利增长，而是自诩聪明，追求暴利，他们自以为能跑赢市场，却无法控制风险，最终损失累累；只有极少数的投资者，他们在投资这个相对公平的行业里，应用这条投资定律，简单重复一些实用投资技能，最终获得成功。"

猗顿："老师的意思是说，很多人之所以投资业绩糟糕，要不就是不懂复利？要不就是不信复利？"

鸥夷子皮："投资并不太复杂，投资亏损的根本原因，不是投资人的智商不够，而是因为这些人聪明过头。**成熟而理性的投资者，在弄懂投资复利增长的秘密之后，只需掌握一些适合自我、简单有效的投资技能后，经过自我心智控制的训练，反复应用这些简单技能，就能取得成功。**而那些聪明过头的人，不愿意赚稳定的钱，不愿意赚慢钱，而是抱着暴利的心态，天天关注股市，但却不能掌控自我情绪，于是就跟着股市的涨跌而悲喜，基本上没有几天开心的日子，因为一年250多个交易日，无论牛市熊市，总是涨的日子少过跌的日子，这当中多少人，不具有魔鬼一样的心态，不能自控；也不具有上帝的意志，可以"不以涨喜，不以跌悲"，他们永远无法摆脱股市大起大落所导致的狂喜狂悲，永远处于精神亢奋中，这种心态，怎么可能投资盈利？"

针对中产阶级的投资，鸥夷子皮老师总结了两条实用定律，他分别用数据分析进行说明：

理财定律一：投资要趁早

假定某人A，25岁开始投资，每月定期投资1000元，一直定投到35岁，之后不再投入资金，而是让这笔投入的本利一直复利增长，假定年收益率一直维持在10%，按照大众普遍采用的静态方式计算的话，A前后只投入了12万元，但是，经过35年的复利增长后，当他满60岁时，最初投入的12万元的本利将是：207万元，增长17倍！

假定A的同龄朋友B，比A晚10年投资，35岁后才开始定投，每月同样定期投入1000元，年收益率同样为10%，如此定投10年，之后不再投入资金，而是让最初投入的12万元本利复利增长，经过25年的增长后，当B年满60岁退休时，本利和是：79.9万元。

猗顿说："A和B，投入的资金相同，投资收益率相同，仅仅是投资时间不同，投资时间多了10年，但收益却相差这么悬殊！"

西施："早投资，投资收益要远远强过晚投资。张爱玲说过，成名要趁早。何止如此，理财也是越早越好啊！"

鸱夷子皮总结的第二条重要定律是：

理财定律二：投资要零存整取，定投的收益更惊人

他说："很多人将投资当成是一次性投资的一大笔金额，瞧不上每月或每年投入一笔不大金额的投资，以为这种零敲碎打没多大收益。实际上，每月节省一笔小钱，将这笔资金，定期投入到稳定增长的投资项目中去，随着时间发挥复利威力，小投资同样也能成长为大财富。"

鸱夷子皮为了说明小投资的增长威力，分别将一次性投入和每年定期投资一笔小钱制作成表，让同学们清楚了解财富增长的威力。

1. 一次性投资5万元，在不同收益率水平下的财富增长情况：

	货币市场基金 (2%)	银行储蓄 (5%)	股票市场 (9%)	基金投资 (12%)
期初投资	50000	50000	50000	50000
5年	55205	63815	76930	88115

	货币市场基金 (2%)	银行储蓄 (5%)	股票市场 (9%)	基金投资 (12%)
10年	60950	81445	118370	155290
15年	67295	103945	182125	273680
25年	82030	169320	431155	850005
30年	90570	216095	663385	1497995
35年	99995	275800	1020700	2639980
40年	110400	352000	1570470	4652550

鸱夷子皮说："我们可以从表中看到，5万元的本金用来投资的话，如果是被存入银行，年收益率5%的话，每年存取操作一次，将单利变成复利增长，40年后，5万元的本利和为35.2万元，看似增长7倍，收益还算不错，但是，如果考虑到通货膨胀率普遍在5%以上的话，这笔钱的购买力其实不但没有增长，反而在贬值；这笔钱如果被一个投资老手投入股市，年投资收益率能维持在9%的话，那么，40年的复利增长，5万元就能增长为157万元，增长31倍；如果这笔钱被一个理财高手投入到高成长的基金中，基金的年收益率能保持在12%的话，经过40年的复利增长，5万元会增长到465万元！增长93倍。"

2. 每年定期投资1200元，40年静态投资4.8万元，在不同收益率水平下的财富增长情况：

	货币市场基金 (2%)	银行储蓄 (5%)	股票市场 (9%)	风险投资 (12%)
期初投资	1200	1200	1200	1200
5年	6245	6631	7182	7624
10年	13140	15096	18228	21060
15年	20748	25896	35232	44736
25年	38436	57276	101640	159960
30年	48684	79728	163560	289560

	货币市场基金(2%)	银行储蓄(5%)	股票市场(9%)	风险投资(12%)
35年	59988	108384	258840	518040
40年	72480	144960	405480	920520

鸥夷子皮说："我们从这个表中可以看到，定投威力无穷，定投的收益更惊人。每月少在外面吃顿饭，每年只需节省1200元，40年节省4.8万元，如果能对基金有所研究，定投到高收益的成长型基金中去，年均收益率能达到9%的话，40年的财富积累下来，就能达到40.5万元！实际上，一次性投入5万元，如果收益率较低，仅为5%的银行储蓄利率，其本利和也不过35.2万元而已！"

郑旦眼睛瞪大："5万元，竟然赶不上每年定投1200元！"

鸥夷子皮说："由此数据看来，积少成多，积沙成塔，集腋成裘，不是空话。每天少浪费一点，每年多积蓄一点，选对投资品种的话，几十年积累下来，就是一笔惊人财富！"

他继续讲道："我们还可以从表中看到，投资收益率提高了仅仅几个百分点，投资收益最终却相差很多倍。每年1200元，定投40年，投资收益率为9%的话，投资收益为40.5万元；而收益率提高三个点，达到12%的话，同样1200元的定投，投资收益就是92万元，高了一倍还多！所以，对于普通大众来说，如果能寻找到每年收益12%的投资品种，每年只需投入1300元，每月只需109元，还不够一顿饭钱，40年累计下来，其收益也将会超过100万元！"

西施说："定投固然威力无穷，但这种收益，恐怕是纸上谈兵吧？更多只是一种理论吧？我以前也买过两年的基金定投，结果都亏损严重，我早已不再相信定投这套骗人的把戏了。我相信很多人也上过定投的当，认为定投就是一种骗局。"

鸥夷子皮呵呵一笑："定投，不是乱投，不是乱买基金，而是要精选基金，精选到由具备卓越管理能力的基金经理管理的成长型基金，定投的复利威力才能发挥出来；反之，如果选择的是平庸基金经理管理的基金，总是大起大落，定投没有任何用处，这种定投，还不如你直接投资，还能增长点投资经验。所以，定投，考验的是大众对基金的研究能力，这种对基金的选择，和股民对成长性股票的选择一样，具有很高的难度。所以，将理财当成一种时尚之人，如果不认真研究基金，也会遭遇和股民一样的待遇，结果都是累累亏损。

西施问："普通大众如何改变这种理财的结果大都是亏损的局面？"

鸱夷子皮说："学习。学习才是最好的投资。学习理财，认真研究基金，才能选准定投基金；学习投资，具备了投资思想，掌握了投资技能，才能彻底改变一理财就亏损的尴尬。

鸱夷子皮为了让大家更清楚认识投资时间对投资收益率和未来人生的重要影响，又出了一道题，让同学们解答。

问题：

25岁、30岁和40岁的人，分别投资10万元用作未来的养老准备，他们的目标是在60岁时达到1000万元，那么，各人的年均投资收益率分别是多少？

鸱夷子皮刚写完问题，西施已经算出来了，她答道："这个题目可以转换为经过35年、30年或20年，复利终值系数为100的贴现率分别是多少？通过查询复利终值系数表，可以得出各自的年均收益率为14%、16.6%和26%。"

鸱夷子皮说："这个问题提醒我们，投资越早，达到相同的人生目标，所需的收益率越低。对于25岁或30岁的年轻人来说，实现60岁1000万元的养老目标，所要求的投资收益率并不太高，但直到40岁后，人到中年时才投资，要实现同样的目标，投资收益率就要大幅提高。"

鸱夷子皮对于理财作了总结："理财的本质，就是根据人生的不同需求，将不同的投资品种，通过合适的配置，在收益性、流动性和安全性上取得协调均衡，不偏重某一方面。如果能做到收益率和安全性的协调统一，就是理财大家。”

他最后说道：“财富，只有不再成为的心灵羁绊，才有可能转化为幸福；我们只有淡定地对待财富，才有可能收获生命的清凉。”

第十七章

财富球包中的几只球杆：理财工具及特征

理财的金融工具就像高尔夫球包里的不同球杆，各自作用完全不同：股票、债券、房地产、货币式基金、偏股型基金、黄金、期货和古董收藏等品种，在收益性、风险性和流动性方面，具有不同特征，理财功能各不相同

郑旦说："理财，是富人的事情吧？现在穷的越穷，富的越富，其差别应该就在于富人和穷人的理财途径完全不同，富人和穷人的理财品种相差太大。富豪们也买房子，一买就是整幢大厦，要不就是买字画，买古董；富人买房子，买的是一整层，要不就买黄金，储藏在银行保险柜里，或者别墅的院子里，或塞在床垫子里；中产阶级买房子买一两套，估计大部分要靠银行贷款，平时要节衣缩食还贷款，中产阶级也买黄金，但大都买的是'纸黄金'，只付款，不见实物，黄金以数字的形式躺在银行的账户上；穷人呢？房子买不起，只好买股票、买基金，大都亏损累累，胆子小一点的呢，什么都不敢买，只是把钱存在银行里，按照我们所需的理财知识来看，穷人的财富就这样一点点被通货膨胀吞噬掉大部分。"

道生认可郑旦的说法："现在的富人，之所以成为富人，不是直接投资了房子，就是间接受益于房子；资金不够买房子的人，或者没有买房子的人，资金存在银行或投资了基金、股票，结果大都成了财富损失者。看来，富人大都是具有投资智慧的人，能敏锐地把握房地产的投资机会。"

猗顿连连摇头："当前是富人，未必未来就还是富人。当前的富人靠房地产暴富，利用手中拿过的财富大买古董、字画和黄金，这些所谓富人的投资品种，就真的能保值吗？我深表怀疑。富人权贵，宁有种乎？富人致富，具有很大的偶然性，我根本不相信富人的智慧。”

鸱夷子皮开口讲话了：“现代生活也是金融生活，人们熟知各种金融品种，对股票、债券、基金、期货、黄金、艺术品、外汇保证金等，大部分人耳熟能详，人们普遍将这些金融工具当成投资品种，根据自己的判断和喜好投入大小不等的资金，期冀暴富。但是，这些所谓的金融品种，真的就值得投资吗？今天让你发财的金融工具，明天还会让你继续发财吗？”

鸱夷子皮给同学们讲了一个小故事：

摩洛哥人好吃沙丁鱼，有一名具有商业天分的阿拉伯商人将千里之外的沙丁鱼制成罐头，运来摩洛哥，发了大财。沙丁鱼罐头在摩洛哥商人之间反复转手，反复被抬高价格，交易者都大小不等地赚了钱；慢慢的，商人们发现：将沙丁鱼罐头囤积起来，囤积时间越久，赚得越多，于是，摩洛哥人不再好吃沙丁鱼，而是更喜欢囤积沙丁鱼罐头，沙丁鱼罐头成了让人人赚钱的交易品种。

某一日，阿拉伯商人的岳父从国外赶来探望女儿。他的女儿为了盛情招待父亲，决定用价格昂贵的沙丁鱼罐头款待父亲。她来到收藏室，打开一罐沙丁鱼罐头，发现里面竟然装满了沙子！她又打开了另一罐，里面同样装满的是沙子，她不敢相信自己的眼睛，于是，打开所有的沙丁鱼罐头，结果里面一样装满了沙子！她以为丈夫上了别人的当，愤怒地将这件事告诉他时，没想到，精明的阿拉伯商人狡黠地眨眨眼，告诉她：“我亲爱的夫人，你根本不知道，这些沙丁鱼罐头是用来交易的，不是用来吃的。”

鸱夷子皮讲完，猗顿恍然大悟：“我明白老师的意思了！房子、黄金、古董字画，这些品种，是用来交易的，不是用来投资的！”

鸱夷子皮点头，说道：“金融品种分为两种，一种是投资品种，另一种是交易品种。两种类型的金融品种，具有不同的特征，不同类型人，会根据其特征，选择不同的金融品种。”

西施问：“投资品种和交易品种有什么根本不同？如何区分？”

鸱夷子皮：“根据金融品种的收益性、流动性和风险性的不同，投资品种和交易品种具有完全不同的特征。”

道生问：“什么是收益性？”

鸱夷子皮：“所谓收益性，就是金融品种即便不被交易、不被买卖，自身也能产生收益。投资品种具有收益性，而交易品种不具有收益性。投资品种和交易品种的区别，主要体现在收益性上，这正如母鸡和公鸡的区别，母鸡可以下蛋，鸡蛋代表收益，所以，母鸡有收益性，公鸡不具有收益性。”

老师的通俗讲解逗乐了大家。猗顿问：“交易品种低买高卖后，不也能获取收益吗？”

鸱夷子皮解释：“这种收益，来自金融品种的价格波动性。金融品种的价格会上下波动，这种价格的涨跌，就会产生交易机会，低买高卖的话，就会有收益，高买低卖的话，就会亏损。交易品种的收益，唯一来自价格波动所产生的价差获利，这种价差的获利，虽然也是一种收益，但并不是其自身所产生的。所以，交易品种并不具有自身收益性，其收益来自不断地买卖交易，牟取价差。”

西施：“明白了。也就是说，所有的投资品种也是交易品种，但交易品种只能是交易品种，只能靠价格波动来获利。”

鸱夷子皮称是。他继续说道：“所谓流动性，是指金融品种是否具有容易变现的特性，金融品种交易越容易，变现性越强，流动性也越强。所谓风险性，是指金融品种的价格会上下波动，既可能获利，又可能亏损。”

他接着讲：“一般来说，金融品种的收益性越高，流动性会越差，风险性会越高；同样，流动性越强、风险性越小的金融品种，收益性则会越差。”

猗顿："房子和古董，收益性高，但流动性差，难以变现，风险也高；现金或货币式基金，流动性很强，风险很小，但收益也最差；股票和债券，随着收益的提高，风险也会增加。"

鸱夷子皮："理财和打高尔夫具有高度的相似性，理财的金融工具就像高尔夫球包里的不同球杆，各自作用完全不同。股票、债券、房地产、货币式基金、偏股型基金、黄金、期货和古董收藏等品种，在收益性、风险性和流动性方面，具有不同特征，理财功能各不相同；正如高尔夫球包中14只球杆的作用也各不相同，1号杆和7号杆的功能完全不同，挖起杆和推杆的用法也大相迥异。如果说，理财所追求的收益率，正如高尔夫所追求的距离性，理财所追求的安全性，正如高尔夫所追求的精准性，高尔夫球杆追求的距离越远，精准性越差；金融工具追求的收益性越高，安全性越差。"

郑旦说："老师真是个高尔夫高手，用高尔夫球杆类比理财工具，既形象又通俗。"

鸱夷子皮说："如果将理财工具比作财富球包中的几种球杆，那么，期货、期权等衍生品或其他保证金交易品种就像1号木杆，房地产投资就像3号木杆，收藏品艺术品就像5号木杆，这些金融品种追求的是收益性的高低，收益率越高，风险越大；股票、债券、偏股型基金、偏债型基金、黄金或其他贵金属等金融品种，就像几只不同型号的铁杆，追求的是收益性和安全性的平衡，安全性越强的，收益性越差；而现金或货币式基金就如果岭上用的推杆一样，是为了精准实现人生的需求，安全性最强，收益性最差。"

鸱夷子皮说："我来总结一下今天所讲的理财工具的特征吧。"

他对常见的投资品种简单分析如下：

1. 股票。股票是最常见的金融品种，是一种权益凭证，代表的是持有人对股份公司按相应股份享有的权益。上市公司的经营有好有坏，但经营良好的公司就要向股东派发红利，所以，股票具有收益性，是一种良好的投资品种。成熟经济体系的股票收益率是所有投资品种中最高的，根据统计，长期持有价值股的年均复合收益率为9%。股票具有高收益高风险的特征，既能让人的收益以惊人的复利增长，也可能让人血本无归。对于巴菲特这类投资大师来说，股票是实现财富增长的最佳投资工具。但是，对于平庸的投资人来说，股票会让人噩梦连连。

2. 债券。债券是一种债权凭证，代表的是持有人对发行人的债权权益。持有人投资给债券发行人，就享有按照约定得到利息收入、到期还本付息的权利。债券自身能带来利息收入，具有收益性，所以，债券也是一种常见的投资品种。债券的等级由专业机构进行评级分类，根据评级不同，风险和收益各不相同，等级越低，收益越高，风险越高。债券的风险主要来自，债券发行人无法偿付本金的违约风险、利率风险、通货膨胀风险等。债券的利息收入固定，收益稳定，是中老年人投资的良好理财工具，但通常难以抵御通货膨胀对其收益的侵蚀，难以充当中长期财富增长的工具。

3. 基金。基金是一种天然的投资品种，基金契约约定，投资人将资金委托管理人管理，取得收益后就要向投资人分红派息，所以，基金本身具有收益性。根据约定不同，基金分为不同种类，根据是否公开发行，分为公募基金和私募基金；根据资金投向不同，分为私人股权基金、对冲基金和共同基金；根据行业不同，分为证券基金或房地产基金；根据投资对象不同，分为偏股型基金、债券型基金、平衡型基金和货币式基金等。基金是财富保值增值的良好配置工具，选对合适的基金，就可满足投资人不同人生财富生命周期的不同需求目标。

4. 房地产。房地产能带来租金收入，自身具有收益性，是当然的投资品种。 房地产投资是一种较长周期的投资，如果要进行长线投资，房地产就是资产配置的最佳品种。

鸱夷子皮讲到这里，他说："以上这四大类金融工具，是最常用的投资品种，应用得当的话，就能实现财富的稳定增长。"

郑旦疑惑地问："现代生活中，人们也经常进行外汇交易、黄金买卖、期货交易和艺术品收藏，人们更愿意将这些玩意当成投资品种，对于股票、债券、基金和房地产反而敬而远之，老师为什么不讲这些品种呢？"

鸱夷子皮："货币储蓄在银行，可以带来利息收益，如果进行货币或外汇的交易，是为了赚钱息差，这种外汇交易就是投资，但对绝大部分来说，更看重瞬息万变的外汇汇率所带着的价差，这种外汇交易，完全追求的是交易机会，就不是投资品种，而是交易品种；至于黄金、期货或收藏品等，本身不带来收益，只能被买卖之时，才会因为价差产生增值，它们都是交易品种。"

鸱夷子皮于是又分析起了几种交易品种：

1. 货币或外汇。货币本身是最直接的金融资产，其收益性来自银行储蓄利息。另外，不同货币之间的外汇汇率会产生良好的交易机会，汇率变幻的频繁性使得外汇交易成为现代金融社会常见的交易方式。外汇保证金交易，既放大了货币交易的收益，也放大了交易的风险。

2. 期货和其他保证金交易的品种。为了对冲未来某种商品或金融产品价格波动所带来的风险，有聪明人创造性发明了期货和其他保证金交易的品种，通过一种标准化设计的、采用保证金交易的合约来对冲未来价格变动的风险。这种期货合约或保证金交易合约，本身不会产生收益，本来是为了锁定现货市场的价格变动风险，但在金融市场上，众多的交易者更愿意承担风险去追求高收益，因此，期货是一种常见的交易品种，其收益来自合约价格的变动方向和交易者的交易方向是否符合。

3. 黄金和其他贵金属。黄金或贵金属本身不能产生收益，不是投资品种，只是一种交易品种，其获利来自价格上涨。

4. 收藏品艺术品。收藏品艺术品本身不具有收益性，其收益来自交易买卖的价差。

鸱夷子皮讲完了几种交易品种，郑旦提问道："难道古董、字画和黄金不是一种优质的投资品种吗？人们盛传——盛世藏古董，乱世藏金银，难道大众的传统看法又是错的吗？”

鸱夷子皮：“所谓乱世藏金，是看重黄金的货币功能。黄金因其稀缺性，在几千年的人类历史中，一直充当一种天然的货币，人们自然也将黄金天然当成财富。进入现代社会后，纸币逐渐代替黄金的货币功能，在布林顿森林体系破产后，黄金彻底退出了货币的流通市场，但作为纸币的储备，黄金在本质上仍是货币，黄金的价格涨跌，并非其本身的价值发生了改变，而是和它直接挂钩的货币购买力发生了改变。”

猗顿：“黄金和米元直接挂钩。老师的意思是，黄金的价格上涨，并非黄金在增值，而是米元贬值了；黄金的价格下跌，也并非黄金贬值，而是米元升值了。是这样的吗？”

鸱夷子皮点头：“确实如此。近些年来，黄金价格出现了持续多年的上涨行情，涨幅很大，甚至跑赢很多股票的涨幅，因此，黄金给人保值的幻觉，人们纷纷投资黄金，期望暴利，再不济也能对财富保值。但是，实际上，黄金价格的上涨，是米国为了刺激经济，长期实行弱米元货币政策的结果，当米元转强时，黄金的价格涨幅也就到头了，又可能转成长期的下跌。根据历史经验来看，黄金的价格上涨并非一个长期持续的上涨，黄金并非投资品种，长期持有黄金的话，并不必然能带来高收益。历史上，除非炒作，鲜见哪个投资大师投资黄金大获成功的例子。”

鸱夷子皮继续说道：“至于说到盛世藏古董，恐怕更大程度上只是一种热钱的炒作吧？按照国人的传统观念，收藏古玩或艺术品，高尚又风雅，既能当传家宝遗传下去，惠及子孙；又能在缺钱时交易，谋取暴利。因此，大凡有钱有闲有才的社会高雅之士，大都好收藏这一口。收藏，给大众的普遍印象就是，既能娱己，又可暴利。在收藏珍品交易时，其收益率常常是高得吓人，动辄获利上百倍，因此，大众将收藏当做一件高档奢侈的行为，将古董、字画艺术品等当成优质的投资品种。在盛世年代，经济富裕之时，大都喜好收藏，宁愿花大价钱，也要买稀罕宝贝，既可把玩欣赏，更会大大升值。”

西施说：“按你的观点，收藏品并非好的投资品种，而只是一个交易品种？”

鸥夷子皮点头：“收藏品之所以会大幅升值的主要原因，并非因其价值提升，而是因为稀缺。收藏品大都数量稀少，甚至唯一，稀缺，就会导致供需严重失衡。众多买家为了得到心头所好，往往不计代价，只求拥有，从而容易人为哄抬出天价；另外，收藏品的交易，大都采取拍卖方式，这种交易制度更容易使得买家冲动，买家往往会情绪失控，因此，收藏品的拍卖交易，常常迭创天价。”

猗顿说：“新闻媒体也经常这样报道，某个字画或古董的拍卖又创出天价，价格比几年前的某个价格又翻了多少倍。”

鸥夷子皮：“人们常常误以为，收藏品的收益惊人，这其实只是一种错觉，正如人们只见贼吃肉，不见贼挨打一样。收藏品领域鱼龙混杂，赝品充斥，买到真品的概率极低，大都是赝品在流通。这个行业有一句话，十个里面八个骗，还有一个在学如何骗，由此可见假货的严重程度；此外，收藏领域炒作横行，炒家通过自买自卖，将默默无闻者炒成艺术大家，赝品的价格暴涨，整个行业都会受益，唯有买家、藏家在充当冤大头。即便收藏的是真品，也严重缺乏流动性，在急于变现时，根本不可能以市场价格成交，只有折扣很低，才能变现。”

西施说：“明白了。收藏品并非一种良好的投资品种，与其将收藏品当成可以投资的金融工具，还不如仅仅当成一种高档而奢侈的爱好，还其以本来面目。对于普通大众来说，认清收藏品的真正功能，将其当成纯粹的收藏，而非投资工具，也减少很多上当受骗的可能。”

第十八章

会当光明顶，一览众山小

在投资行业的光明顶上，那些追求短期暴利的所谓投资高手，大都只是光芒一现；真正的顶级高手，追求的只是百分之二十左右的投资收益率，但是，经过时间复利的积累，最终都成为财富的巨人，一览众山小。

这天，郑旦听说鸱夷子皮的理财课程快要讲完了，就执意要请同学们出外吃饭，以示庆贺。

郑旦请客的这家餐馆，位于全城最高大厦顶层，号称光明顶。大厦楼高100多层，在地面抬头张望光明顶，只见其高耸巍峨，只在云霄之间。众人坐上摩天电梯，电梯呼啸而上，瞬间到了顶层，大家的耳朵都有点鼓胀。

师生们靠窗而坐。这是一家旋转餐厅，城中美景一览无疑，尽收眼底。众人在光明顶上四处张望，只见远处的梧桐山、莲花山、塘朗山等山，平时只能仰望，此刻也在脚下。西施感慨："会当光明顶，一览众山小啊！"

郑旦笑着说："此光明顶，非彼光明顶，没有武林高手云集，但是，城中的商人富豪、财富新贵，却尤其喜欢在此吃饭，一些平时只能仰望的资本英雄、投资大师，也频频在此出没，所以，此光明顶，是投资高手的光明顶。"正说着，一个著名投资大鳄从他们身旁一闪而过。

道生望着这个大牌基金经理的身影，用羡慕的口气说："要成为理财领域的成功者，成为这样的顶级投资高手，真不知是何其之难啊！也不知何时我才能达到这种境界呢？”

鸥夷子皮道：“理财，确实很难，难的是很少有人能长期取得超过市场的收益。专业投资管理人员很多，号称投资高手的人不少，他们采用各种投资技能和投资策略，虽然有人短期收益确实很高，但是，能长期跑赢市场的人却寥寥无几，那些能稳定取得超出市场一点点收益的人，就是投资大师。”

鸥夷子皮话锋一转：“但是，理财也可以很简单。如果能端正投资思想，摒弃跑赢市场、追求暴利的错误心态，致力于自我财富的稳定增长，那么，通过一定的专业学习，掌握理财投资的正确观念和技能，把握时机，在不同时间、通过不同理财工具、进行不同比例配置，当股市形势大好时，获取较高收益；当股市走势恶劣时，通过保守配置，将收益率要求降低，不亏本甚至亏少钱也能接受，通过好年景和差年景的不同搭配，将年复合收益率维持在5%~30%，通过长期的坚持，在历经10年、20年、30年的时间后，财富增值的复利威力自然就显现出来，财富自然会稳定增长到一个惊人的程度。”

白圭说：“聪明人恐怕会看不上如此之低的收益率吧？聪明人追求的是大幅跑赢市场的高收益率。”

鸥夷子皮感慨道：“这世界上有一条大河，叫聪明河，聪明河看似平静，却暗流汹涌。为什么叫聪明河呢？因为河里淹死的人都是聪明人。太多的聪明人，一会儿投机、一会儿弯道超车，投资收益越高越喜欢，看不上稳定收益的投资，总幻想短期暴富，殊不知，最终的结果大都是欲速则不达，最终遭受重大损失的不是愚蠢的人，而是这些聪明人。正如追逐暴利的淘金者大都梦断金矿，真正发财的人，却只有那些为淘金者提供服务的商人。投资更是如此，追逐暴利的往往得不到暴利，收益稳定的才是笑到最后的成功者。巴菲特的年均投资收益率也不过25%而已，但这个看似普通的收益率，却足以让他成为笑傲投资江湖的全球财富集大成者。实际上，在投资行业的光明顶上，那些追求短期暴利的所谓投资高手，大都只是光芒一现；真正的顶级高手，追求的只是百分之二十左右的投资收益率，但是，经过时间复利的积累，最终都成为财富的巨人，一览众山小。”

猗顿说：“如此连续稳定的投资收益率，恐怕普通的基金管理者难以实现吧？现实生活中，我看到相当多的基金经理，在用他人的钱，练习自己的投资技术，无论盈亏，管理费却旱涝保收。投资人省吃俭用，开着小车将血汗钱交给基金公司管理，结果几年理财的结果，却是投资人的小车变成了摩托车，而当初打出租车的基金经理却开上了宝马，还时不时开着游艇去出海。更糟糕的是，当稚嫩的应届硕士毕业生经过多年亏损的磨炼，成长为投资高手、具备了为投资人理财的实际能力后，却纷纷离开公募基金，成立自己的私募基金公司，去为自己的事业奋斗了。众多的公募基金公司，更像是培养投资大鳄成熟的培训公司。”

鸱夷子皮点头：“你说的没错。想要获取稳定的投资收益，有两种实现方式，一种是假手他人式，通过他人获取投资收益，这也就是我们所说的理财，通过不同品种的配置来实现收益，假手他人取得收益；另一种是亲自披挂上阵式，也就是自己直接进行投资。相比自己直接投资而言，理财的核心，就是选对品种，找对投资管理人。如果能找到类似于巴菲特、彼得林奇这样的投资管理人，那么，理财投资就是省心惬意的事儿；如果找不到这种顶级管理人，能找到王大伟、王亚伟这样的优秀管理人，投资也是愉悦的事儿。怕就怕碰到一些拿着投资人的钱学习投资的新基金经理。对大部分人而言，碰到平庸基金管理人的可能性或许更大，平庸也就罢了，最让人窝火的是投资管理人的委托代理机制方面存在缺陷，管理人存在道德风险，不重视投资人的盈利，只重视管理费收入，依靠管理费，管理人安枕无忧，却让投资人睡不着。所以，对于忙碌的人来说，理财，是一种财富管理的方式；对于一些有能力思考和研究的人来说，自己直接进行投资，是最优的财富管理策略。”

西施问：“投资的核心，是追求5%~30%左右的年化收益率，如何投资，才能实现这种投资目标？”

鸱夷子皮：“我们后面所讲的投资课程，就是解决这个问题的，也就是通过各种不同的投资方式，实现连续稳定的投资收益。”

鸱夷子皮透露了实现稳定收益的两种方式：

1. 投资。寻找高成长企业，买入其股票，长期持有，一直持有到其成长性放缓、稳定增长之时为止。因为高成长企业的利润会以复利形式增长，推动股价也以复利形式增长，所以，企业的高速成长就能带来财富的复利增长。巴菲特投资可口可乐、美国运通等股票，采用的就是这种方式。

2. 交易。通过寻找阶段性的交易品种，利用交易方式获取收益，每年在不同品种上取得稳定收益，每年的收益以复利形式增长，也能到达财富的复利增长。索罗斯、彼得林奇、保尔森等人就是通过交易方式取得了巨额财富。

他说："理财的核心是投资，理财的难点也是投资。投资是一门科学，有规律可循；投资也是一门艺术，需要发挥人的才华和创造力，投资大师的风格各有千秋。因此，投资需要系统学习，只有掌握投资的规律，才能享受到投资的乐趣，才能成为一名成功的投资者。"

餐厅在缓慢旋转中。窗外，城市华灯璀璨；夜空，星光闪烁。良辰美景，和光明顶上的云鬓名流，相得益彰，让人陶醉。生活，看起来是那么的美好。西施忽闪忽闪地眨着大眼睛，满脸憧憬。她说："我对未来充满了期待。我坚信一定能成为成功的投资英雄。"

猗顿坏笑道："不！是成功的投资英雌！"

那么，西施到底如何取得投资上的成功？她通过何种投资技能成为财神？她为什么放着财神不当，却要当一名道姑？她的命运最终如何？欲知后事如何，请看《西施的财富Ⅱ：陶朱之术》。

表1　复利终值系数表（FVIF表）

	1%	2%	3%	4%	5%	6%	7%	8%	9%	10%	11%	12%	13%	14%	15%	16%	17%	18%	19%	20%	25%	30%
1	1.010	1.020	1.030	1.040	1.050	1.060	1.070	1.080	1.090	1.100	1.110	1.120	1.130	1.140	1.150	1.160	1.170	1.180	1.190	1.200	1.250	1.300
2	1.020	1.040	1.061	1.082	1.103	1.124	1.145	1.166	1.188	1.210	1.232	1.254	1.277	1.300	1.323	1.346	1.369	1.392	1.416	1.440	1.563	1.690
3	1.030	1.061	1.093	1.125	1.158	1.191	1.225	1.260	1.295	1.331	1.368	1.405	1.443	1.482	1.521	1.561	1.602	1.643	1.685	1.728	1.953	2.197
4	1.041	1.082	1.126	1.170	1.216	1.262	1.311	1.360	1.412	1.464	1.518	1.574	1.630	1.689	1.749	1.811	1.874	1.939	2.005	2.074	2.441	2.856
5	1.051	1.104	1.159	1.217	1.276	1.338	1.403	1.469	1.539	1.611	1.685	1.762	1.842	1.925	2.011	2.100	2.192	2.288	2.386	2.488	3.052	3.713
6	1.062	1.126	1.194	1.265	1.340	1.419	1.501	1.587	1.677	1.772	1.870	1.974	2.082	2.195	2.313	2.436	2.565	2.700	2.840	2.986	3.815	4.827
7	1.072	1.149	1.230	1.316	1.407	1.504	1.606	1.714	1.828	1.949	2.076	2.211	2.353	2.502	2.660	2.826	3.001	3.185	3.379	3.583	4.768	6.275
8	1.083	1.172	1.267	1.369	1.477	1.594	1.718	1.851	1.993	2.144	2.305	2.476	2.658	2.853	3.059	3.278	3.511	3.759	4.021	4.300	5.960	8.157
9	1.094	1.195	1.305	1.423	1.551	1.689	1.838	1.999	2.172	2.358	2.558	2.773	3.004	3.252	3.518	3.803	4.108	4.435	4.785	5.160	7.451	10.604
10	1.105	1.219	1.344	1.480	1.629	1.791	1.967	2.159	2.367	2.594	2.839	3.106	3.395	3.707	4.046	4.411	4.807	5.234	5.695	6.192	9.313	13.786
11	1.116	1.243	1.384	1.539	1.710	1.898	2.105	2.332	2.580	2.853	3.152	3.479	3.836	4.226	4.652	5.117	5.624	6.176	6.777	7.430	11.642	17.922
12	1.127	1.268	1.426	1.601	1.796	2.012	2.252	2.518	2.813	3.138	3.498	3.896	4.335	4.818	5.350	5.936	6.580	7.288	8.064	8.916	14.552	23.298
13	1.138	1.294	1.469	1.665	1.886	2.133	2.410	2.720	3.066	3.452	3.883	4.363	4.898	5.492	6.153	6.886	7.699	8.599	9.596	10.699	18.190	30.288
14	1.149	1.319	1.513	1.732	1.980	2.261	2.579	2.937	3.342	3.797	4.310	4.887	5.535	6.261	7.076	7.988	9.007	10.147	11.420	12.839	22.737	39.374
15	1.161	1.346	1.558	1.801	2.079	2.397	2.759	3.172	3.642	4.177	4.785	5.474	6.254	7.138	8.137	9.266	10.539	11.974	13.590	15.407	28.422	51.186
16	1.173	1.373	1.605	1.873	2.183	2.540	2.952	3.426	3.970	4.595	5.311	6.130	7.067	8.137	9.358	10.748	12.330	14.129	16.172	18.488	35.527	66.542
17	1.184	1.400	1.653	1.948	2.292	2.693	3.159	3.700	4.328	5.054	5.895	6.866	7.986	9.276	10.761	12.468	14.426	16.672	19.244	22.186	44.409	86.504
18	1.196	1.428	1.702	2.026	2.407	2.854	3.380	3.996	4.717	5.560	6.544	7.690	9.024	10.575	12.375	14.463	16.879	19.673	22.901	26.623	55.511	112.455
19	1.208	1.457	1.754	2.107	2.527	3.026	3.617	4.316	5.142	6.116	7.263	8.613	10.197	12.056	14.232	16.777	19.748	23.214	27.252	31.948	69.389	146.192
20	1.220	1.486	1.806	2.191	2.653	3.207	3.870	4.661	5.604	6.727	8.062	9.646	11.523	13.743	16.367	19.461	23.106	27.393	32.429	38.338	86.736	190.050
21	1.232	1.516	1.860	2.279	2.786	3.400	4.141	5.034	6.109	7.400	8.949	10.804	13.021	15.668	18.822	22.574	27.034	32.324	38.591	46.005	108.420	247.065
22	1.245	1.546	1.916	2.370	2.925	3.604	4.430	5.437	6.659	8.140	9.934	12.100	14.714	17.861	21.645	26.186	31.629	38.142	45.923	55.206	135.525	321.184
23	1.257	1.577	1.974	2.465	3.072	3.820	4.741	5.871	7.258	8.954	11.026	13.552	16.627	20.362	24.891	30.376	37.006	45.008	54.649	66.247	169.407	417.539
24	1.270	1.608	2.033	2.563	3.225	4.049	5.072	6.341	7.911	9.850	12.239	15.179	18.788	23.212	28.625	35.236	43.297	53.109	65.032	79.497	211.758	542.801
25	1.282	1.641	2.094	2.666	3.386	4.292	5.427	6.848	8.623	10.835	13.585	17.000	21.231	26.462	32.919	40.874	50.658	62.669	77.388	95.396	264.698	705.641
26	1.295	1.673	2.157	2.772	3.556	4.549	5.807	7.396	9.399	11.918	15.080	19.040	23.991	30.167	37.857	47.414	59.270	73.949	92.092	114.475	330.872	917.333
27	1.308	1.707	2.221	2.883	3.733	4.822	6.214	7.988	10.245	13.110	16.739	21.325	27.109	34.390	43.535	55.000	69.345	87.260	109.589	137.371	413.590	1192.533
28	1.321	1.741	2.288	2.999	3.920	5.112	6.649	8.627	11.167	14.421	18.580	23.884	30.633	39.204	50.066	63.800	81.134	102.967	130.411	164.845	516.988	1550.293
29	1.335	1.776	2.357	3.119	4.116	5.418	7.114	9.317	12.172	15.863	20.624	26.750	34.616	44.693	57.575	74.009	94.927	121.501	155.189	197.814	646.235	2015.381
30	1.348	1.811	2.427	3.243	4.322	5.743	7.612	10.063	13.268	17.449	22.892	29.960	39.116	50.950	66.212	85.850	111.065	143.371	184.675	237.376	807.794	2619.996
40	1.489	2.208	3.262	4.801	7.04	10.286	14.974	21.725	31.409	45.259	65.001	93.051	132.78	188.88	267.86	378.72	533.87	750.38	1051.7	1469.8	7523.2	36119
50	1.654	2.692	4.384	7.107	11.467	18.42	29.457	46.902	74.358	117.39	184.57	289	450.74	700.23	1083.7	1670.7	2566.2	3927.4	5988.9	9100.4	70065	497929

表2 复利现值系数表（PVIF表）

n	1%	2%	3%	4%	5%	6%	8%	10%	12%	14%	15%	16%	18%	20%	25%	30%	35%	40%	50%
1	0.99	0.98	0.97	0.961	0.952	0.943	0.925	0.909	0.892	0.877	0.869	0.862	0.847	0.833	0.8	0.769	0.74	0.714	0.666
2	0.98	0.961	0.942	0.924	0.907	0.889	0.857	0.826	0.797	0.769	0.756	0.743	0.718	0.694	0.64	0.591	0.548	0.51	0.444
3	0.97	0.942	0.915	0.888	0.863	0.839	0.793	0.751	0.711	0.674	0.657	0.64	0.608	0.578	0.512	0.455	0.406	0.364	0.296
4	0.96	0.923	0.888	0.854	0.822	0.792	0.735	0.683	0.635	0.592	0.571	0.552	0.515	0.482	0.409	0.35	0.301	0.26	0.197
5	0.951	0.905	0.862	0.821	0.783	0.747	0.68	0.62	0.567	0.519	0.497	0.476	0.437	0.401	0.327	0.269	0.223	0.185	0.131
6	0.942	0.887	0.837	0.79	0.746	0.704	0.63	0.564	0.506	0.455	0.432	0.41	0.37	0.334	0.262	0.207	0.165	0.132	0.087
7	0.932	0.87	0.813	0.759	0.71	0.665	0.583	0.513	0.452	0.399	0.375	0.353	0.313	0.279	0.209	0.159	0.122	0.094	0.058
8	0.923	0.853	0.789	0.73	0.676	0.627	0.54	0.466	0.403	0.35	0.326	0.305	0.266	0.232	0.167	0.122	0.09	0.067	0.039
9	0.914	0.836	0.766	0.702	0.644	0.591	0.5	0.424	0.36	0.307	0.284	0.262	0.225	0.193	0.134	0.094	0.067	0.048	0.026
10	0.905	0.82	0.744	0.675	0.613	0.558	0.463	0.385	0.321	0.269	0.247	0.226	0.191	0.161	0.107	0.072	0.049	0.034	0.017
11	0.896	0.804	0.722	0.649	0.584	0.526	0.428	0.35	0.287	0.236	0.214	0.195	0.161	0.134	0.085	0.055	0.036	0.024	0.011
12	0.887	0.788	0.701	0.624	0.556	0.496	0.397	0.318	0.256	0.207	0.186	0.168	0.137	0.112	0.068	0.042	0.027	0.017	0.007
13	0.878	0.773	0.68	0.6	0.53	0.468	0.367	0.289	0.229	0.182	0.162	0.145	0.116	0.093	0.054	0.033	0.02	0.012	0.005
14	0.869	0.757	0.661	0.577	0.505	0.442	0.34	0.263	0.204	0.159	0.141	0.125	0.098	0.077	0.043	0.025	0.014	0.008	0.003
15	0.861	0.743	0.641	0.555	0.481	0.417	0.315	0.239	0.182	0.14	0.122	0.107	0.083	0.064	0.035	0.019	0.011	0.006	0.002
16	0.852	0.728	0.623	0.533	0.458	0.393	0.291	0.217	0.163	0.122	0.106	0.093	0.07	0.054	0.028	0.015	0.008	0.004	0.001
17	0.844	0.714	0.605	0.513	0.436	0.371	0.27	0.197	0.145	0.107	0.092	0.08	0.059	0.045	0.022	0.011	0.006	0.003	0.001
18	0.836	0.7	0.587	0.493	0.415	0.35	0.25	0.179	0.13	0.094	0.08	0.069	0.05	0.037	0.018	0.008	0.004	0.002	0
19	0.827	0.686	0.57	0.474	0.395	0.33	0.231	0.163	0.116	0.082	0.07	0.059	0.043	0.031	0.014	0.006	0.003	0.001	0
20	0.819	0.672	0.553	0.456	0.376	0.311	0.214	0.148	0.103	0.072	0.061	0.051	0.036	0.026	0.011	0.005	0.002	0.001	0
21	0.811	0.659	0.537	0.438	0.358	0.294	0.198	0.135	0.092	0.063	0.053	0.044	0.03	0.021	0.009	0.004	0.001	0	0
22	0.803	0.646	0.521	0.421	0.341	0.277	0.183	0.122	0.082	0.055	0.046	0.038	0.026	0.018	0.007	0.003	0.001	0	0
23	0.795	0.634	0.506	0.405	0.325	0.261	0.17	0.111	0.073	0.049	0.04	0.032	0.022	0.015	0.005	0.002	0.001	0	0
24	0.787	0.621	0.491	0.39	0.31	0.246	0.157	0.101	0.065	0.043	0.034	0.028	0.018	0.012	0.004	0.001	0	0	0
25	0.779	0.609	0.477	0.375	0.295	0.232	0.146	0.092	0.058	0.037	0.03	0.024	0.015	0.01	0.003	0.001	0	0	0
26	0.772	0.597	0.463	0.36	0.281	0.219	0.135	0.083	0.052	0.033	0.026	0.021	0.013	0.008	0.003	0.001	0	0	0
27	0.764	0.585	0.45	0.346	0.267	0.207	0.125	0.076	0.046	0.029	0.022	0.018	0.011	0.007	0.002	0	0	0	0

n	1%	2%	3%	4%	5%	6%	8%	10%	12%	14%	15%	16%	18%	20%	25%	30%	35%	40%	50%
28	0.756	0.574	0.437	0.333	0.255	0.195	0.115	0.069	0.041	0.025	0.019	0.015	0.009	0.006	0.001	0	0	0	0
29	0.749	0.563	0.424	0.32	0.242	0.184	0.107	0.063	0.037	0.022	0.017	0.013	0.008	0.005	0.001	0	0	0	0
30	0.741	0.552	0.411	0.308	0.231	0.174	0.099	0.057	0.033	0.019	0.015	0.011	0.006	0.004	0.001	0	0	0	0
31	0.734	0.541	0.399	0.296	0.22	0.164	0.092	0.052	0.029	0.017	0.013	0.01	0.005	0.003	0	0	0	0	0
32	0.727	0.53	0.388	0.285	0.209	0.154	0.085	0.047	0.026	0.015	0.011	0.008	0.005	0.002	0	0	0	0	0
33	0.72	0.52	0.377	0.274	0.199	0.146	0.078	0.043	0.023	0.013	0.009	0.007	0.004	0.002	0	0	0	0	0
34	0.712	0.51	0.366	0.263	0.19	0.137	0.073	0.039	0.021	0.011	0.008	0.006	0.003	0.002	0	0	0	0	0
35	0.705	0.5	0.355	0.253	0.181	0.13	0.067	0.035	0.018	0.01	0.007	0.005	0.003	0.001	0	0	0	0	0
36	0.698	0.49	0.345	0.243	0.172	0.122	0.062	0.032	0.016	0.008	0.006	0.004	0.002	0.001	0	0	0	0	0
37	0.692	0.48	0.334	0.234	0.164	0.115	0.057	0.029	0.015	0.007	0.005	0.004	0.002	0.001	0	0	0	0	0
38	0.685	0.471	0.325	0.225	0.156	0.109	0.053	0.026	0.013	0.006	0.004	0.003	0.001	0	0	0	0	0	0
39	0.678	0.461	0.315	0.216	0.149	0.103	0.049	0.024	0.012	0.006	0.004	0.003	0.001	0	0	0	0	0	0
40	0.671	0.452	0.306	0.208	0.142	0.097	0.046	0.022	0.01	0.005	0.003	0.002	0.001	0	0	0	0	0	0
41	0.665	0.444	0.297	0.2	0.135	0.091	0.042	0.02	0.009	0.004	0.003	0.002	0.001	0	0	0	0	0	0
42	0.658	0.435	0.288	0.192	0.128	0.086	0.039	0.018	0.008	0.004	0.002	0.001	0	0	0	0	0	0	0
43	0.651	0.426	0.28	0.185	0.122	0.081	0.036	0.016	0.007	0.003	0.002	0.001	0	0	0	0	0	0	0
44	0.645	0.418	0.272	0.178	0.116	0.077	0.033	0.015	0.006	0.003	0.002	0.001	0	0	0	0	0	0	0
45	0.639	0.41	0.264	0.171	0.111	0.072	0.031	0.013	0.006	0.002	0.001	0.001	0	0	0	0	0	0	0
46	0.632	0.402	0.256	0.164	0.105	0.068	0.029	0.012	0.005	0.002	0.001	0.001	0	0	0	0	0	0	0
47	0.626	0.394	0.249	0.158	0.1	0.064	0.026	0.011	0.004	0.002	0.001	0	0	0	0	0	0	0	0
48	0.62	0.386	0.241	0.152	0.096	0.06	0.024	0.01	0.004	0.001	0.001	0	0	0	0	0	0	0	0
49	0.614	0.378	0.234	0.146	0.091	0.057	0.023	0.009	0.003	0.001	0.001	0	0	0	0	0	0	0	0
50	0.608	0.371	0.228	0.14	0.087	0.054	0.021	0.008	0.003	0.001	0	0	0	0	0	0	0	0	0

表3　年金终值系数表（FVIFA表）

n	1%	2%	3%	4%	5%	6%	7%	8%	9%	10%	11%	12%	13%	14%	15%	16%	17%	18%	19%	20%	25%	30%
1	1.000	1.000	1.000	1.000	1.000	1.000	1.000	1.000	1.000	1.000	1.000	1.000	1.000	1.000	1.000	1.000	1.000	1.000	1.000	1.000	1.000	1.000
2	2.010	2.020	2.030	2.040	2.050	2.060	2.070	2.080	2.090	2.100	2.110	2.120	2.130	2.140	2.150	2.160	2.170	2.180	2.190	2.200	2.250	2.300
3	3.030	3.060	3.091	3.122	3.153	3.184	3.215	3.246	3.278	3.310	3.342	3.374	3.407	3.440	3.473	3.506	3.539	3.572	3.606	3.640	3.813	3.990
4	4.060	4.122	4.184	4.246	4.310	4.375	4.440	4.506	4.573	4.641	4.710	4.779	4.850	4.921	4.993	5.066	5.141	5.215	5.291	5.368	5.766	6.187
5	5.101	5.204	5.309	5.416	5.526	5.637	5.751	5.867	5.985	6.105	6.228	6.353	6.480	6.610	6.742	6.877	7.014	7.154	7.297	7.442	8.207	9.043
6	6.152	6.308	6.468	6.633	6.802	6.975	7.153	7.336	7.523	7.716	7.913	8.115	8.323	8.536	8.754	8.977	9.207	9.442	9.683	9.930	11.259	12.756
7	7.214	7.434	7.662	7.898	8.142	8.394	8.654	8.923	9.200	9.487	9.783	10.089	10.405	10.730	11.067	11.414	11.772	12.142	12.523	12.916	15.073	17.583
8	8.286	8.583	8.892	9.214	9.549	9.879	10.260	10.637	11.028	11.436	11.859	12.300	12.757	13.233	13.727	14.240	14.773	15.327	15.902	16.499	19.842	23.858
9	9.369	9.755	10.159	10.583	11.027	11.491	11.978	12.488	13.021	13.579	14.164	14.776	15.416	16.085	16.786	17.519	18.285	19.086	19.923	20.799	25.802	32.015
10	10.462	10.950	11.464	12.006	12.578	13.181	13.816	14.487	15.913	15.937	16.722	17.549	18.420	19.337	20.304	21.321	22.393	23.521	24.701	25.959	33.253	42.619
11	11.567	12.169	12.808	13.486	14.207	14.972	15.784	16.645	17.560	18.531	19.561	20.655	21.814	23.045	24.349	25.733	27.200	28.755	30.404	32.150	42.566	56.405
12	12.683	13.412	14.192	15.026	16.917	16.870	17.888	18.977	20.141	21.384	22.713	24.133	25.650	27.271	29.002	30.850	32.824	34.931	37.180	39.581	54.208	74.327
13	13.809	14.680	15.618	16.627	17.713	18.882	20.141	21.495	22.953	24.523	26.212	28.029	29.985	32.089	34.352	36.786	39.404	42.219	45.244	48.497	68.760	97.625
14	14.947	15.974	17.086	18.292	19.599	21.015	22.550	24.215	26.019	27.975	30.095	32.393	34.883	37.581	40.505	43.672	47.103	50.818	54.841	54.196	86.949	127.910
15	16.097	17.293	18.599	20.024	21.579	23.276	25.129	27.152	29.361	31.772	34.405	37.280	40.417	43.842	47.580	51.660	56.110	6.965	66.261	72.035	109.690	167.290
16	17.258	18.639	20.157	21.825	23.657	25.673	27.888	30.324	33.003	35.950	39.190	42.753	46.672	50.980	55.717	60.925	66.649	72.939	79.850	87.442	138.110	218.470
17	18.430	20.012	21.762	23.698	25.840	28.213	30.840	33.750	36.974	40.545	44.501	48.884	53.739	59.118	65.075	71.673	78.979	87.068	96.022	105.930	173.640	285.010
18	19.615	21.412	23.414	25.645	28.132	30.906	33.999	37.450	41.301	45.599	50.396	55.750	61.725	68.394	75.836	84.141	93.406	103.740	115.270	128.120	218.050	371.520
19	20.811	22.841	25.117	27.671	30.539	33.760	37.379	41.446	46.018	51.159	56.939	63.440	70.749	79.969	88.212	98.603	110.290	123.410	138.170	154.740	273.560	483.970
20	22.019	24.297	26.870	29.778	33.066	36.786	40.995	45.762	51.160	57.275	64.203	72.052	80.947	91.025	120.440	115.380	130.030	146.630	165.420	186.690	342.950	630.170
25	28.243	32.030	36.459	41.646	47.727	54.865	63.249	73.106	84.701	98.347	114.410	133.330	155.620	181.870	212.790	249.210	292.110	342.600	402.040	471.980	1054.800	2348.800
30	34.785	40.588	47.575	56.085	66.439	79.058	94.461	113.280	136.310	164.490	199.020	241.330	293.200	356.790	434.750	530.310	647.440	790.950	966.700	1181.900	3227.200	8730
40	48.886	60.402	75.401	95.026	120.800	154.760	199.640	259.060	337.890	442.590	581.830	767.090	1013.700	1342.000	1779.100	2360.800	3134.500	4163.210	5519.800	7343.900	30089.000	120393
50	64.463	84.579	112.800	152.670	209.350	290.340	406.530	573.770	815.080	1163.900	1668.800	24000	3459.500	4991.500	7217.700	10436	15090	21813	31515	45497	280256	165976

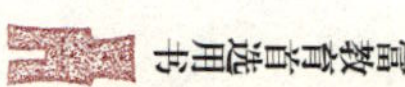

表4 年金现值系数表（PVIFA表）

n	1%	2%	3%	4%	5%	6%	8%	10%	12%	14%	15%	16%	18%	20%	22%	24%	25%	30%	35%	40%	45%	50%
1	0.99	0.98	0.97	0.961	0.952	0.943	0.925	0.909	0.892	0.877	0.869	0.862	0.847	0.833	0.819	0.806	0.799	0.769	0.74	0.714	0.689	0.666
2	1.97	1.941	1.913	1.886	1.859	1.833	1.783	1.735	1.69	1.646	1.625	1.605	1.565	1.527	1.491	1.456	1.44	1.36	1.289	1.224	1.165	1.111
3	2.94	2.883	2.828	2.775	2.723	2.673	2.577	2.486	2.401	2.321	2.283	2.245	2.174	2.106	2.042	1.981	1.952	1.816	1.695	1.588	1.493	1.407
4	3.901	3.807	3.717	3.629	3.545	3.465	3.312	3.169	3.037	2.913	2.854	2.798	2.69	2.588	2.493	2.404	2.361	2.166	1.996	1.849	1.719	1.604
5	4.853	4.713	4.579	4.451	4.329	4.212	3.992	3.79	3.604	3.433	3.352	3.274	3.127	2.99	2.863	2.745	2.689	2.435	2.219	2.035	1.875	1.736
6	5.795	5.601	5.417	5.242	5.075	4.917	4.622	4.355	4.111	3.888	3.784	3.684	3.497	3.325	3.166	3.02	2.951	2.642	2.385	2.167	1.983	1.824
7	6.728	6.471	6.23	6.002	5.786	5.582	5.206	4.868	4.563	4.288	4.16	4.038	3.811	3.604	3.415	3.242	3.161	2.802	2.507	2.262	2.057	1.882
8	7.651	7.325	7.019	6.732	6.463	6.209	5.746	5.334	4.967	4.638	4.487	4.343	4.077	3.837	3.619	3.421	3.328	2.924	2.598	2.33	2.108	1.921
9	8.566	8.162	7.786	7.435	7.107	6.801	6.246	5.759	5.328	4.946	4.771	4.606	4.303	4.03	3.786	3.565	3.463	3.019	2.665	2.378	2.143	1.947
10	9.471	8.982	8.53	8.11	7.721	7.36	6.71	6.144	5.65	5.216	5.018	4.833	4.494	4.192	3.923	3.681	3.57	3.091	2.715	2.413	2.168	1.965
11	10.367	9.786	9.252	8.76	8.306	7.886	7.138	6.495	5.937	5.452	5.233	5.028	4.656	4.327	4.035	3.775	3.656	3.147	2.751	2.438	2.184	1.976
12	11.255	10.575	9.954	9.385	8.863	8.383	7.536	6.813	6.194	5.66	5.42	5.197	4.793	4.439	4.127	3.851	3.725	3.19	2.779	2.455	2.196	1.984
13	12.133	11.348	10.634	9.985	9.393	8.852	7.903	7.103	6.423	5.842	5.583	5.342	4.909	4.532	4.202	3.912	3.78	3.223	2.799	2.468	2.204	1.989
14	13.003	12.106	11.296	10.563	9.898	9.294	8.244	7.366	6.628	6.002	5.724	5.467	5.008	4.61	4.264	3.961	3.824	3.248	2.814	2.477	2.209	1.993
15	13.865	12.849	11.937	11.118	10.379	9.712	8.559	7.606	6.81	6.142	5.847	5.575	5.091	4.675	4.315	4.001	3.859	3.268	2.825	2.483	2.213	1.995
16	14.717	13.577	12.561	11.652	10.837	10.105	8.851	7.823	6.973	6.265	5.954	5.668	5.162	4.729	4.356	4.033	3.887	3.283	2.833	2.488	2.216	1.996
17	15.562	14.291	13.166	12.165	11.274	10.477	9.121	8.021	7.119	6.372	6.047	5.748	5.222	4.774	4.39	4.059	3.909	3.294	2.839	2.491	2.218	1.997
18	16.398	14.992	13.753	12.659	11.689	10.827	9.371	8.201	7.249	6.467	6.127	5.817	5.273	4.812	4.418	4.079	3.927	3.303	2.844	2.494	2.219	1.998
19	17.226	15.678	14.323	13.133	12.085	11.158	9.603	8.364	7.365	6.55	6.198	5.877	5.316	4.843	4.441	4.096	3.942	3.31	2.847	2.495	2.22	1.999
20	18.045	16.351	14.877	13.59	12.462	11.469	9.818	8.513	7.469	6.623	6.259	5.928	5.352	4.869	4.46	4.11	3.953	3.315	2.85	2.497	2.22	1.999

n	1%	2%	3%	4%	5%	6%	8%	10%	12%	14%	15%	16%	18%	20%	22%	24%	25%	30%	35%	40%	45%	50%
21	18. 856	17. 011	15. 415	14. 029	12. 821	11. 764	10. 016	8. 648	7. 562	6. 686	6. 312	5. 973	5. 383	4. 891	4. 475	4. 121	3. 963	3. 319	2. 851	2. 497	2. 221	1. 999
22	19. 66	17. 658	15. 936	14. 451	13. 163	12. 041	10. 2	8. 771	7. 644	6. 742	6. 358	6. 011	5. 409	4. 909	4. 488	4. 129	3. 97	3. 322	2. 853	2. 498	2. 221	1. 999
23	20. 455	18. 292	16. 443	14. 856	13. 488	12. 303	10. 371	8. 883	7. 718	6. 792	6. 398	6. 044	5. 432	4. 924	4. 498	4. 137	3. 976	3. 325	2. 854	2. 498	2. 221	1. 999
24	21. 243	18. 913	16. 935	15. 246	13. 798	12. 55	10. 528	8. 984	7. 784	6. 835	6. 433	6. 072	5. 45	4. 937	4. 507	4. 142	3. 981	3. 327	2. 855	2. 499	2. 221	1. 999
25	22. 023	19. 523	17. 413	15. 622	14. 093	12. 783	10. 674	9. 077	7. 843	6. 872	6. 464	6. 097	5. 466	4. 947	4. 513	4. 147	3. 984	3. 328	2. 855	2. 499	2. 222	1. 999
26	22. 795	20. 121	17. 876	15. 982	14. 375	13. 003	10. 809	9. 16	7. 895	6. 906	6. 49	6. 118	5. 48	4. 956	4. 519	4. 151	3. 987	3. 329	2. 855	2. 499	2. 222	1. 999
27	23. 559	20. 706	18. 327	16. 329	14. 643	13. 21	10. 935	9. 237	7. 942	6. 935	6. 513	6. 136	5. 491	4. 963	4. 524	4. 154	3. 99	3. 33	2. 856	2. 499	2. 222	1. 999
28	24. 316	21. 281	18. 764	16. 663	14. 898	13. 406	11. 051	9. 306	7. 984	6. 96	6. 533	6. 152	5. 501	4. 969	4. 528	4. 156	3. 992	3. 331	2. 856	2. 499	2. 222	1. 999
29	25. 065	21. 844	19. 188	16. 983	15. 141	13. 59	11. 158	9. 369	8. 021	6. 983	6. 55	6. 165	5. 509	4. 974	4. 531	4. 158	3. 993	3. 331	2. 856	2. 499	2. 222	1. 999
30	25. 807	22. 396	19. 6	17. 292	15. 372	13. 764	11. 257	9. 426	8. 055	7. 002	6. 565	6. 177	5. 516	4. 978	4. 533	4. 16	3. 995	3. 332	2. 856	2. 499	2. 222	1. 999
40	32. 834	27. 355	23. 114	19. 792	17. 159	15. 046	11. 924	9. 779	8. 243	7. 105	6. 641	6. 233	5. 548	4. 996	4. 543	4. 165	3. 999	3. 333	2. 857	2. 499	2. 222	1. 999
50	39. 196	31. 423	25. 729	21. 482	18. 255	15. 761	12. 233	9. 914	8. 304	7. 132	6. 66	6. 246	5. 554	4. 999	4. 545	4. 166	3. 999	3. 333	2. 857	2. 499	2. 222	1. 999